中国法学会 2016 年度部级法学研究课题
课题编号：CLS（2016）D70

夫妻债务清偿研究

——以离婚为中心的具体展开

卢文捷·著

人民法院出版社

图书在版编目（CIP）数据

夫妻债务清偿研究：以离婚为中心的具体展开 /卢文捷著. --北京：人民法院出版社，2020. 10
ISBN 978-7-5109-2953-3

Ⅰ. ①夫…　Ⅱ. ①卢…　Ⅲ. ①债务—婚姻法—研究—中国　Ⅳ. ①D923.904

中国版本图书馆CIP数据核字（2020）第185321号

夫妻债务清偿研究——以离婚为中心的具体展开
卢文捷　著

策划编辑　李安尼
责任编辑　邓　灿
封面设计　天平文创视觉设计
出版发行　人民法院出版社
地　　址　北京市东城区东交民巷27号（100745）
电　　话　（010）67550691（责任编辑）　67550558（发行部查询）
65223677（读者服务部）
客服QQ　2092078039
网　　址　http：//www.courtbook.com.cn
E-mail　courtpress@sohu.com
印　　刷　保定市中画美凯印刷有限公司
经　　销　新华书店

开　　本　787毫米×1092毫米　1/16
字　　数　292千字
印　　张　20.5
版　　次　2020年10月第1版　2020年10月第1次印刷
书　　号　ISBN 978-7-5109-2953-3
定　　价　65.00元

目　录 contents

引　言 foreword

离婚是夫妻双方依照法定的条件和程序解除婚姻关系的法律行为。它所引起的法律后果之一便是进行夫妻财产清算，即分割夫妻共同财产与分担夫妻共同债务。由于清偿夫妻共同债务不仅影响夫妻各方利益，而且涉及债权人利益，以致造成内外利益冲突。其中，内部利益冲突发生于债务人之间，表现为两种具体情形：一是夫妻双方对于负担数宗夫妻共同债务的清偿冲突；二是夫妻一方对于负担夫妻共同债务及其个人债务的清偿冲突。外部利益冲突发生于不同债权人之间以及债权人同债务人之间，表现为三种具体情形：一是不同夫妻共同债务的债权人之间或者夫妻共同债务与夫妻个人债务的债权人之间的优先受偿；二是夫妻个人债务的债权人要求夫妻双方或者负债的夫妻一方配偶清偿债务；三是夫妻双方恶意串通，假借离婚之名逃避夫妻共同债务。这就需要针对不同利益冲突，妥善处理相关事宜。

《民法典》婚姻家庭编关于夫妻债务清偿的规定只有第 1089 条，且仅是关于夫妻共同债务清偿的规定，无法因应夫妻共同债务与夫妻个人债务的清偿问题。因此，婚姻立法应当建构完善的夫妻债务清偿制度，合理界分夫妻共同债务与夫妻个人债务，为婚姻当事人提供科学的夫妻债务清偿负担模式，以实现夫妻双方公平负担夫妻债务清偿责任，并保障债权人顺利实现债权。

笔者认为，由于夫妻债务是夫妻财产制度的重要内容，完善夫妻债务清偿制度应当从宏观层面上建构科学、全面、系统的夫妻财产制度。然而，“在通常情况下，当一个稳定的婚姻关系存续期间，配偶之间的所有权几乎没有什么实际意义，各方都同对方共享财产和收入，共同维持家庭。一旦婚姻关系破裂，各方了解财产权的归属和附属权利的归属就十分必要。”因此，本研究以离婚为中心，针对《民法典》婚姻家庭编关于夫妻债务清偿制度的立法现状，就离婚时的夫妻债务清偿问题展开深入系统的研究，在借鉴较具代表性的域外民法典关于夫妻财产制度规定的基础上，为建构我国夫妻财产制度提出一些较为科学合理的建议，并将这些建议草拟成建议性法律条款，形成夫妻财产制度建议稿，作为完善《民法典》婚姻家庭编的理论支撑，以建构符合我国国情的夫妻财产制度，更好地保护债务人与债权人的合法权益。

第一章 夫妻债务清偿的逻辑起点

在婚姻家庭领域，有夫妻债务、夫妻共同债务、夫妻个人债务、家庭债务等诸多概念。对于夫妻债务清偿而言，它们不仅是研究这一制度的基础概念，而且是建构这一制度的逻辑起点。因此，十分有必要厘清这些概念的具体含义以及彼此之间的关系。

第一节　夫妻债务及其相关概念之厘清

一、夫妻债务含义的精准把握

（一）夫妻债务概念的不同学说

我国婚姻立法没有夫妻债务的概念，学者定义各有千秋。这里选择较具代表性的几种学说以示例证。

1. 民商事活动或者刑事赔偿说

该学说认为，夫妻债务是指具有特定的配偶身份的夫妻一方或者夫妻双方在与婚姻关系之外的第三人进行民商事活动时或者涉及刑事赔偿问题时所产生的债务。①

债的产生原因包括合同、侵权、不当得利、无因管理等行为。其中，民商事活动是产生夫妻债务的主要原因，且多为合同之债。刑事赔偿是犯罪行为致被害人的人身伤害或者财产损失的后果，实属侵权责任。这一定义仅包含两种债之产生原因，限缩了夫妻债务范畴。

2. 履行法定义务说

该学说表示，夫妻债务是指夫妻在婚姻关系缔结后为了履行法定义务而对外所负的债务。②

法定义务，即法律所规定的义务，具有强制性。为了维持婚姻家庭稳定，婚姻立法为婚姻当事人设定养育家庭、抚养子女、扶养配偶、赡养父母等义务。夫妻双方必须履行这些法定义务，并共同负担由此产生的相关债

① 蒋月：《夫妻的权利与义务》，法律出版社 2001 年版，第 211 页。
② 唐涛：《夫妻债务问题研究》，厦门大学 2006 年硕士学位论文，第 2 页。

务。可见，这一定义混淆了夫妻债务与夫妻共同债务的内涵。

3. 给付财产利益说

该学说强调，夫妻债务是指夫妻一方或者双方在婚前或者婚姻关系存续期间与第三人缔结的、以给付一定财产利益为内容的债务，包括夫妻共同债务与夫妻个人债务。[①]

在不同的债之关系中，给付具有不同的内容和表现方式，并有财产利益与非财产利益之分。具体包括交付财物、支付金钱、移转权利、提供劳务、提交成果与不作为等。事实上，在婚姻关系存续期间，夫妻双方或者一方同第三人缔结债务并不仅限于以给付财产利益为履行内容。例如，雇佣、运输、技术服务与咨询等都属于提供劳务之债。这一定义忽视了给付非财产利益而使内涵呈片面化。

4. 婚姻关系存续期间负担说

该学说主张，夫妻债务是指夫妻一方或者双方在婚姻关系存续期间所负担的债务。[②]

通常情况下，夫妻债务产生于婚姻关系存续期间。然而，也不乏夫妻一方或者双方将其婚前债务用于婚后生活的现象。这就使得债务性质发生变化，需要夫妻双方共同负担清偿。尽管确定债务负担需要考察债务发生原因，但是这一定义并未特别强调债的具体发生原因，而是转换定义视角，将夫妻一方或者双方对于婚姻关系存续期间的负担确定为夫妻债务范畴。这就可以涵盖婚前与婚后的夫妻债务，较具有科学性与合理性。

（二）夫妻债务概念的刍荛之见

上述关于夫妻债务概念的各种学说因各自定义视角不同而内涵相异。然而，它们的负债主体相同，即夫妻一方或者双方，并以婚姻关系存续期间作为债务负担的界限。其中，夫妻双方负债往往出于共同意思表示并用于夫妻

① 曲晓庆：《夫妻债务制度研究》，中国政法大学 2011 年硕士学位论文，第 2 页。
② 姬立海：《夫妻债务法律问题研究》，黑龙江大学 2012 年硕士学位论文，第 1 页。

共同生活，属于夫妻共同债务。夫妻一方负债则取决于债务所得利益的具体用途，满足夫妻共同生活需要即为夫妻共同债务，否则为夫妻个人债务。这就表明夫妻债务、夫妻共同债务与夫妻个人债务是三个不同而有内在关联的概念。就概念本身而言，在学术谱系中，夫妻共同债务与夫妻个人债务属于夫妻债务的下位概念。就债务内容来看，在逻辑范畴上，夫妻共同债务与夫妻个人债务包含于夫妻债务之内。因此，这就需要准确把握它们的各自内涵，尤其是不能将夫妻债务与夫妻共同债务混为一谈。

二、夫妻共同债务的学理释解

（一）夫妻共同债务的概念

1. 夫妻共同债务的主要观点

《民法典》婚姻家庭编有夫妻共同债务的概念，却未予以立法释明。在此之前的婚姻立法中没有夫妻共同债务的概念，学者对其各抒己见。这里例举几种较具代表性的主要观点。

（1）共同生活需要说。该学说认为，夫妻共同债务是指夫妻双方为共同生活需要所负的债务。[①] 依照法律规定定义概念，可以准确把握概念内涵，有利于合理界定夫妻共同债务的具体范围。这一定义即源于 2001 年《婚姻法》修正案第 41 条规定：离婚时，原为夫妻共同生活所负的债务，应当共同偿还。其中，共同生活需要包括日常生活需要与生产经营需要。前者是因购置生活用品、修建或者购置家庭住房、就医以及履行抚养、赡养、扶养义

① 郭丽红：《冲突与平衡：婚姻法实践性问题研究》，人民法院出版社 2005 年版，第 157 页。

务等所负债务，后者是为家庭生计从事生产经营活动所负债务。[①] 为满足共同生活需要的负债行为包括夫妻双方共同行为、夫妻一方经另一方同意或者追认的个人行为、夫妻一方的债务所得利益实际用于共同生活的行为。这些债务理当由夫妻双方共同负担清偿。然而，这一定义仅将夫妻共同债务限定于夫妻双方的负债行为，忽视夫妻一方为共同生活需要的负债行为。

（2）管理与维持婚姻家庭事务说。该学说主张，夫妻共同债务是指夫妻一方或者双方因合理正当地管理、维持婚姻家庭事务所引起的，而由婚姻共同体负担的费用。[②] 管理、维持婚姻家庭事务是产生夫妻共同债务的直接原因。它同 2001 年《婚姻法》修正案第 41 条所规定的“为夫妻共同生活所负债务”仅是表述形式上的外观差别，二者的本质内涵实则无异。婚姻家庭事务包括管理财产、养老育幼、求学就医、邻里交往等事项，皆为夫妻共同生活内容。夫妻双方对此都负有管理、维持的义务，以实现婚姻家庭的存续与发展。因此，夫妻双方或者一方在管理、维持婚姻家庭事务中所产生的债务由婚姻共同体负担。

（3）约定与法定义务说。该学说指出，夫妻共同债务是指夫妻双方依照合同的约定或者法律的规定共同负有为满足债权人请求而为一定行为或者不为一定行为的义务。[③] 夫妻共同债务概念应当突出婚姻家庭关系特点，包含债务主体、产生原因、具体用途等构成要素。然而，这一定义是《民法通则》第 84 条之“债是按照合同的约定或者依照法律的规定，在当事人之间产生的特定的权利和义务关系”的立法释明与“义务是法律要求民事主体为

① 刘淑芬:《社会转型中夫妻共同债务初探》，载《贵州大学学报（社会科学版）》2000 年第 3 期；马原主编:《新婚姻法条文释义》，法律出版社 2001 年版，第 206 页；蒋月:《夫妻的权利与义务》，法律出版社 2001 年版，第 206 页；巫昌祯主编:《婚姻与继承法学》，中国政法大学出版社 2001 年版，第 186 页；杨大文、马忆南:《婚姻家庭法》，北京大学出版社 2004 年版，第 260 页；陈苇主编:《婚姻家庭继承法学》，群众出版社 2005 年版，第 258 页；许莉主编:《婚姻家庭继承法学》，北京大学出版社 2012 年版，第 121 页；余延满:《亲属法原论》，法律出版社 2007 年版，第 356 页。

② 胡苷用:《夫妻共同债务的界定及其推定规则》，载《重庆社会科学》2010 年第 2 期。

③ 曹哲华、刘际忠:《完善夫妻共同债务清偿制度之构想》，载《律师世界》2000 年第 8 期。

一定行为或者不为一定行为”[①] 的法理概念的嫁接结果。尽管它特别强调债务主体为夫妻双方，但是债的立法释明与义务的法理概念是在宏观上对二者的抽象概括，仅反映二者的本质，无法反映夫妻共同债务的实质内涵与鲜明特点。这种直接嫁接的定义方法过于机械与僵化。并且，这一定义同样忽视夫妻一方的负债行为。

2. 夫妻共同债务的科学定义

《民法典》婚姻家庭编已经对夫妻共同债务作出明确规定，关于夫妻共同债务的定义应当与时俱进。《民法典》婚姻家庭编中的第 1064 条规定：“夫妻双方共同签名或者夫妻一方事后追认等共同意思表示所负的债务，以及夫妻一方在婚姻关系存续期间以个人名义为家庭日常生活需要所负的债务，属于夫妻共同债务。夫妻一方在婚姻关系存续期间以个人名义超出家庭日常生活需要所负的债务，不属于夫妻共同债务；但是，债权人能够证明该债务用于夫妻共同生活、共同生产经营或者基于夫妻双方共同意思表示的除外。”这一规定是界分夫妻债务的具体规则，为定义夫妻共同债务概念提供了法律依据。具体而言，需要明确以下几个重要问题。

第一，应当探究婚姻立法本意。《民法典》婚姻家庭编中的第 1064 条为夫妻共同债务设定了边界，即凡是基于夫妻双方共同意思表示所负的债务或者夫妻一方为家庭日常生活需要所负的债务，属于夫妻共同债务。否则，超越这一边界之外的债务需要视债务所得利益是否用于夫妻共同生活、共同生产经营而转化为夫妻共同债务。

第二，合理把握夫妻共同生活期间。夫妻共同生活期间即婚姻关系存续期间，自男女双方结婚登记之日起，至夫妻双方办理离婚登记或者离婚判决生效之日止。夫妻一方向人民法院提起离婚诉讼后，任何一方在此期间产生与婚姻家庭生活有关的债务皆属夫妻共同债务。

第三，恪循夫妻共同债务的法定产生方式。根据《民法典》婚姻家庭编中的第 1064 条规定，夫妻共同债务的产生方式包括共同意思表示、日常家

---

① 王利明：《民法》，中国人民大学出版社 2010 年版，第 40 页。

事代理与债务具体用途。

在共同意思表示场合，共同签名产生的夫妻共同债务是夫妻双方共同意思表示的结果，通常不会发生争议，较易确认。夫妻一方事后追认产生的夫妻共同债务则不然。追认是本人对于无权代理行为在事后予以承认的一种单方意思表示。根据《民法典》总则编中的第161条第1款对于民事主体可以通过代理人实施民事法律行为的规定，夫妻之间可以互为代理人。如果夫妻一方未与另一方协商或者未经另一方同意而擅自实施超出家庭日常生活需要之外的其他民事法律行为的，则需要另一方事后追认。一般来说，夫妻另一方在追认之前，需要审慎考量追认对婚姻家庭利益带来的影响。这就使得超出家庭日常生活需要之外的其他民事法律行为所产生的债务能否成为夫妻共同债务存在不确定性，完全取决于夫妻另一方的态度。

在日常家事代理场合，需要根据《民法典》婚姻家庭编中的第1060条关于日常家事代理权的规定正确判断夫妻一方所负债务性质，合理界分夫妻共同债务与夫妻个人债务。所谓日常家事代理权，即夫妻一方因日常家事与第三人进行民事交往时所为法律行为，视为夫妻共同意思表示，另一方承担连带责任。[①] 因此，夫妻一方以个人名义为家庭日常生活需要而实施的民事法律行为，对夫妻双方发生效力，属于夫妻共同债务。

在债务具体用途场合，尽管夫妻一方以个人名义超出家庭日常生活需要所负债务缺乏夫妻双方的共同意思表示或者超越日常家事代理权范围，但是不能仅依外观特征就将其直接认定为夫妻个人债务，而是需要对债务性质作出合理判断。这种判断是对债务人与债权人的财产利益的必要保障。对于夫妻一方超出家庭日常生活需要所负债务而言，一是自始出于债务人满足个人需要之目的而嗣后用于夫妻共同生活需要，另一则是自始至终出于满足夫妻共同生活需要但因特殊情况而未能同其配偶形成共同意思表示。对此，如果债权人能够证明夫妻一方在婚姻关系存续期间以个人名义超出家庭日常生活需要所负的债务用于夫妻共同生活、共同生产经营的，则属于夫妻共同债

① 杨大文主编:《婚姻家庭法》，中国人民大学出版社2015年版，第111页。

务。由于第 1064 条第 1 款无法涵摄产生夫妻共同债务的所有情形，这就弥补了关于共同意思表示与日常家事代理产生夫妻共同债务的立法不足，从而避免因遗漏该类债务而使立法陷入不周延的尴尬窘境。

第四，科学界定"为家庭日常生活需要所负的债务"。夫妻双方为家庭日常生活需要所负的债务须符合日常性、必要性、共同性等特征。其中，"日常性"要求债务所得利益只能用于满足夫妻共同生活期间的衣、食、住、行、医等家庭日常生活需要。"必要性"要求债务所得利益用于维持家庭日常生活必不可少的支出内容。这种必要性应当同夫妻双方的经济收入水平相适应，一般不能超过家庭经济负担限度。但是，对于因家庭成员患有重大疾病或者购置住房所支出的数十万元的医疗与购房费用，即使远超夫妻双方的经济负担能力，也属于合理范畴。而对于那些可有可无并不属于家庭日常生活需要的债务，应当视具体情况而定。例如，夫妻一方未经另一方同意而擅自为高价旅游、子女的课外培训或者活动项目、购买高档化妆品与高档服饰等奢侈品消费的支出超过家庭经济负担限度的，不宜以夫妻共同债务论之，只能属于夫妻一方的个人债务；若经过夫妻双方协商一致的，则属于夫妻共同债务。"共同性"要求债务所得利益由夫妻双方共同享用并共同负担清偿。这就可以科学甄别夫妻共同债务，并将其限定在一个合理范围。它包括直接用于家庭日常生活需要的债务与夫妻双方或者一方将其生产经营收益用于家庭日常生活需要的合理负担。

此外，尚需注意夫妻共同债务的特殊情形。如果夫妻双方在婚姻关系存续期间因双方共同意思表示而发生无因管理、不当得利、侵权等行为，或者夫妻一方因另一方的无因管理、不当得利、侵权等行为而受益的，由此所负债务亦应当属于夫妻共同债务。

最后，科学表述概念。这是定义概念的技术要求。概念的价值在于揭示事物的现象与本质。它是对社会一般现象的抽象，涵盖社会现象的一般演变规律和基本特征，帮助人们认识社会现象及其发展过程，并通过语言表述出来。因此，在定义夫妻共同债务时，需要实现内涵与形式的有机统一。首先，应当根据《民法典》婚姻家庭编中的第 1064 条的规定，考察婚姻当事人的一般行为与夫妻日常生活状况，使夫妻共同债务内涵能够涵盖夫妻共同债务的一般形态与基本特征。然后，注意用以表述概念的语言的科学性。如果语言晦涩难懂或者过于繁复，则不易为人们所理解与把握，容易产生歧义。这就要求语言表述应当专业、简洁、清晰，以达到简练易懂之效果。

基于上述认识，笔者认为，夫妻共同债务是指在婚姻关系存续期间，夫妻双方基于共同意思表示所负的债务或者夫妻一方行使夫妻日常家事代理权为家庭日常生活需要所负的债务，或者夫妻一方以个人名义超出家庭日常生活需要而为债权人证明用于夫妻共同生活、共同生产经营的债务。

这一定义以《民法典》婚姻家庭编中的第 1064 条为依据，按照其所划定的夫妻共同债务界限，以较为简练的语言揭示夫妻共同债务概念的内涵，并反映最新婚姻立法成就。这种前沿性与简明性的特点有助于人们科学认识夫妻共同债务。

（二）夫妻共同债务的界分

在定义夫妻共同债务时，须将其同家庭债务、非婚同居债务区分开来。

1. 夫妻共同债务与家庭债务

（1）家庭债务的含义。所谓家庭债务，即家庭共同债务，是指家庭成员为了满足家庭生活需要，以家庭名义或者以其个人名义所产生并由全体家庭成员共同负担的债务。

家庭是由具有婚姻、血缘和法律拟制关系的人共同组成的亲属团体。每一位成员都负有供养这个团体存续和发展的义务，可以家庭名义或者个人名义代表家庭对外进行交易。根据《民法典》总则编中的第 143 条规定，民事法律行为生效要件之一就是行为人具有相应的民事行为能力。根据《民法典》总则编中的第 19 条、第 22 条规定，限制民事行为能力的未成年人可以独立实施与其年龄、智力相适应的民事法律行为，不能完全辨认自己行为的成年人可以独立实施与其精神健康状况、智力相适应的民事法律行为。但是，对于不能独立实施的民事法律行为须经法定代理人同意或者追认。因此，对外进行交易的家庭成员至少应当是限制民事行为能力人。

家庭债务包括满足家庭日常生活需要与用于家庭生产经营需要。前者同夫妻共同债务范畴相同。后者表现为两种情形：一是全体家庭成员从事个体经营、农村承包经营所负债务属于家庭债务，由家庭成员共同承担清偿责任；二是虽然以家庭成员中的一人登记经营，但是以家庭共有财产投资，并将收益的全部或者主要部分供家庭成员享用，由此所引起的债务亦属于家庭共同债务，应当由家庭成员共同负担清偿。

基于家庭的亲属团体与生活共同体的双重属性，作为共同体生活的一项原则，伙伴身份要求每个成员不能对其他任何成员漠不关心，并在需要时提供力所能及的帮助。这就授予每个处在困扰中的人享有从其伙伴成员那里获得帮助的要求权。[①] 因此，除非债务所得利益用于家庭日常生活消费，有时只能将其用于某一位家庭成员需要。例如，就医或者上学。然而，即使如此，也属于家庭共同生活需要的必要内容，包括负债者与使用者在内的所有家庭成员负有全部清偿义务，且承担连带清偿责任。不过，在此特别指出的是，负担债务清偿义务的家庭成员仅为具有完全民事行为能力且有劳动能力的人，其他无民事行为能力人、限制民事行为能力人和丧失劳动能力且没有其他经济来源的完全民事行为能力人则不负清偿义务。

（2）夫妻共同债务与家庭债务的区别。二者的主要区别在于清偿主体与清偿后果不同。

第一，清偿主体不同。夫妻共同债务由夫妻双方共同清偿。家庭债务由全体家庭成员共同清偿。根据《民法典》婚姻家庭编中的第 1045 条第 2 款、第 3 款规定，家庭成员一般包括共同生活的夫妻、父母、子女、兄弟姐妹、祖孙，家庭债务清偿主体范围大于夫妻共同债务清偿主体范围，二者系包含关系（如图 1 所示）。不过，当家庭成员为夫妻二人时，夫妻共同债务与家

---

① ［英］A.J.M. 米尔恩：《人的权利与人的多样性——人权哲学》，夏勇、张志铭译，中国大百科全书出版社 1995 年版，第 165 页。

庭债务的清偿主体范围相同，二者系同一关系（如图 2 所示）。

图 1

图 2

第二，清偿后果不同。对于夫妻共同债务，在分别财产制下或者离婚场合，夫妻一方或者离婚后的债务人一方清偿完夫妻共同债务后，可以向另一方追偿超出其所应当承担的部分债务。对于家庭债务，其以家庭存续为前提，除家庭成员只有夫妻二人的特殊情况外，不存在向其他家庭成员追偿问题。

2. 夫妻共同债务与非婚同居债务

（1）非婚同居债务的含义。所谓非婚同居债务，是指非婚同居者为了满足同居生活需要所负的债务。

非婚同居是指没有合法婚姻关系的同居，[①] 表现为非婚姻关系双方共同居住、共同生活的事实状态。[②] 一般而言，它不问同居双方有无婚史，只要均无配偶即可。其中，有的非婚同居以结婚为目的，即有婚意的同居，男女双方基于结婚意愿而在婚前同居生活；有的非婚同居不以结婚为目的，即无婚意的同居，男女双方并无结婚意愿而同居生活，合则居不合则散。此外，需要注意“离婚不离家”的特殊现象，即有的夫妻冲动离婚后未经复婚便又在一起共同生活，或者有的出于特殊考虑而在离婚后依然在一起共同生活，亦属非婚同居。然而，无论何种同居情形，双方都应当共同负担满足同居生活需要的债务。

非婚同居债务包括满足同居生活需要与用于共同生产经营需要。由于同居者不具有夫妻关系，应当视其有无约定而适用不同的清偿规则。如果双方

---

① 何立新：《论事实婚姻与非婚同居的二元化规制》，载《比较法研究》2009 年第 2 期。

② 秦志远：《“反射性”立法中的非婚同居域外法规制》，载《河北法学》2006 年第 5 期。

有约定的，则从其约定。如果双方未约定的，满足同居生活需要的债务仅限于双方共同的衣食住行，不包括同扶养有关的其他需要。例如，就医、赡养等。用于共同生产经营的债务不能适用夫妻共同债务或者家庭债务的清偿规则，而是应当根据实际经营状况适用合伙或者共有的有关法律规定予以处理。

（2）夫妻共同债务与非婚同居债务的区别。二者因婚姻当事人与非婚同居者的身份差异性，主要在于债务内容与清偿责任的不同。

第一，债务内容不同。婚姻产生夫妻、亲子等关系，夫妻共同债务不仅满足夫妻的衣、食、住、行、医等需要，而且尚用于养育子女、赡养父母等方面支出。非婚同居者则不然，除少数生育子女外，一般没有抚养子女和赡养父母的支出，仅是用于日常生活消费需要。

第二，清偿责任不同。婚姻当事人对夫妻共同债务负担连带清偿责任。非婚同居者则因双方不具有夫妻关系，不宜要求其对同居债务承担连带清偿责任。除非非举债一方明确向债权人作出清偿承诺，否则一般只能由举债者负担清偿。待其清偿债务后，可以向另一方追偿。对此，由双方自行协议债务分担份额；协议不成的，由人民法院判决。

三、夫妻个人债务的客观认识

（一）夫妻个人债务的概念

1. 学者关于夫妻个人债务的看法

夫妻个人债务，即夫妻单方债务。《民法典》婚姻家庭编没有夫妻个人债务的概念，它是与夫妻共同债务相对称的一个学理概念。

在《民法典》编纂之前，学者针对《婚姻法》没有夫妻个人债务概念的立法现状而对其有不同定义。较具代表性的几种观点主要有：第一，无关共同生活或者约定个人负担说，认为夫妻个人债务是夫妻一方因无关共同生活或者依照约定为个人所负担的债务。[1] 第二，依照法定或者约定个人承担说，指出夫妻个人债务是根据法律规定或者依照夫妻双方约定，由夫妻个人承担的债务。[2] 第三，婚姻以外负债与个人需要说，主张夫妻个人债务是夫妻一方在夫妻关系存续期间以外所负债务及夫妻关系存续期间，夫妻一方因个人生活、个人财产、个人生产经营及非法定扶养义务所负担的债务。[3]

综观这三种学说，它们对于夫妻个人债务的内涵存在诸多相同之处。具体见表 1。

表 1　夫妻个人债务之学说内涵比较

学说	夫妻个人债务内涵		
无关共同生活或者约定个人负担说	无关共同生活	依照约定	
依照法定或者约定个人承担说		依照夫妻双方约定	法律规定
婚姻以外负债与个人需要说	夫妻关系存续期间以外；夫妻一方婚后的个人行为		非法定扶养义务

由表 1 可见，“无关共同生活”与“夫妻关系存续期间以外”“夫妻一方婚后的个人行为”实则无异，前者包含后者，后者所产生的债务都与夫妻共同生活无关。“法律规定”与“非法定扶养义务”则有异曲同工之处。依照法律规定所产生的债务即为法定债务，婚姻家庭领域的法定债务包含夫妻双方共同负担的法定债务与夫妻一方独自负担的法定债务。法定扶养义务属于夫妻双方共同负担的法定债务，非法定扶养义务则属于夫妻一方独自负担的法定债务。这就使得依照法律规定负担的夫妻个人债务同因非法定扶养义务负担的夫妻个人债务的范畴相同，都属于夫妻共同债务之外而应当由夫妻一

① 蒋月：《夫妻的权利与义务》，法律出版社 2001 年版，第 211 页。

② 蔡福华：《夫妻财产纠纷解析》，人民法院出版社 2003 年版，第 117 页。

③ 姬立海：《夫妻债务法律问题研究》，黑龙江大学 2012 年硕士学位论文，第 4 页。

方自行负担的个人债务。因此，三种学说将这些债务认定为夫妻个人债务，较为科学。

“依照约定”与“依照夫妻双方约定”的含义相同，约定主体皆为夫妻双方，仅是表述不同而已。这一约定源于《最高人民法院关于人民法院审理离婚案件处理财产分割问题的若干具体意见》(以下简称《财产分割意见》)第17条第2款第（1）项的解释，即夫妻一方以个人财产清偿夫妻双方约定由个人负担的债务。实际上，夫妻双方关于夫妻债务负担的约定涉及两个问题：一是关于夫妻财产制的约定，即婚姻当事人选择适用分别财产制，其中涉及夫妻债务负担；二是夫妻双方适用共同财产制，对夫妻共同债务清偿负担与夫妻个人债务清偿承担的约定。基于当事人意思自治，夫妻双方可以约定由一方负担清偿夫妻共同债务，或者约定以夫妻共同财产清偿夫妻一方的个人债务。这是夫妻双方对婚内生活的自由安排，法律不得禁止。然而，一旦允许夫妻双方约定由一方负担清偿夫妻共同债务，恐将出现夫妻双方恶意串通损害夫妻共同债务的债权人利益的现象。这于客观上造成债权人与债务人之间利益冲突。对此，《民法典》婚姻家庭编中的第1065条第3款规定：“夫妻对婚姻关系存续期间所得的财产约定归各自所有，夫或者妻一方对外所负的债务，相对人知道该约定的，以夫或者妻一方的个人财产清偿。”这一规定既是对债权人与债务人之间的利益衡平，又是对债务人意思自治的合理限制。夫妻一方同债权人交易时，须将夫妻双方关于适用分别财产制的约定告知债权人，并且债权人须向夫妻双方表明已经知道该约定及其约定内容。否则，夫妻任何一方都不得以此约定对抗债权人。可是，这一关于夫妻财产制约定的规定，仅包含分别财产制的夫妻债务负担的内容。笔者认为，出于对婚姻当事人意思自治的尊重，根据《民法典》婚姻家庭编中的第1065条第3款的立法精神，夫妻双方约定共同财产制下的共同债务由一方负担清偿的，债权人在同夫妻一方交易时知道这一约定，由同其交易的夫妻一方以其个人财产清偿债务。这表明债权人知晓夫妻双方对夫妻债务负担的约定而依然决定同债务人交易时，业已对债务人的清偿能力予以合理评估，须由其自己负担交易风险。但是，夫妻双方以逃避债务为目的而对夫妻债务负担作出的约定无效。可见，这两种学说未予深刻审视《财产分割意见》第17条第2款第（1）项的内容，便贸然依将约定负担作为夫妻个人债务的内涵之一，实不足取。

2. 笔者对于夫妻个人债务的理解

定义夫妻个人债务的概念，需要处理好内涵与外观两个方面的有机统一。在内涵上，应当综合考量构成夫妻个人债务概念的基础因素。这是夫妻个人债务概念的本质要求。它应当包括债务产生的主体、原因与清偿等内容。在外观上，应当把握好夫妻个人债务概念的语言表述，使其明确简洁。

第一，债务由谁产生，即债务以谁之名义产生。夫妻个人债务包括婚前债务与婚后债务。婚前的夫妻个人债务较易判断。婚姻关系存续期间的夫妻个人债务由夫妻一方以其个人名义产生，首先在形式上同夫妻共同债务区别开来。

第二，债务产生原因，即夫妻一方以其个人名义所负债务因何而生。这是区分夫妻共同债务与夫妻个人债务的关键所在。根据《民法典》婚姻家庭编中的第1064条规定，需要通过是否基于日常家事代理权、是否经过配偶同意或者追认以及是否用于夫妻共同生活、共同生产经营等因素对夫妻一方在婚姻关系存续期间的个人名义债务性质作出合理判断。只有夫妻一方将债务所得利益用于家庭生活需要的，才能被认定为夫妻共同债务。否则，为夫妻个人债务。并且，在司法实践中，如果债权人能够证明夫妻一方将其婚前个人债务用于婚后家庭共同生活而向债务人配偶主张权利的，则会得到人民法院支持。这表明夫妻个人债务在满足特定条件时可以转化为夫妻共同债务。因此，不能简单地认为夫妻一方在婚前或者婚后的个人名义债务即属夫妻个人债务，而是需要谨慎对待，应当以结婚为界限、以满足家庭日常生活需要为参照，将夫妻个人债务与夫妻共同债务相区隔。

第三，债务负担主体，即债务到底应当由谁负担清偿。《民法典》婚姻家庭编没有关于夫妻个人债务清偿的规定。根据《民法典》婚姻家庭编中的第1089条关于夫妻双方在离婚时应当共同偿还夫妻共同债务的规定，可以推定夫妻个人债务应当由其个人负担清偿。

基于上述认识，笔者认为，夫妻个人债务是指夫妻一方于婚前或者婚姻关系存续期间以其个人名义所负且用于个人需要而应当由其个人负担清偿的债务。

这一定义把握住夫妻共同债务与夫妻个人债务的界分标准，涵盖夫妻个人债务全貌，以简练的语言较好地揭示夫妻个人债务的固有内涵与本质特征，具有较明显的科学性。

（二）夫妻个人债务的界分

界分夫妻个人债务在于将其同夫妻共同债务区别开来。二者存在诸多不同之处。

1. 产生时间不同

夫妻共同债务一般产生于婚姻关系存续期间。男女结婚登记之后，即使尚未同居生活，只要双方或者一方所负债务用于将来的家庭婚姻生活，就属于夫妻共同债务。夫妻个人债务则于婚前与婚后均可产生。夫妻一方将其个人债务用于家庭婚姻生活的，才属于夫妻共同债务。

2. 具体用途不同

夫妻共同债务用于家庭生活需要。夫妻个人债务则用于个人生活需要或者他用。例如，扶养不负有法定扶养义务的人或者出于道义为朋友提供担保等。

3. 责任主体不同

对于夫妻共同债务，无论夫妻以谁之名义负债，皆由夫妻双方共同负担，以夫妻共同财产清偿，且负担连带清偿责任。夫妻个人债务则不然，由负债的夫妻一方以其个人财产独立清偿。如果负债的夫妻一方配偶顾念夫妻情分以夫妻共同财产或者以其个人财产帮助其配偶清偿个人债务，法律不应予以制止，则不属于连带清偿责任。

第二节　夫妻债务清偿基本内涵之透视

一、夫妻债务清偿的基本含义

债是特定当事人之间得请求为特定行为的法律关系，① 通常以清偿为其终结。所谓清偿，是指债务人按照合同的约定或者法律的规定向债权人履行债务，实现债权目的的行为。② 对于夫妻债务清偿而言，有其独特内涵。

第一，从清偿主体来看，夫妻共同债务的清偿人须存在合法婚姻关系或者曾经存在合法婚姻关系，即须为婚姻当事人或者离婚后的债务人。前者是婚姻关系存续期间清偿夫妻共同债务，后者是离婚之后清偿夫妻共同债务。夫妻个人债务的清偿人则为负债的夫妻一方。

第二，从清偿对象来看，债务同夫妻生活密不可分，即满足夫妻共同生活需要或者夫妻一方用于个人需要。并且，夫妻共同债务与夫妻个人债务皆为财产性债务，要么在民事交往活动中的约定之债，要么根据相关法律规定应当履行的法定之债。基于身份关系上的请求权所负义务和具有人身属性的债务不属于夫妻债务清偿探讨范围。例如，父母给付未成年子女的抚养费，夫妻一方根据约定为他人提供表演、书画等特定行为，适用有关法律规定处理。

第三，从清偿目的来看，作为债务人的夫妻清偿债务意在满足债权人实现债权。

二、夫妻债务清偿的主要特征

这一特征突出体现在清偿夫妻共同债务上。

---

① 张广兴：《债法总论》，法律出版社 1999 年版，第 15 页。

② 王利明、房绍坤、王轶：《合同法》，中国人民大学出版社 2013 年版，第 187 页。

（一）身份特殊性

债务人身份的特殊性在于其因婚姻关系变化而负担不同清偿责任。在婚姻关系存续期间，婚姻共同体为夫妻共同债务的清偿主体，夫妻之间不存在追偿问题。但是，夫妻离婚或者选择分别财产制的，其中一方基于连带清偿责任而在其清偿债务后，有权就超过自己所应当负担的部分债务向另一方追偿。夫妻个人债务则因夫妻身份的牵连性，也会在一定程度上影响各方财产利益与夫妻共同财产利益。

（二）冲突双重性

夫妻债务清偿具有内外双重属性。对内而言，夫妻双方是利益共同主体，无论离婚与否，共同负担清偿夫妻共同债务。而在离婚之后，债务人需要分担夫妻共同债务，尤其是一方清偿夫妻共同债务超过其所应当负担的债务份额，可以向另一方追偿。这就使得双方在内部成为利益冲突主体。对外来看，债务人同债权人是利益冲突主体。夫妻双方或者离婚后的债务人是债务清偿共同体，一致对外，对抗债权人。因此，这就需要注意婚姻关系内外的双重利益冲突及其不同利益诉求，合理保护债权人与债务人的正当权益。

（三）利益衡平性

无论是否离婚，清偿夫妻个人债务或者夫妻共同债务，都会不同程度地牵涉夫妻个人财产利益与夫妻共同财产利益。尤其是在离婚之后，债务人解除夫妻身份，需要兼顾债务人内部以及债权人与债务人之间的利益衡平，促进离婚后的债务人分担夫妻共同债务的平等性与合理性，以妥善分配夫妻之间的财产利益，保障债权人实现债权。

三、夫妻债务清偿的不同类型

从不同视角审视夫妻债务清偿，有助于深刻认识这一概念。

按照不同标准，可以对夫妻债务清偿作出不同分类。

（一）夫妻共同债务清偿与夫妻个人债务清偿

根据清偿对象不同，夫妻债务清偿可以分为夫妻共同债务清偿与夫妻个人债务清偿。前者是指夫妻双方清偿夫妻共同债务，包括婚内清偿与离婚清偿。后者是指夫妻一方清偿个人债务。

二者的相同之处在于主体身份的特定性与婚姻利益的牵连性。基于夫妻之间的特定人身关系，无论清偿夫妻共同债务，还是清偿夫妻个人债务，都会在不同程度上牵涉婚姻利益。如果夫妻共同债务或者夫妻个人债务负担过重，势必影响债务人的经济状况。

二者的区别见前述“夫妻个人债务的界分”中的相关论述，这里不再赘述。

（二）夫妻共同清偿与夫妻单方清偿

根据清偿主体不同，夫妻债务清偿可以分为夫妻共同清偿与夫妻单方清偿。前者是指夫妻双方以共同财产清偿夫妻共同债务与夫妻个人债务。后者是指夫妻一方以其个人财产清偿夫妻共同债务及其个人债务。

二者的相同之处在于清偿对象的同一性，即债务范围相同，包括夫妻共同债务与夫妻个人债务。清偿主体可以根据自身清偿能力与婚姻关系变化情况合理安排债务清偿事宜。

二者的主要区别在于清偿主体、清偿财产与清偿限制等方面的不同。在夫妻共同清偿场合，无论婚姻关系是否解除，清偿主体首先以夫妻共同财产清偿夫妻共同债务与夫妻个人债务；只有夫妻共同财产不足的，才以各方的个人财产继续清偿二者。其中，因清偿主体对夫妻共同债务承担补充连带清偿责任，一般不会对其加以限制。在夫妻单方清偿场合则不然。为了防止夫妻双方恶意串通、假借离婚逃避债务而损害债权人利益，无论夫妻一方的清偿能力强弱与否，都应当对其加以合理限制。除非经债权人同意，不得免除夫妻双方对于夫妻共同债务的连带清偿责任。

（三）婚内清偿与离婚清偿

根据清偿时间不同，夫妻共同债务清偿可以分为婚内清偿与离婚清偿。前者是指夫妻双方在婚姻关系存续期间清偿夫妻共同债务。后者是指夫妻双方在离婚之后清偿夫妻共同债务。

二者的相同之处在于债务的性质、产生时间与负担主体相同，仅因离婚而使债务清偿存在婚内清偿与离婚清偿之别。

二者的主要区别在于清偿时间、清偿关系与清偿结果的不同。婚内清偿表现为婚姻共同体与债权人之间的债务关系，除非适用分别财产制，夫妻之间不存在追偿问题。离婚清偿则较为复杂。尽管婚姻共同体因离婚而解体，但是作为债务清偿共同体依然存在。离婚后的债务人尚需在其内部分担夫妻共同债务。然而，因受离婚时的夫妻共同财产状况与债务清偿期限是否届至等因素影响，既可以在离婚之时清偿债务，又可能是离婚之后清偿债务。如果其中一方清偿夫妻共同债务超过自己应当承担的债务份额，则可以向另一方追偿。

（四）协议清偿与诉讼清偿

根据清偿程序不同，夫妻共同债务清偿可以分为协议清偿与诉讼清偿。前者是指夫妻双方协议离婚时，按照离婚协议的约定清偿夫妻共同债务。后者是指夫妻双方诉讼离婚的，按照人民法院的离婚判决清偿夫妻共同债务。

二者的相同之处在于债务内容、清偿时间与负担主体相同。债务人在离婚之时或者离婚之后共同清偿夫妻共同债务。

二者的主要区别在于适用程序、意思自治与承担份额的不同。协议清偿是夫妻双方协议离婚时按照离婚协议的约定分担债务数额，是双方意思自治的结果。诉讼清偿是夫妻双方诉讼离婚时，由人民法院通过判决分担债务清偿数额，是国家公权力干预的结果。

（五）全部清偿与部分清偿

根据清偿效果不同，夫妻债务清偿可以分为全部清偿与部分清偿。前者是指夫妻双方与夫妻个人将其夫妻共同债务或者夫妻个人债务予以全部清偿。后者是指夫妻双方与夫妻个人仅清偿部分夫妻共同债务或者夫妻个人债务，尚剩余部分债务未予清偿。进而可以分为夫妻共同债务的全部清偿与部分清偿，夫妻个人债务的全部清偿与部分清偿。

二者的相同之处在于清偿的主体与内容相同。夫妻双方清偿夫妻共同债务或者夫妻一方清偿个人债务时，因受夫妻共同财产状况与夫妻个人财产状况或者不可抗力等影响，将会造成全部清偿或者部分清偿的不同结果。

二者的主要区别在于是否继续清偿债务、承担违约责任与增加履行成本的不同。全部清偿消灭债之关系，不存在违约责任与增加履行成本等问题。然而，除非债之当事人约定分期清偿或者存在免责事由，债务人不能清偿全部债务的，须向债权人承担违约责任。对于剩余部分债务，除债权人免除债务外，债务人尚需继续清偿。并且，无论由债之双方当事人共同负担清偿费用，还是由债务人一方负担清偿费用，都将增加继续清偿剩余部分债务的履行成本。

第二章

夫妻债务清偿的基础规范

界分夫妻共同债务与夫妻个人债务是清偿夫妻债务的基本前提。然而，我国《民法典》婚姻家庭编仅有夫妻债务界定规则而未明确夫妻债务范围。对此，应当针对这一立法不足，借鉴域外民法典关于夫妻债务的立法规定，科学确定夫妻共同债务与夫妻个人债务的具体范围，以合理界分二者。

第一节　夫妻债务立法的中外比较

一、域外关于夫妻债务的立法规定

（一）立法内容

域外的一些民法典都有关于夫妻共同债务与夫妻个人债务的规定。

1.《法国民法典》

《法国民法典》[1] 的夫妻财产制主要有共同财产制与分别财产制。其中，共同财产制包括法定共同财产制与约定共同财产制，而约定共同财产制则有包括动产与婚后取得的财产在内的共同财产制、全部概括共同财产制之分。综观夫妻财产制的立法规定，《法国民法典》第 1409 条、第 1499 条与第 1526 条第 2 款是关于夫妻共同债务的规定，第 1410 条与第 1417 条第 1 款是关于夫妻个人债务的规定，第 1413 条是关于夫妻共同债务而涉及夫妻个人债务的规定，第 1415 条、第 1536 条第 2 款是关于夫妻个人债务而涉及夫妻共同债务的规定。

在法定共同财产制下，根据《法国民法典》第 1409 条规定，下列各项，构成共同财产的负债：依据第 220 条之规定，为维持家庭日常开支与子女教育费用的支出，夫妻双方应当负担的生活费用以及缔结的债务，属于永久性负债；在共同财产制期间发生的其他债务，视情况，属永久性共同债务，或者给予补偿。第 1410 条规定：夫妻双方在举行结婚之日负担的债务，或者夫妻在婚姻期间因接受继承、赠与而负有的债务，不论是本金形式，还是定期金分期支付或利息形式，均为个人债务。第 1413 条规定：对夫妻各方在

---

① 本书关于《法国民法典》的规定均来自罗结珍译：《法国民法典》，法律出版社 2005 年版。

共同财产制期间所负的债务，无论其发生原因如何，均得就共同财产清偿，但如作为债务人的一方有欺诈或者债权人有恶意时，不在此限。第 1417 条规定：夫妻一方因刑事犯罪被判处罚金，或者因民事侵权行为或准侵权行为被判处损害赔偿与支付诉讼费用，在用共同财产支付之后，共同财产有权得到补偿。第 1415 条规定：夫妻各方在设立保证和进行借贷时，仅得用其自有财产与个人收入承担义务，但如缔结保证与借贷得到另一方配偶的明示同意，不在此限。

在约定共同财产制之包括动产与婚后取得的财产在内的共同财产制下，《法国民法典》第 1499 条规定：除法定财产制规定应属于共同负债之外，夫妻双方在结婚时即已负担的债务，或者由夫妻双方在婚姻关系存续期间接受继承或赠与而应当负担的债务，亦归入共同负债。在全部概括共同财产制下，第 1526 条第 2 款规定：全部概括共同财产应最终承担现有的与将来的全部债务。

在分别财产制下，《法国民法典》第 1536 条第 2 款规定：夫妻各方单独负担其本人在结婚之前与婚姻期间产生的债务，但第 220 条规定的情形除外。

在这些规定中，各夫妻财产制关于夫妻共同债务的基本内容别无二致。《法国民法典》第 1409 条、第 1499 条与第 1536 条第 2 款都将基于第 220 条规定而订立旨在维持家庭日常生活与教育子女的合同债务作为夫妻共同债务。并且，第 1499 条通过包括动产与婚后取得财产的共同财产制对夫妻共同债务予以进一步补充完善。这些债务都与夫妻共同生活或者家庭利益息息相关，夫妻共享债务所得利益，理当共同负担清偿责任。因此，《法国民法典》基于夫妻共同生活需要的立法视角来界分夫妻债务，即与夫妻共同生活有关的债务为夫妻共同债务，否则即为夫妻个人债务。二者仅因夫妻财产制不同而致债务范围有所区别。

法定共同财产制下的夫妻共同债务包括维持家庭日常开支；子女教育费用；夫妻双方应当负担的生活费用；夫妻双方缔结的债务；在共同财产制期

间发生的永久性共同债务；夫妻各方在共同财产制期间所负债务；夫妻各方得到另一方配偶的明示同意而设立保证和进行借贷。夫妻个人债务包括夫妻双方在举行结婚之日负担的债务；夫妻在婚姻期间因接受继承、赠与而负有的债务；夫妻各方在共同财产制期间有欺诈或者债权人有恶意所负的债务；夫妻一方因刑事犯罪被判处罚金，或者因民事侵权行为或者准侵权行为被判处损害赔偿与支付诉讼费用；夫妻各方未得到另一方配偶的明示同意而设立保证和进行借贷产生的债务。

约定共同财产制下，包括动产与婚后取得的财产在内的共同财产制的夫妻共同债务包括法定财产制规定的共同负债；夫妻双方在结婚时即已负担的债务；由夫妻双方在婚姻关系存续期间接受继承或者赠与而应当负担的债务。全部概括共同财产制的夫妻共同债务包括现有的与将来的全部债务。

分别财产制下的夫妻共同债务包括维持家庭日常开支费用；子女教育费用。夫妻个人债务包括夫妻各方结婚之前产生的债务；夫妻各方在婚姻期间产生的债务。

2.《瑞士民法典》

《瑞士民法典》[①] 的夫妻财产制包括收入分享财产制、共有财产制与分别财产制。综观夫妻财产制的立法规定，《瑞士民法典》第 233 条是关于夫妻共同债务的规定，第 202 条、第 249 条与第 234 条第 1 款是关于夫妻个人债务的规定。

在共有财产制下，根据《瑞士民法典》第 233 条规定，夫妻任何一方以其自有财产和共有财产对以下债务承担清偿义务：（1）在家事代理和管理共同财产的权利范围内产生的债务；（2）如将共有财产投入到职业或经营企业的，或该职业、企业的收入归入共有财产的，因该职业或企业产生的债务；（3）夫妻另一方也应承担清偿义务的债务；（4）夫妻双方与第三人约定以共有财产清偿的债务。第 234 条第 1 款规定：对于其他一切债务，夫妻一方仅

① 本书关于《瑞士民法典》的规定均来自于海涌、赵希璇译：《瑞士民法典》，法律出版社 2016 年版。

以其自有财产和共有财产之一半承担清偿义务。

在收入分享财产制与分别财产制下，仅有夫妻个人债务负担的规定，即《瑞士民法典》第202条与第249条。二者都规定，夫妻任何一方以自己全部财产对自己的债务承担责任。

在这些规定中，就《瑞士民法典》第233条来看，第（1）项与第（2）项的夫妻共同债务同夫妻共同生活密不可分；第（3）项与第（4）项并未明确夫妻共同债务产生的具体原因，而"也应承担清偿义务"与"以共有财产清偿"则表明应当同夫妻共同生活存在一定关联。否则，夫妻另一方不会对配偶所负债务承担清偿义务或者夫妻一方不会同意以夫妻共有财产清偿债务。从立法规定的逻辑关系来看，第234条第1款中的"其他一切债务"即指第233条所规定的夫妻共同债务之外的其他一切债务。这表明该条规定同第202条与第249条的立法理念相同。因此，第233条是界定夫妻共同债务及其同夫妻个人债务界限的法律依据。此外，尽管《瑞士民法典》未明确收入分享财产制与分别财产制的夫妻共同债务，但是夫妻共同生活内容决定夫妻共同债务具有同一性，直接适用第233条的有关规定来确定夫妻共同债务即可。

根据《瑞士民法典》第233条规定，下列行为产生夫妻共同债务：行使家事代理权；管理共同财产；共有财产投入到职业或者经营企业；职业、企业的收入归入共有财产；夫妻双方应当共同承担清偿义务；夫妻双方与第三人约定以共有财产清偿债务。除此之外，属于夫妻个人债务。

3.《意大利民法典》

《意大利民法典》[①]的夫妻财产制包括共有财产制与分别财产制。根据《意大利民法典》第159条规定，配偶双方没有选择夫妻分别财产制，则适用法定共有财产制。根据第210条规定，配偶双方可以协议将法定夫妻共有关系修改为协议共有。综观夫妻财产制的立法规定，法典仅对共有财产制

① 本书关于《意大利民法典》的规定均来自费安玲、丁玫、张宓译：《意大利民法典》，中国政法大学出版社2004年版。

的夫妻债务作出规定。第 186 条是关于夫妻共同债务的规定，第 187 条与第 211 条是关于夫妻婚前债务的规定，第 188 条是关于夫妻个人债务而涉及夫妻共同债务的规定。

在法定共有财产制下，根据《意大利民法典》第 186 条规定，由夫妻共同财产承担的义务有：（1）取得该财产之时设立的一切负担和费用；（2）全部的管理费用；（3）维持家庭生活的费用、养育子女的费用以及夫妻双方为家庭利益共同或分别承担的债务；（4）任何一项由夫妻双方共同承担的债务。第 187 条规定：不得以夫妻共同财产清偿夫妻一方在婚前承担的义务。第 188 条规定：在赠与或继承的财产不归共同财产所有的情况下，不得以夫妻共同财产清偿夫妻一方在婚姻关系存续期间因赠与或继承承担的债务。

在协议共有财产制下，《意大利民法典》第 211 条规定：对于配偶一方的婚前债务，在婚前仅属于该方配偶。但由配偶双方依第 162 条规定订立的协议确定为共有财产价值范围内的，由共有财产承担。

在这些规定中，《意大利民法典》第 186 条表明夫妻共同财产承担的义务，要么同取得、管理共同财产有关，要么同家庭生活有关。例如，第（1）项与第（2）项属于前者，第（3）项属于后者，均与夫妻共同生活紧密相关，属于家庭利益范畴。第（4）项属于兜底性规定，由第（1）项、第（2）项与第（3）项可以推定，由夫妻双方共同承担的债务应当与家庭利益有关。第 188 条则以赠与或者继承的财产是否归于夫妻共同财产为条件，确定所负债务属于夫妻共同债务或者夫妻个人债务。如果归于夫妻共同财产，则成为家庭利益，否则不然。第 187 条与第 211 条分别针对不同共有财产制而对婚前债务作不同处理。只有通过协议将配偶一方的婚前债务确定为共有财产价值范围内，才属于家庭利益。因此，《意大利民法典》以家庭利益为夫妻债务的界分标准，同夫妻共同生活有关的债务是夫妻共同债务，否则为夫妻个人债务。

夫妻共同债务包括取得夫妻共同财产之时设立的一切负担和费用；夫妻共同财产的全部管理费用；维持家庭生活的费用；养育子女的费用；夫妻双

方为家庭利益的债务；任何一项由夫妻双方共同承担的债务；赠与或者继承的财产归共同财产所有而产生的债务；配偶双方协议确定为共有财产价值范围内的一方婚前债务。

夫妻个人债务包括夫妻一方在婚前承担的义务；夫妻一方在婚姻关系存续期间因赠与或者继承的财产不归共同财产所有而产生的债务。

4.《西班牙民法典》

《西班牙民法典》[①]关于夫妻财产制的立法规定，既有适用于所有财产制的一般规定，又有针对不同财产制的具体规定。其中，《西班牙民法典》第1319条是关于夫妻共同债务的一般规定，第1362条、第1363条、第1365条、第1366条、第1367条、第1368条、第1369条是确定共同财产制下的夫妻共同债务与夫妻个人债务的依据，第1440条是关于分别财产制下的夫妻个人债务与夫妻共同债务的规定。

在一般规定中，《西班牙民法典》第1319条第1款规定：任何一方可为家庭的日常生计和舒适生活而实施行为，同时考虑当地条件和客观环境。这一规定是夫妻共同债务产生的基本依据。

在共同财产制下，根据《西班牙民法典》第1362条规定，共同财产用于以下用途：家庭的维持，共同子女的抚养和教育，按照家庭消费习惯和实际情形支出的赡养费。配偶一方子女，与其共同生活的，应使用共同财产对其进行抚养和教育。反之，使用共同财产的部分，应在配偶共同财产关系破裂时予以赔偿。共同财产的取得、占有和使用。配偶一方独有财产的日常管理。配偶一方经营、职业、手艺或职位的常规进行。第1363条规定：婚姻缔结双方通过协议捐赠或者承诺给予的款项也从配偶共同财产中支付，如果双方未达成一致，则该笔款项应全部或者部分从一方的独有财产中支付。根据第1365条规定，因下列原因，由配偶一方与债权人缔结的债务应从配偶共同财产中偿还：（1）与家庭支配权以及与配偶共同财产的管理和支配相关

① 本书关于《西班牙民法典》的规定均来自潘灯、马琴译：《西班牙民法典》，中国政法大学出版社2013年版。

的行为。（2）与其职业、手艺、职位相关的日常行为，以及对其财产进行的日常管理。第 1366 条规定：配偶一方的债务，如果是为婚姻利益而作出的或者属财产管理领域的结果的，另一方也需承担债务，除非该债务的缔结是出于前者的恶意或重大过失而造成的。第 1367 条规定：配偶共同财产在任何情形下均应偿还配偶双方共同缔结的债务或者由一方缔结并经另一方明示同意的债务。第 1368 条规定：配偶共同财产也应偿还尚在事实分居情形下，由其中一方配偶为供养子女的养育、保育和教育而本应支付共同财产，但以自己名义而缔结的债务。第 1369 条规定：配偶一方的债务同时也是婚姻缔结双方的共同债务的，双方的共同财产应承担连带责任。

在分别财产制下，《西班牙民法典》第 1440 条规定：婚姻一方的合同义务专属该方。本法典第 1319 条和第 1438 条确立的属于行使家庭生活中的日常权利而产生的合同义务由配偶双方共同承担。

在这些规定中，表明《西班牙民法典》对于夫妻共同债务采由一般到具体的立法结构。其第 1319 条第 1 款确立了“为家庭的日常生计和舒适生活而实施行为”的夫妻共同债务界定标准。其他相关条款则基于这一标准明确夫妻双方共同债务。凡是与夫妻共同生活需要密不可分的配偶双方或者一方的负债行为都属于夫妻共同债务，应当由配偶共同财产负担。同时，第 1362 条、第 1363 条与第 1366 条排除不属于配偶共同财产负担的债务，即为夫妻个人债务。二者仅因夫妻财产制不同而致债务范围有所区别。

共同财产制下的夫妻共同债务包括家庭维持；共同子女的抚养和教育；按照家庭消费习惯和实际情形支出的赡养费；与配偶一方共同生活的子女的抚养和教育；共同财产的取得、占有和使用；配偶一方独有财产的日常管理；配偶一方经营、职业、手艺或者职位的常规进行；夫妻双方通过协议捐赠或者承诺给予的款项；配偶一方与家庭支配权以及与配偶共同财产的管理和支配相关的缔约行为；配偶一方与其职业、手艺、职位相关的日常行为有关的缔约行为；配偶一方对其财产进行日常管理的缔约行为；配偶一方为婚姻利益而作出的或者属财产管理领域的结果；配偶双方共同缔结的债务；由一方缔结并经另一方明示同意的债务；事实分居情形下，以一方配偶名义缔结的为供养子女的养育、保育和教育的债务；同时属于配偶一方与双方的债务。

夫妻个人债务包括配偶一方抚养和教育未与其共同生活的子女；双方未达成一致协议的捐赠或者承诺给予的款项；配偶一方与债权人缔结同家庭支配权以及配偶共同财产的管理和支配无关的行为；配偶一方与其职业、手艺、职位无关的日常行为；配偶一方非对其财产进行的日常管理行为；配偶一方出于恶意或者重大过失为婚姻利益作出的或者属财产管理领域的结果；配偶一方未经另一方明示同意而缔结的债务；配偶一方在事实分居情形下以自己名义缔结而非为供养子女的养育、保育和教育的债务；仅属于配偶一方的债务。

分别财产制下的夫妻共同债务包括为家庭的日常生计和舒适生活实施行为；行使家庭生活中的日常权利而产生的合同义务。夫妻个人债务为婚姻一方的合同义务。

5.《葡萄牙民法典》

《葡萄牙民法典》① 关于夫妻债务的立法比较独特，专设独立于夫妻财产制之外的“夫妻之债务”一节，适用于所有的夫妻财产制。综观夫妻债务的立法规定，《葡萄牙民法典》第 1691 条、第 1693 条第 2 款与第 1694 条第 1 款是关于夫妻共同债务的规定，第 1692 条、第 1693 条第 1 款、第 1694 条第 2 款是关于夫妻个人债务的规定。

根据《葡萄牙民法典》第 1691 条规定，1. 下列债务由夫妻双方负责：a）结婚前后，夫妻双方或一方经他方同意而设定之债务；b）结婚前后，夫妻任一方为家庭生活之正常负担而设定之债务；c）婚姻关系存续期内，夫妻中管理财产之一方在其管理权力范围内为夫妻共同利益而设定之债务；d）夫妻任一方在从事商业活动中所设定之债务，但证明有关债务非为夫妻共同

① 本书关于《葡萄牙民法典》的规定均来自唐晓晴等译：《葡萄牙民法典》，北京大学出版社 2009 年版。

利益而设定，或夫妻间采用分别财产制者除外；e）按照第 1693 条第 2 款之规定而视为共同负责之债务。2. 属一般共同财产制者，夫妻任一方在结婚前为夫妻共同利益而设定之债务，亦属共同负责之债务。根据第 1692 条规定，下列债务由夫妻中相关之一方独自负责：a）夫妻任一方在未经他方同意下，于婚前设定的不属于上条第 1 款 b 项及 c 项所指之债务；b）因犯罪而产生之债务及因可归责于夫妻中任一方之事实而须承担之损害赔偿、须接受之处罚、应作出之返还或应支付诉讼费用或罚金的债务，但有关事实仅涉及民事责任，且属上条第 1 款或第 2 款所规定之范围者除外；c）按第 1694 条第 2 款之规定属非共同负责之债务。第 1693 条规定：1. 夫妻之一方接受赠与、遗产或遗赠，即须独自对附于赠与、遗产或遗赠上之债务负责，即使系经他方而接受者亦然。2. 然而，如因所采用之财产制度而导致赠与、继承或遗赠之财产归入共同财产，则有关债务须由夫妻共同负责。第 1694 条规定：1. 附于共同财产上之债务，不论在财产成为共同财产之前或之后到期，均须由夫妻双方共同负责。2. 附于夫妻之一方之个人财产上之债务，由其独自承担，但该等债务系因取得有关财产之收益而生，且按照所适用之财产制度该等收益系视为共同财产者除外。

在这些规定中，《葡萄牙民法典》第 1691 条规定同“家庭生活”与“夫妻共同利益”有关的债务由夫妻双方负责。因家庭由婚姻当事人所组成，为“家庭生活”所负债务必然与“夫妻共同利益”相关联，这就使得家庭生活债务与夫妻共同利益债务在本质上并无二致。第 1693 条第 2 款与第 1694 条第 1 款的夫妻共同债务同夫妻共同财产有关，而夫妻共同财产当然属于“夫妻共同利益”范畴。第 1692 条、第 1693 条第 1 款、第 1694 条第 2 款的债务均与“夫妻共同利益”无关，不属于夫妻共同债务。因此，为夫妻共同利益所负债务属于夫妻共同债务，否则即为夫妻个人债务。

夫妻共同债务包括结婚前后，夫妻双方或者一方经他方同意而设定之债务；夫妻任一方于结婚前后为家庭生活之正常负担而设定之债务；婚姻关系存续期内，夫妻中管理财产之一方在其管理权力范围内为夫妻共同利益而设定之债务；夫妻任一方在从事商业活动中为夫妻共同利益所设定之债务；因所采用之财产制度而导致赠与、继承或者遗赠之财产归入共同财产之债务；夫妻任一方在结婚前为夫妻共同利益而设定之债务；附于共同财产上之债务；附于夫妻之一方之个人财产之上，但因取得有关财产之收益而生，且按照所适用之财产制度该等收益系视为共同财产者的债务。

夫妻个人债务包括夫妻任一方未经他方同意于婚前设定的不属于为家庭生活之正常需要或者管理财产的夫妻一方在管理权限范围内非为夫妻共同利益的债务；因犯罪产生的债务及因可归责于夫妻中任一方之事实而须承担之损害赔偿、须接受之处罚、应作出之返还或者应支付诉讼费用或者罚金的债务；附于夫妻之一方接受赠与、遗产或者遗赠上之债务；附于夫妻之一方之个人财产上之债务。

6.《巴西民法典》

《巴西民法典》[①]的夫妻财产制包括部分共有制、一般共有制与取得财产最终分享制。根据其第 1639 条与第 1640 条的规定，允许待婚人在结婚前对其财产按他们乐意的形式作出约定。如果对夫妻财产无协议的，或者此协议无效或者不生效的，对夫妻财产适用部分共有制。综观夫妻财产制的立法规定，第 1663 条第 1 款、第 1664 条与第 1667 条是关于夫妻共同债务的规定，第 1659 条第（3）项与第 1666 条是关于夫妻个人债务的规定，第 1659 条第（4）项是排除不法债务而涉及转化为夫妻共同债务的规定，第 1668 条第（3）项是关于夫妻个人婚前债务而涉及转化为夫妻共同债务的规定，第 1677 条是关于婚后夫妻个人债务而涉及转化为夫妻共同债务的规定。

在部分共有制下，根据《巴西民法典》第 1659 条规定，排除在共有之外的债务：婚前债务；因不法行为产生的债务，但此等行为的利益已由夫妻双方享有的，除外。第 1663 条第 1 款规定：在行使管理权时缔结的债务，应以共有财产、夫妻中承担管理的一方的个人财产以及他方的个人财产承担

① 本书关于《巴西民法典》的规定均来自齐云译：《巴西新民法典》，中国法制出版社 2009 年版。

责任，但在最后一种情形，此等他方的责任以其获利额为限。第 1664 条规定：应以共有的法定财产对夫或妻为了维持家用、支付管理费用和到期的法定税费缔结的债务负责。第 1666 条规定：夫妻的任一方在管理其个人财产时且为了这些财产的利益缔结的债务，共有财产不承担责任。

在一般共有制下，《巴西民法典》第 1667 条规定：一般共有制是夫妻双方所有现在和将来的财产及其净债务成为共有。根据第 1668 条规定，婚前债务排除在共有之外，但为结婚而为的借款或已转化为共有利益的此等债务除外。

在取得财产最终分享制下，《巴西民法典》第 1677 条规定：婚后夫妻一方缔结的债务仅该方承担责任，但能证明他方已经享有此等债务的部分或全部利益的，不在此限。

在这些规定中，《巴西民法典》第 1663 条第 1 款中的行使管理权基于第 1663 条之“夫妻的任一方皆可管理共有的总括财产”的规定。这是夫妻共同生活的内容之一。第 1664 条的债务属于夫妻在共同生活期间必须负担的债务。第 1667 条的夫妻双方所有现在和将来的净债务产生于婚姻关系存续期间，应当与夫妻共同生活有关。第 1677 条规定的夫妻他方在婚后享有夫妻一方的债务利益，发生在夫妻共同生活之中。第 1659 条第（4）项、第 1668 条第（3）项与第 1677 条的夫妻个人债务转化为夫妻共同债务均以转化为共有利益或者双方共享此等债务利益为条件，表明与夫妻共同生活有关。否则，这些债务由负债的夫妻一方独自承担清偿责任。第 1666 条为纯粹个人债务。因此，同夫妻共同生活有关的债务属于夫妻共同债务，否则即为夫妻个人债务。二者仅因夫妻财产制不同而致债务范围有所区别。

部分共有制下，产生夫妻共同债务的原因包括夫妻双方享有不法行为产生的利益；行使管理权；维持家用；支付管理费用；支付到期法定税费。夫妻个人债务包括婚前债务；因不法行为产生的债务；夫妻任一方管理其个人财产且为了这些财产的利益缔结的债务。

一般共有制下的夫妻共同债务包括夫妻双方所有现在和将来的净债务；

为结婚而为的婚前借款；已转化为共有利益的婚前债务。夫妻个人债务仅限于婚前债务。

取得财产最终分享制的夫妻共同债务限于他方已经享有夫妻一方于婚后缔结的债务的部分或者全部利益。夫妻个人债务是夫妻一方于婚后缔结的债务。

7.《秘鲁民法典》

《秘鲁民法典》[①] 的夫妻财产制包括所得共同制与分别财产制。根据其第295条规定，在婚姻缔结之前，未婚夫妻可自由选择从婚姻缔结时开始生效的所得共同制或者分别财产制。如果未婚夫妻选择分别财产制，应当做成公证书，否则无效。若无公证书，则推定利害关系人选择所得共同制。综观夫妻财产制的立法规定，《秘鲁民法典》第316条是关于夫妻共同债务的规定，第307条与第308条是关于夫妻个人债务而涉及夫妻共同债务的规定，第328条是关于夫妻个人债务的规定。

在所得共同制下，根据《秘鲁民法典》第316条规定，夫妻共同体的负担如下：（1）供养家庭和教育共同的子女；（2）配偶一方依法有义务向他人提供的扶养费；（3）夫妻双方向共同子女赠与之物或允诺之物的价额；（4）对配偶自有不动产所为的单纯保存或维护性的必要改良和修缮，以及影响此等不动产的赋税；（5）夫妻共同体经配偶一方同意而决定对该配偶之自有财产实施的有益改良和奢乐性改良；（6）对共同财产所为的改良和修缮，以及影响此等财产的赋税；（7）不问其所属期间，凡是由配偶自有财产和夫妻共同财产所承受之债务产生的欠款或利息；（8）由夫妻各方之自有财产的用益权人承受的负担；（9）共同财产之管理所导致的费用。第307条规定：夫妻各方对所得共同制生效之前的债务以其自有财产清偿，但为将来家庭的利益成立的债务除外。第308条规定：夫妻一方的自有财产，不对另一方的个人债务负责，但经证明系为家庭利益成立的债务除外。

① 本书关于《秘鲁民法典》的规定均来自徐涤宇译：《秘鲁共和国新民法典》，北京大学出版社2017年版。

在分别财产制下，没有规定具体的夫妻个人债务，仅规定夫妻个人债务的负担。《秘鲁民法典》第 328 条规定：夫妻各方皆以其自有财产对其债务负责。

在这些规定中，《秘鲁民法典》第 316 条第（1）项与第（2）项是夫妻双方共同负担的家庭事务，第（3）项源于夫妻双方的共同意思表示而应当共同负担；第（4）项至第（9）项属于夫妻的管理财产行为。夫妻双方的共同负担与管理财产都是婚姻关系存续期间的夫妻生活内容，皆与家庭利益有关。第 307 条与第 308 条的债务为家庭利益成立而属于夫妻共同债务，否则即为夫妻个人债务。第 328 条明确夫妻各方自行负担个人债务，则表明债务与家庭利益无关。因此，家庭利益成为夫妻债务的界分标准，与之有关者属于夫妻共同债务，否则即为夫妻个人债务。

夫妻共同债务包括供养家庭和教育共同的子女；配偶一方依法有义务向他人提供的扶养费；夫妻双方向共同子女赠与之物或者允诺之物的价额；单纯保存或者维护性的必要改良和修缮配偶自有不动产以及影响此等不动产的赋税；夫妻共同体经配偶一方同意改良该配偶之自有财产；改良和修缮共同财产以及影响此等财产的赋税；由配偶自有财产和夫妻共同财产所承受之债务产生的欠款或者利息；夫妻各方自有财产的用益权人承受的负担；管理共同财产的费用；夫妻各方在所得共同制生效之前为将来家庭利益成立的债务；经证明，夫妻一方为家庭利益成立的个人债务。

夫妻个人债务包括夫妻各方对所得共同制生效之前的债务；夫妻各方非为家庭利益成立的债务。

（二）立法特点

综观这些域外民法典关于夫妻债务的立法规定，具有一些共同特点。

1. 债务立法完善

这些民法典大都以专门的题、章或者节的形式对夫妻财产制度作出较为详尽的系统化规定。例如，《法国民法典》第三卷第五章“夫妻财产契约与夫妻财产制”,《瑞士民法典》第二编第六章“夫妻财产制”,《意大利民法典》第一编第六章第六节“家庭财产制”,《西班牙民法典》第四卷第三集“婚姻经济制度”,《葡萄牙民法典》第四卷第九章“婚姻对于夫妻双方之人身及财产之效力”,《巴西民法典》第四编第二题“财产权”,《秘鲁民法典》第三编第三题“夫妻财产制”等。并且,为婚姻当事人提供多种夫妻财产制供其选择。这种立法模式保证夫妻财产制度的完善性和完整性,不仅明确夫妻共同债务范围,而且有的还对夫妻个人债务作出规定,易于界分二者,便于处理夫妻债务负担纠纷。

2. 界定标准趋同

这些民法典将夫妻共同债务限于满足家庭生活需要、管理共同财产以及履行赡养、抚育等义务的家庭支出,无一不同婚姻家庭利益与共同财产利益有关。就婚姻家庭利益来看,男女结婚而组成婚姻共同体,却不只是男女间的两性关系,而且还是共同向儿女负责的生活共同体。[1]因此,婚姻当事人与其他家庭成员的命运被婚姻利益与家庭利益紧密联结在一起,并为这些利益共担责任。尽管这些立法有“维持家庭日常生活”“维持家庭生活”“家庭利益”“家庭生活”“婚姻利益”“夫妻共同利益”“供养子女的养育、保育和教育”“子女的抚养和教育”“子女教育”“养育子女”等不同表述,但是在本质上并无二致。就共同财产利益来看,上述民法典中的“财产管理”“管理财产”“共同财产利益”等不同表述,并不妨碍共同财产成为婚姻共同体或者家庭共同体赖以存在的物质基础。夫妻管理共同财产或者获得共同财产利益,为婚姻共同体的存续和家庭成员的发展创造经济条件。对于夫妻个人债务,以夫妻共同债务作为参照对象,夫妻个人的婚前债务、同婚姻家庭利益与共同财产管理无关的债务则被排除出夫妻共同债务范围。

3. 债务范围明确

婚姻立法的重心在于保护婚姻共同体利益。出于维系婚姻家庭稳定之目的,夫妻双方对婚姻家庭负有共同责任,既需维系家庭财产收支平衡和实现

---

① 费孝通:《乡土中国:生育制度》,北京大学出版社 1998 年版,第 159 页。

家庭财产增长，又要共同负担清偿用于满足共同生活需要的债务。这些民法典关于夫妻共同债务的规定多采列举方式，将附着于婚姻家庭利益与共同财产利益上的夫妻共同债务一一详列出来，使夫妻共同债务范围得以明确化与具体化。除《葡萄牙民法典》外，尽管其他民法典并未明确夫妻个人债务的具体范围，但是在夫妻财产关系中，夫妻共同债务与夫妻个人债务是一个非此即彼的关系，只要明确夫妻共同债务范围，以夫妻共同债务为参照对象便可得出夫妻个人债务。因此，这些立法在确定夫妻共同债务范围的基础上，多采概括性与排除性的方法为夫妻个人债务划定一个范围边界，将那些不属于夫妻共同债务的其他债务归于夫妻个人债务范畴。

4. 平等负担债务

两性平等与男女平权是现代社会的一项基本人权。它在婚姻家庭关系中表现为夫妻家庭地位平等。夫妻双方基于各自具有独立、自由、平等之人格，享有同等权利，负担同等义务，平等处理家庭事务，共同负责维持婚姻共同生活体之圆满。因此，只有夫妻之义务相互配合，相互作用，婚姻共同生活体才能继续维持。[①]可见，夫妻双方共同负担夫妻共同债务，是其享有同等权利并负担同等义务的必然结果，也是家庭地位平等的具体体现。这些民法典将夫妻共同债务与夫妻个人债务分别立法，要求夫妻双方以其共同财产清偿夫妻共同债务，既体现清偿夫妻共同债务的平等性，也反映男女家庭地位的平等性。对于夫妻个人债务，则各方以其个人财产独自清偿，他方不负连带清偿责任，充分体现夫妻人格的独立性与平等性，以此彰显公平。

① 林秀雄：《家族法论集（一）——夫妻财产之研究》，我国台湾地区三民书局 1986 年版，第 213~215 页，转引自胡苷用：《婚姻合伙视野下的夫妻共同制度研究》，法律出版社 2010 年版，第 75 页。

二、我国关于夫妻债务的立法现状

（一）立法递嬗

我国自1950年《婚姻法》以来，为了适应社会发展需要，1980年颁行第二部《婚姻法》，并于2001年对其进行修正，2020年颁布《民法典》婚姻家庭编。每一次婚姻立法都是时代的产物、社会变迁的缩影，其内容都取决于当时的社会发展状况。夫妻债务立法的递嬗过程充分反映了不同立法时代特征。

1. 夫妻债务立法肇始

夫妻债务立法最早见于1950年《婚姻法》，其中没有关于夫妻财产制的明确规定。第10条规定："夫妻双方对于家庭财产有平等的所有权与处理权。"这一规定在外观上表现为财产权利，实则暗含夫妻共同财产制的内容。如果夫妻双方不共有家庭财产，[①]就不可能对家庭财产有平等的所有权与处理权。第24条规定："离婚时，原为夫妻共同生活所负担的债务，以共同生活时所得财产偿还；如无共同生活时所得财产或共同生活时所得财产不足清偿时，由男方清偿。男女一方单独所负的债务，由本人偿还。"这是关于夫妻债务清偿的规定，在我国现代婚姻立法史上首次确立"为夫妻共同生活所负的债务"为夫妻共同债务的界定标准，并以此作为夫妻共同债务与夫妻个人债务的界分标准，即为夫妻共同生活所负的债务为夫妻共同债务，否则即为夫妻个人债务。这一制度设计是科学的，有利于保障夫妻双方公平负担夫妻共同债务。然而，尚有立法不足：一是将夫妻债务界定蕴含在夫妻债务清偿规定中的立法模式并不科学，应当将二者分别以独立条款作出规定。二是"为夫妻共同生活所负担的债务"属于原则性规定，过于宽泛，应当明确夫妻共同债务的具体范围。

---

① 需要注意的是，"家庭财产"与"夫妻财产"的内涵不尽相同，前者包含后者，只是囿于当时的立法技术较为落后，以致混淆二者的界限。

2. 夫妻债务立法发展

1980 年《婚姻法》颁行于改革开放之初。尽管立法者嗅到时代巨变的气息，但是国家拨乱反正不久，各项建设事业刚刚起步，如果法律规定过于具体，反倒不利于应对令人应接不暇的社会快速变革。[①] 因此，夫妻财产立法采概括主义立法模式。1980 年《婚姻法》第 13 条规定："夫妻在婚姻关系存续期间所得的财产，归夫妻共同所有，双方另有约定的除外。夫妻对共同所有的财产，有平等的处理权。"这一规定除继承 1950 年《婚姻法》第 10 条关于夫妻对共有财产的平等处理权外，第一次正式使用"夫妻共同所有"这一概念，并将夫妻财产制确立为婚后所得共同制。第 32 条规定："离婚时，原为夫妻共同生活所负的债务，以共同财产偿还。如该项财产不足清偿时，由双方协议清偿；协议不成时，由人民法院判决。男女一方单独所负债务，由本人偿还。"这一规定继承了 1950 年《婚姻法》第 24 条的立法精神及其所确立的夫妻共同债务界定标准。然而，1980 年《婚姻法》立法不足在于：一是依然没有夫妻财产制的立法规定，而是将其蕴含于第 13 条之中。二是关于夫妻共同债务的规定依然为原则性规定，既未对夫妻共同债务概念予以立法释明，又未明确夫妻共同债务与夫妻个人债务的具体范围。三是未能认真审视夫妻债务界定与夫妻债务清偿之间的关系以及将二者分别单独立法的必要性与科学性，沿袭将夫妻债务界定蕴含在夫妻债务清偿规定中的立法模式。

为了明确"为夫妻共同生活所负的债务"与"男女一方单独所负债务"，最高人民法院于 1993 年出台《财产分割意见》。其第 17 条规定："夫妻为共同生活或为履行抚养、赡养义务等所负债务，应认定为夫妻共同债务，离婚时应当以夫妻共同财产清偿。下列债务不能认定为夫妻共同债务，应由一方以个人财产清偿：（1）夫妻双方约定由个人负担的债务，但以逃避债务为目的的除外。（2）一方未经对方同意，擅自资助与其没有抚养义务的亲朋所负的债务。（3）一方未经对方同意，独自筹资从事经营活动，其收入确未用

① 卢文捷：《夫妻忠实义务制度研究》，中国政法大学出版社 2016 年版，第 309 页。

于共同生活所负的债务。（4）其他应由个人承担的债务。”其第18条规定：“婚前一方借款购置的房屋等财物已转化为夫妻共同财产的，为购置财物借款所负债务，视为夫妻共同债务。”这是我国基于婚姻司法实践需要首次以司法解释的形式明确夫妻共同债务与夫妻个人债务的具体范围，为妥善处理夫妻债务纠纷提供了法律依据。

1986年《民法通则》第29条规定：“个体工商户、农村承包经营户的债务……家庭经营的，以家庭财产承担。”个体工商户、农村承包经营户是我国在改革开放之初为发展经济与解决就业出现的一种个体经济形式。其中，所谓个体工商户，是指在法律允许的范围内，经依法登记，从事工商业经营的自然人。所谓农村承包经营户，是指在法律允许的范围内，按照承包合同依法取得农村土地承包经营权从事商品经营的农村集体经济组织的成员。对于绝大多数家庭来说，家庭经营实际上多为夫妻共同经营。即使夫妻一方单独经营，基于传统观念，也会将收益用于家庭生活或者纳入夫妻共同财产。实际上，个体工商户、农村承包经营户的债务就是夫妻共同债务，承担债务的家庭财产即为夫妻共同财产。为了保护婚姻当事人的合法权益，《最高人民法院关于贯彻执行〈中华人民共和国民法通则〉若干问题的意见（试行）》（以下简称《民法通则意见》）第43条规定：“在夫妻关系存续期间，一方从事个体经营或者承包经营的，其收入为夫妻共有财产，债务亦应以夫妻共有财产清偿。”这表明从事个体经营或者承包经营的夫妻一方未将收益纳入夫妻共有财产，其配偶及其他家庭成员未享用经营收益的，个体经营或者承包经营的债务不属于夫妻共同债务。《民法通则》第29条与《民法通则意见》第43条关于生产经营的夫妻共同债务规定与解释，对《婚姻法》关于夫妻共同债务的立法规定起到积极的完善作用。

3. 夫妻债务立法缺憾

新世纪伊始，为了适应深入改革开放和计划经济转向市场经济的时代变迁，1980年《婚姻法》于2001年进行适时修改。2001年《婚姻法》修正案关于夫妻财产制度立法的突出进步在于明确夫妻共同财产与夫妻个人财产的具体范围，对约定财产制的夫妻共同债务清偿事宜作出规定。尤其是对于夫妻约定婚姻关系存续期间所得的财产归各自所有而由夫妻一方以其所有财产清偿对外所负债务的规定，间接起到界分夫妻共同债务与夫妻个人债务的作用。然而，第 41 条仅继承 1980 年《婚姻法》第 32 条关于夫妻共同债务的界定标准及其清偿的规定，没有关于夫妻个人债务清偿的一般规定。并且，依然未予立法释明夫妻共同债务概念，也未明确夫妻共同债务与夫妻个人债务的具体范围。因此，这种继承是不完整、不科学的，徒留立法缺憾。因此，除依然适用《财产分割意见》第 17 条与第 18 条来界分夫妻共同债务与夫妻个人债务外，最高人民法院还出台多项相关司法解释。

2003 年 12 月 26 日，《最高人民法院关于适用〈中华人民共和国婚姻法〉若干问题的解释（二）》（以下简称《婚姻法解释（二）》）颁布。第 23 条规定："债权人就一方婚前所负个人债务向债务人的配偶主张权利的，人民法院不予支持。但债权人能够证明所负债务用于婚后家庭共同生活的除外。"这是关于婚前的夫妻个人债务转化为夫妻共同债务的解释。第 24 条规定："债权人就婚姻关系存续期间夫妻一方以个人名义所负债务主张权利的，应当按夫妻共同债务处理。但夫妻一方能够证明债权人与债务人明确约定为个人债务，或者能够证明属于婚姻法第十九条第三款规定情形的除外。"这是关于婚姻关系存续期间的夫妻个人债务性质的解释。

婚姻法学界普遍将《婚姻法解释（二）》第 24 条关于夫妻债务的推定解释称为夫妻共同债务的推定规则。由于这一司法解释立场倾向于债权人，尽管它可以提醒婚姻当事人注意配偶的单方交易行为，但是它可能造成某些始料未及的消极社会效应。从十多年来的司法实践运作情况来看，《婚姻法解释（二）》第 24 条在保护交易安全、维护交易秩序以及提高夫妻共同债务纠纷解决效率方面确实发挥了重要作用，同时也充分暴露原制度设计的缺陷。[①] 尤其是使一些对配偶负债未获利、未参与，甚至不知情的婚姻当事人

① 祝颖：《证据法视野下夫妻共同债务推定规则检讨》，载《西南政法大学学报》2018 年第 1 期。

在离婚或者配偶死亡后背负巨额债务，造成很大的不公，从而引发人们的广泛关注。[①]有学者指出，这一司法解释容易造成法官解读适用的困惑与冲突，造成审判结果的实质不公平，将非举债一方配偶置于不利地位，侵犯其财产权益。[②]也有学者认为，这一司法解释明显违反债的相对性原理。在债权人与夫妻一方所形成的债权债务关系中，是债权人对形成债权债务关系的夫妻一方个人资历、能力和信用的信任，而不涉及当事人之外的第三人，包括其配偶。[③]还有学者列出这一司法解释所带来的一些消极影响：不合理地加重夫妻中非举债方的证明责任；过于重视交易安全而忽略婚姻安全，增加婚姻风险；过于强调夫妻财产关系的一体性而忽视家事代理的有限性，损害夫妻个体权益；过于强调形式公平而忽视结果公正，造成助强掠弱的后果，不利于保护妇女合法权益。[④]更有学者认为这一司法解释被认为对于负债的夫妻一方配偶很不公平，会使其背上莫须有的冤枉债。甚至，将会造成现实中的夫妻一方利用法律漏洞“合法”夺取对方财产的现象。对此，有学者建议修正《婚姻法解释（二）》第24条，对其设置“因日常家事所负债务”的前提条件，将其限缩于家事范围内，符合其所确立的家事代理制度理论基础，[⑤]即婚姻关系存续期间，只有夫妻一方以个人名义为夫妻共同利益所负的债务，才应当认定为夫妻共同债务，否则应当认定为个人债务。[⑥]

面对质疑之声，2016年3月17日，最高人民法院官方网站的“院长信箱”栏目登载《关于“撤销婚姻法司法解释（二）24条的建议”的答复》，认为《婚姻法解释（二）》第24条符合《婚姻法》立法精神，《婚姻法》规定的夫妻财产制是以婚后所得共同制为普遍原则，既然结婚后的夫妻收入是

---

① 但淑华：《对〈婚姻法解释（二）〉第二十四条推定夫妻共同债务规则之反思》，载《妇女研究论丛》2016年第6期。

② 夏吟兰：《我国夫妻共同债务推定规则之检讨》，载《西南政法大学学报》2011年第1期。

③ 裴桦：《夫妻财产制与财产法规则的冲突与协调》，载《法学研究》2017年第4期。

④ 但淑华：《对〈婚姻法解释（二）〉第二十四条推定夫妻共同债务规则之反思》，载《妇女研究论丛》2016年第6期。

⑤ 应秀良：《夫妻债务对外清偿规则若干问题分析》，载《法治研究》2017年第2期。

⑥ 姚旭斌：《夫妻共同债务认定规则的缺陷及其修正》，载《江淮论坛》2015年第11期。

共同的，那么为共同生活所负的债务也就应当共同偿还。[①] 另据最高人民法院有关人士介绍，在 2003 年起草《婚姻法解释（二）》时，司法实践反映较多的情况是夫妻以不知情为由规避债权人，通过离婚恶意转移财产给另一方，借以逃避债务。结合当时的经济社会生活和司法实际情况，最高人民法院在对债权人和夫妻另一方的利益反复衡量和价值判断后，按照法律规定的内在逻辑性、举轻以明重的解释方法，确定第 24 条的表述。《婚姻法解释（二）》出台后，“假离婚，真逃债”、破坏交易安全的社会现象受到遏制，市场秩序得到有效保护。[②] 并且，基于司法实践需要，2017 年 2 月 20 日，《最高人民法院关于适用〈中华人民共和国婚姻法〉若干问题的解释（二）的补充规定》（以下简称《婚姻法解释（二）补充规定》）颁布，进一步完善第 24 条，增加第 2 款、第 3 款：“夫妻一方与第三人串通，虚构债务，第三人主张权利的，人民法院不予支持。夫妻一方在从事赌博、吸毒等违法犯罪活动中所负债务，第三人主张权利的，人民法院不予支持。”这一补充解释排除非法之债，以保护产生非法之债的夫妻一方配偶不受夫妻共同债务的推定之累。对此，最高人民法院有关负责人在《婚姻法解释（二）补充规定》公布的当天（2017 年 2 月 28 日）接受记者采访时强调，《婚姻法解释（二）》第 24 条规定秉承《婚姻法》的原则和精神，是严格限定在现行法律规定范围内对法律适用问题作的解释，没有超越现行法律规定。[③]

2018 年 1 月 17 日，《最高人民法院关于审理涉及夫妻债务纠纷案件适用法律有关问题的解释》（以下简称《夫妻债务纠纷解释》）颁布。第 1 条规定：“夫妻双方共同签字或者夫妻一方事后追认等共同意思表示所负的债务，应当认定为夫妻共同债务。”第 2 条规定：“夫妻一方在婚姻关系存续期间以个人名义为家庭日常生活需要所负的债务，债权人以属于夫妻共同债务

---

① 裴桦：《夫妻财产制与财产法规则的冲突与协调》，载《法学研究》2017 年第 4 期。

② 王春霞：《妥善审理涉及夫妻债务案件 维护健康诚信经济社会秩序——最高法有关负责人就“婚姻法司法解释（二）”有关问题答记者问》，载《中国妇女报》2017 年 3 月 1 日，第 A3 版。

③ 王春霞：《妥善审理涉及夫妻债务案件 维护健康诚信经济社会秩序——最高法有关负责人就“婚姻法司法解释（二）”有关问题答记者问》，载《中国妇女报》2017 年 3 月 1 日，第 A3 版。

为由主张权利的，人民法院应予支持。”第3条规定：“夫妻一方在婚姻关系存续期间以个人名义超出家庭日常生活需要所负的债务，债权人以属于夫妻共同债务为由主张权利的，人民法院不予支持，但债权人能够证明该债务用于夫妻共同生活、共同生产经营或者基于夫妻双方共同意思表示的除外。”其中，第1条与第2条是对基于夫妻共同意思表示与夫妻一方行使日常家事代理权所负共同债务的确认。第3条是对夫妻一方超出日常家事代理权的债务能否转化为夫妻共同债务的判断。这一司法解释针对2001年《婚姻法》修正案第41条关于夫妻共同债务的立法局限，对于司法实践中普遍存在的一些夫妻债务纠纷做出合理界定，确立界分夫妻共同债务与夫妻个人债务的一般性依据，更加有利于积极应对夫妻债务清偿纠纷。

这三个司法解释以审慎态度客观对待有关具体债务，予以科学甄别。既未将夫妻的婚前债务机械地认定为夫妻个人债务，又未将夫妻在婚姻关系存续期间以其个人名义所负债务一概认定为夫妻共同债务。这不仅弥补了2001年《婚姻法》修正案关于夫妻债务的立法缺憾，而且弥补了《财产分割意见》第17条与第18条因囿于时代在认定夫妻共同债务与夫妻个人债务解释上的不足。因此，2001年《婚姻法》修正案通过立法规定和司法解释两条路径建构起夫妻共同债务与夫妻个人债务的界分规则，成为我国现阶段界分夫妻债务的法律依据。

坦率地讲，最高人民法院在前后尚不足一年的时间内密集地接连通过《婚姻法解释（二）补充规定》与《夫妻债务纠纷解释》，充分表明夫妻债务纠纷的繁多与复杂，原来的相关立法规定与司法解释已经无法满足夫妻债务纠纷的司法审判需要，应当从法律层面上科学立法，为界分夫妻债务提供法律依据。对此，《民法典》婚姻家庭编在编纂中已经注意到这一问题，并将《夫妻债务纠纷解释》的有关内容升华为第1064条。这在一定程度上避免将夫妻个人债务推定为夫妻共同债务的不利后果，有利于界分夫妻共同债务与夫妻个人债务。

2017年3月15日，第十二届全国人民代表大会第五次会议通过《民法总则》。第 56 条规定：“个体工商户的债务，个人经营的，以个人财产承担；家庭经营的，以家庭财产承担；无法区分的，以家庭财产承担。农村承包经营户的债务，以从事农村土地承包经营的农户财产承担；事实上由农户部分成员经营的，以该部分成员的财产承担。”这一规定是对《民法通则》第 29 条的继承发展。在过去 30 年间，作为我国的两种经济表现形式，个体工商户与农村承包经营户对于我国的经济发展与解决就业问题发挥了重要作用。并且，今后依然发挥重要作用。这是《民法典》对于个体工商户与农村承包经营户这两种经济表现形式的充分肯定与积极回应。这一规定对于合理判断夫妻生产经营债务起到积极的补充作用。

4. 夫妻债务立法超越

《民法典》婚姻家庭编夫妻财产制度是 2001 年《婚姻法》修正案夫妻财产制度的升级版。它的突出进步在于增加夫妻债务界分与婚内分割夫妻共同财产的规定。其中，关于夫妻债务的规定有两个条款，即第 1064 条与第 1089 条。这两个条款是在 2001 年《婚姻法》修正案第 41 条的基础上衍生而成的。第 1064 条是《夫妻债务纠纷解释》升华的结果，它是关于界定夫妻共同债务的规定，也是界分夫妻共同债务与夫妻个人债务的规定，却未明确二者的具体范围。第 1089 条仅是关于清偿夫妻共同债务的规定，而未规定夫妻个人债务清偿。尽管这两个条款不尽完善，但是瑕不掩瑜。《民法典》婚姻家庭编关于夫妻债务的立法成就已经超越 2001 年《婚姻法》修正案。

第一，完善夫妻财产制度的基本内容。《民法典》婚姻家庭编夫妻财产制度共有 9 个条款。除第 1064 条与第 1089 条外，第 1061 条是关于夫妻继承权的规定，第 1062 条与第 1063 条是关于夫妻共同财产与夫妻个人财产的规定，第 1065 条是关于夫妻约定财产制的规定，第 1066 条与第 1087 条是关于婚内与离婚分割夫妻共同财产的规定，第 1092 条是关于离婚后再次分割夫妻共同财产的规定。这 9 个条款以 2001 年《婚姻法》修正案的相关规定与有关司法解释为基础，包含夫妻财产制、夫妻财产范围、夫妻债务界定、夫妻共同财产分割与夫妻共同债务清偿等内容，共同构成夫妻财产制度的基本框架，使之得到进一步完善。尤其是第 1064 条与第 1066 条分别对《夫妻债务纠纷解释》与《最高人民法院关于适用〈中华人民共和国婚姻法〉若干问题的解释（三）》（以下简称《婚姻法解释（三）》）第 4 条予以升华，前者实现界分夫妻共同债务与夫妻个人债务的法定化，后者有利于化解婚内财产利益危机，可以更好地满足司法实践需要。

第二，实现夫妻债务界分与清偿的立法分立。通过第 1064 条将 2001 年《婚姻法》修正案第 41 条蕴含的界分夫妻债务的功能分离出去，并与第 1089 条相互呼应。这种立法的逻辑结构具有较强的严谨性、科学性与合理性。

第三，确立夫妻债务界定规则。第 1064 条是我国婚姻立法史上首次确立的夫妻债务界定规则。它以"共同意思表示"与"日常家事代理权"作为界定夫妻共同债务的基本标准，并以二者作为夫妻共同债务与夫妻个人债务的界分标准。这一界定规则的科学性在于二者反映夫妻共同债务产生的基础不同。夫妻一方为家庭日常生活需要所负的债务基于日常家事代理权，不需要经由夫妻双方的共同意思表示。而对于超出家庭日常生活需要之外的其他债务，需要夫妻双方的共同意思表示或者经由负债的夫妻一方配偶于事后追认。从第 1064 条规定来看，包含对于日常家事债务与非日常家事债务的界分。其中，"共同意思表示"是夫妻双方对于非日常的重大家事或者其他债务协商一致的结果，或者是夫妻一方追认其配偶单独进行的非日常的重大家事或者负担其他债务的行为。"家庭日常生活需要"呼应第 1060 条关于夫妻日常家事代理权的规定，凡是夫妻一方行使日常家事代理权所负债务，即属于夫妻共同债务。这同《婚姻法》所确立"为夫妻共同生活所负的债务"为夫妻共同债务的界定标准相比，更加明确，较容易界定夫妻共同债务与夫妻个人债务，尤其是方便界定日常家事债务。

第四，增设婚后的夫妻个人债务转化为夫妻共同债务的规定。根据第 1064 条第 2 款规定，夫妻一方将其在婚姻关系存续期间以个人名义超出家庭日常生活需要所负的债务用于夫妻共同生活、共同生产经营的，属于夫妻共同债务。这是关于婚后的夫妻个人债务转化为夫妻共同债务的规定。在此之前的婚姻立法中，我国一直没有关于夫妻个人债务转化的规定，仅有婚前个人债务转化的司法解释。如果夫妻一方将其婚后的个人债务所得利益用于夫妻共同生活的，在认定应否属于夫妻共同债务时，因缺乏法律依据而容易发生纠纷。因此，这一规定针对第 1064 条第 1 款关于界定夫妻共同债务基本标准在立法设计上的不周延，以“债务具体用途”作为补充标准，为夫妻个人债务转化提供了条件。尽管这一规定仅是针对婚后的夫妻个人债务转化，并以但书条款形式针对认定夫妻一方以个人名义超出家庭日常生活需要所负的债务属于夫妻共同债务的例外规定，但是有利于保护夫妻一方的合法权益。

综观夫妻债务的立法递嬗，它既有客观性的积极特点，又有缺憾性的消极表现。其中，所谓客观性，即夫妻债务立法始终契合民众的传统婚姻观念，反映民众的客观婚姻生活现状。基于传统的“嫁鸡随鸡，嫁狗随狗”的婚姻观念，我国民众鲜有选择约定财产制，婚后几乎采共同财产制。并且，绝大多数夫妻无意区分婚前财产与婚后所得。这种婚姻财产关系势必将婚姻当事人的命运紧紧绑缚在一起，二者结成不可分割的命运共同体。从而决定其目标的一致性和行为的共同性，[①] 凡是用于夫妻共同生活需要的债务理当属于夫妻共同债务，否则即为夫妻个人债务。因此，在婚姻立法变迁中，自 1950 年《婚姻法》始，及至《民法典》婚姻家庭编，关于夫妻共同债务的界定标准在本质上没有发生什么变化，都与夫妻共同生活密不可分。所谓缺憾性，即夫妻债务的不同立法阶段都存在一些立法不足。例如，2001 年《婚姻法》修正案第 41 条与《民法典》婚姻家庭编第 1064 条、第 1089 条中，都没有关于夫妻共同债务与夫妻个人债务的具体范围以及夫妻个人债务清偿的规定。这一立法不足容易引发夫妻之间关于清偿夫妻个人债务的纠纷。笔者认为，应当明确夫妻共同债务与夫妻个人债务的具体范围，哪怕至

---

① 卢文捷：《离婚时夫妻共同财产分割之探讨——基于夫妻一方名义在有限责任公司出资的股权分割》，载《江汉学术》2017 年第 6 期。

少明确夫妻共同债务的具体范围，并明确夫妻个人债务的清偿规则，以保证夫妻债务清偿立法的严谨性与科学性。

（二）立法评价

我国的夫妻债务立法在其递嬗过程中，呈现出一定特点。

1. 夫妻共同债务界定标准立法的趋同性

婚姻既是利益共同体，又是义务共同体。夫妻双方在婚姻关系存续期间享有平等权利，负担共同义务。从1950年《婚姻法》到2001年《婚姻法》修正案，两部立法与一次修正案所确立的夫妻共同债务界定标准皆以“为夫妻共同生活所负的债务”为依归。尽管《民法典》婚姻家庭编将“共同意思表示”与“日常家事代理权”作为界定夫妻共同债务的基本标准，但是同《婚姻法》的夫妻共同债务界标准的价值取向相同。第1064条立法升华的基础是《夫妻债务纠纷解释》，它是基于司法实践需要而对2001年《婚姻法》修正案第41条的解释。并且，就“为夫妻共同生活所负的债务”来看，它既包含基于日常家事代理权而用于家庭日常生活需要的债务，也包括基于夫妻共同意思表示而用于家庭日常生活需要之外的其他共同生活的债务。在本质上，《民法典》婚姻家庭编关于夫妻共同债务界定的基本标准同以往婚姻立法的夫妻共同债务界定标准没有什么不同。它是对“为夫妻共同生活所负的债务”的具体化。这种立法继承表明经过半个世纪的司法实践，客观地验证我国婚姻立法对于夫妻共同债务界定标准的正确性与科学性。因此，债务所得利益用于夫妻共同生活需要既是夫妻共同债务的本质要素，也是判断夫妻共同债务的核心要素。

相比之下，上述域外民法典关于夫妻共同债务的界定有“家庭利益”“家庭生活”“婚姻利益”“夫妻共同利益”“供养子女的养育、保育和教育”“子女的抚养和教育”“子女教育”“养育子女”等表述，这同我国《民法典》婚姻家庭编所表述的“共同意思表示”与“家庭日常生活需要”有所不同。然而，这仅是外观上的形式不同。由于这些内容均与夫妻共同生活有关，无不包含同家庭利益或者婚姻利益密不可分的管理共同财产、自身的生存与发展、抚育子女、赡养父母等需要而发生的负债行为，在本质上并没有什么不同。因此，我国婚姻立法与上述域外民法典关于夫妻共同债务界定标准的立法规定呈趋同性，表明人类对于婚姻家庭伦理认知的相通性和一致性。

2. 夫妻共同债务具体范围立法的缺失性

上述域外民法典都明确夫妻共同债务的具体范围。我国以往的《婚姻法》仅规定夫妻共同债务界定标准，并未进一步明确夫妻共同债务的具体范围，而是通过《财产分割意见》《婚姻法解释（二）》《婚姻法解释（二）补充规定》与《夫妻债务纠纷解释》来界分夫妻债务。然而，除《财产分割意见》简单地明确夫妻共同债务与夫妻个人债务外，其他司法解释同《婚姻法》的立法态度及其立法模式如出一辙，始终停留在对债务性质判断的层面上，只是对夫妻共同债务与夫妻个人债务作出非此即彼的区分而未能明确具体范围。及至《民法典》婚姻家庭编，虽然针对 2001 年《婚姻法》修正案关于夫妻债务的立法不足有所完善，但是依然忽视夫妻共同债务范围的重要意义。实际上，由于司法实践中不能直接适用法律规定来确定具体夫妻共同债务，尚需法官根据夫妻共同债务界定标准来识别判断夫妻债务性质，可能影响审判效率。因此，基于夫妻共同债务与夫妻个人债务之性质不同，婚姻立法应当明确二者的具体范围及其责任主体，或者至少明确夫妻共同债务的具体范围及其责任主体。尤其是随着社会变迁，夫妻财产形式日益丰富，明确夫妻共同债务的具体范围不是可有可无的问题，而是夫妻财产制度的必要内容。婚姻立法尚须完善这一立法不足，以避免夫妻债务清偿纠纷因缺失相关法律规定而陷入法律适用的困窘与尴尬。

3. 夫妻个人债务清偿立法继承的断层性

法律继承是十分正常的立法现象。一般表现为旧法（原有法）对新法（现行法）的影响和新法对旧法的承接和继受。[①] 它可以节省新法的立法成本，

① 张文显：《法哲学范畴研究》，中国政法大学出版社 2001 年版，第 263 页。

并吸收旧法的科学成分。当然，新法是否必须继承旧法以及应当继承哪些内容，则要根据立法背景与规制对象等具体情形而定。对于夫妻个人债务来说，它是夫妻财产关系的重要内容之一，如果不能界定夫妻个人债务，则有碍于合理判断夫妻共同债务，影响夫妻合法权益。尤其是我国夫妻大部分采共同财产制，明确夫妻个人债务及其清偿负担对于夫妻共同财产利益具有十分重要的意义。1950年《婚姻法》首开夫妻个人债务清偿立法先河，树立良好的立法典范。1980年《婚姻法》发扬这一立法传统。在这样的立法背景下，2001年《婚姻法》修正案完全可以继承1980年《婚姻法》关于夫妻个人债务清偿的规定与借鉴域外民法典关于夫妻个人债务清偿的立法经验，来建构我国的夫妻个人债务清偿制度。可是，它却未延续夫妻个人债务清偿的一般性规定，仅对约定财产制下的夫妻个人债务清偿作出规定，造成夫妻个人债务清偿立法继承上的断层。针对这一立法不足，《婚姻法解释（二）》第23条与第24条以及《夫妻债务纠纷解释》第3条先后对夫妻个人债务清偿作出相关解释，在一定程度上弥补了夫妻个人债务清偿方面的立法不足。但是，《民法典》婚姻家庭编仍然没有关于夫妻个人债务清偿的一般性规范，十分有必要补缺这一立法断层。

第二节　夫妻债务界定的适用规则

一、夫妻债务界定规则的基本含义

夫妻债务界定规则，是指界定夫妻共同债务与夫妻个人债务应当遵守的具体规则。

它有以下几个方面含义：

第一，这是界定夫妻债务的规则。夫妻债务界定规则是界分夫妻共同债务与夫妻个人债务的基本依据，意在确保夫妻双方合理分担夫妻共同债务，并不划定夫妻共同债务与夫妻个人债务的具体范围。因此，它必须符合抽象性、客观性与确定性的要求，即夫妻债务界定规则根据现实婚姻生活中的夫妻债务问题抽象而成，它仅为界分夫妻共同债务与夫妻个人债务提供一个客观标准，必须明确，不能含糊不清，否则无法发挥功能。

第二，它应当包含多项具体规则。因受夫妻财产制度立法、婚姻当事人适用夫妻财产制以及夫妻共同债务与夫妻个人债务的产生原因等因素影响，夫妻债务较为复杂。在界定夫妻共同债务与夫妻个人债务时，需要同时兼顾一般情形与特殊情形，分别适用不同的界定规则。在通常情况下，夫妻债务界定适用一般规则。在特殊情况下，如果通过推定可以界分夫妻共同债务与夫妻个人债务，则为推定规则；如果无法推定而需要法官根据具体情况酌情处理，则为特殊规则。因此，夫妻债务的界定规则包括一般规则、推定规则与特殊规则。

第三，界定主体必须遵守的规则。婚姻当事人可以自行界定夫妻共同债务与夫妻个人债务。如果无法界分的，任何一方可以向人民法院起诉，由人民法院为其合理界分。然而，无论如何，都应当恪守夫妻债务界定规则，合理界分夫妻共同债务与夫妻个人债务。

二、夫妻债务界定规则的适用特点

（一）必要性

所谓必要性，即适用夫妻债务界定规则须有界分夫妻共同债务与夫妻个人债务的必要。一般情况下，夫妻双方在婚姻关系存续期间不会界分夫妻债务，只有夫妻关系发生变化或者夫妻一方的负债行为影响另一方的利益时，才会引发界分夫妻债务。具体包括三种情形：离婚；变更夫妻财产制；债权人要求夫妻双方共同清偿一方的个人债务。其中，离婚和变更夫妻财产制时，夫妻双方必然清算婚姻关系存续期间或者适用共同财产制期间的财产，并分割夫妻共同财产与分担夫妻共同债务。债权人要求夫妻双方共同清偿一方的个人债务的，负债的夫妻一方配偶为了保护婚姻家庭利益与自身利益，需要确认债务是否属于夫妻共同债务。

（二）目的性

所谓目的性，即适用夫妻债务界定规则意在明确夫妻共同债务与夫妻个人债务的清偿责任主体。基于夫妻别体主义之夫妻各自保持人格独立，以及夫妻共同债务与夫妻个人债务的不同性质，夫妻双方对二者负有不同清偿义务。夫妻共同债务是夫妻双方基于共同生活关系，为共同目的依法负担的债务。[①] 它以夫妻共同财产为责任财产而担保债务履行。夫妻个人债务用于满足个人需要或者用作他用，与夫妻共同生活无关，它以夫妻个人财产为责任财产而担保债务履行。

（三）指引性

所谓指引性，即适用夫妻债务界定规则仅为夫妻双方提供一个界分夫妻共同债务与夫妻个人债务的指引规范。因受社会生活的复杂性、变迁性与不确定性等特点的影响，虽然立法始终朝着详尽化、具体化、科学化的方向努力，但是只能针对现实需要和对于未来的合理预测，为社会运行提供一套指引规范，指导人们的具体行为，帮助人们合理把握应该做与不应该做以及具体怎么做的基本界限。因此，夫妻债务界定规则就是界分夫妻共同债务与夫妻个人债务的法律指引规范，它宛若一道分水岭将二者区分开来，界分出夫妻共同债务与夫妻个人债务的具体范围，为夫妻双方分担清偿夫妻共同债务提供客观的事实依据。

① 薛宁兰：《中国民法典夫妻债务制度研究——基于财产权平等保护的讨论》，载《妇女研究论丛》2018 年第 3 期。

（四）干预性

所谓干预性，即适用夫妻债务界定规则体现国家意志对婚姻自治的适当干预。随着社会进入个体自觉的理性时代，人性得到充分释放，每一个个体可以按照自己的意愿安排婚姻生活，管理婚姻事务，国家原则上不予干预。尽管在婚姻家庭领域，法律干预不是全能的，也不可能是全能的，[①] 但是出于保护家庭成员权益之必要，国家适时介入公民的婚姻生活而依法予以适当干预。尤其是婚姻当事人在离婚之时无法自行界分夫妻共同债务与夫妻个人债务的，人民法院代表国家在衡平债务人与债权人之间利益的基础上，通过运用夫妻债务界定规则，为离婚当事人合理裁判分担夫妻共同债务，以妥善解决相关纠纷，保护相关当事人合法权益。

三、夫妻债务界定规则的具体内容

夫妻债务界定规则包括一般规则、推定规则与特殊规则。

（一）夫妻债务界定的一般规则

1. 夫妻债务界定的一般规则之基本含义

夫妻债务界定的一般规则，也可以称为夫妻债务界定的法定规则，是指法律已经对界定夫妻债务作出明确规定，界定夫妻债务时必须遵守的规则。

我国《民法典》婚姻家庭编与域外的一些民法典都有夫妻债务界定的规定。并且，在夫妻共同财产制下的适用标准大致相同。例如，我国《民法典》婚姻家庭编中的第 1064 条，《法国民法典》第 1409 条，《瑞士民法典》第 233 条，《意大利民法典》第 186 条，《葡萄牙民法典》第 1691 条，都将同夫妻共同生活有关的债务作为夫妻共同债务，并以此作为界分夫妻共同债务与夫妻个人债务的基本标准。在夫妻共同财产制下，如果法律没有特别规定，夫妻双方或者一方在婚姻关系存续期间获得的财产归双方共有，夫妻共

① 韩伟：《私法自治研究——基于社会变迁的视角》，山东人民出版社 2012 年版，第 224 页。

同债务由夫妻双方共同负担。即使婚姻当事人采其他财产制，也须基于夫妻双方供养家庭之义务而共同负担相应债务。因此，无论婚姻当事人选择适用何种夫妻财产制，都应当依照法律规定合理分担夫妻共同债务以及负担个人债务清偿。如果婚姻当事人不能就夫妻债务界分以及分担夫妻共同债务协商一致的，则由人民法院依法裁判。

2. 夫妻债务界定的一般规则之主要特点

（1）法定性。所谓法定性，即婚姻立法对夫妻共同债务与夫妻个人债务作出明确规定，为界分二者提供法定标准。夫妻身份关系的特殊性与共同生活的客观性容易混淆夫妻共同债务与夫妻个人债务，婚姻立法将夫妻债务界定的一般规则予以法定化，为界分二者提供直接依据，有利于保障夫妻双方的合法权益。

（2）明确性。所谓明确性，即婚姻立法明确规定夫妻共同债务与夫妻个人债务的发生原因与具体范围。在婚姻关系存续期间，既有以夫妻双方名义与以夫妻一方名义所负的共同债务，又有夫妻一方发生于婚前与婚后的个人债务。法律将夫妻共同债务与夫妻个人债务予以明确化与具体化，便于界分二者，减少夫妻债务纠纷的发生。

（3）普适性。所谓普适性，即夫妻债务界定的一般规则适用于所有夫妻债务纠纷。界分夫妻债务并不限于离婚，只要发生夫妻债务纠纷，就适用这一规则处理相关事宜。

3. 夫妻债务界定的一般规则之具体适用

在适用夫妻债务界定的一般规则区分夫妻共同债务与夫妻个人债务时，需要根据法律规定考察负债主体、负债时间与负债目的等因素，合理界分二者，然后确定清偿责任主体。

（二）夫妻债务界定的推定规则

1. 夫妻债务界定的推定规则之基本含义

夫妻债务界定的推定规则，是指在法律未对夫妻债务作出明确规定的情况下，推定夫妻一方在婚姻关系存续期间所负债务属于夫妻共同债务时所适用的规则。

为了防止夫妻双方恶意串通损害债权人合法权益，实现交易完全，域外的一些民法典有关于夫妻共同债务推定的规定。例如，《智利民法典》[①]第1745条规定：一般而言，为取得或收受属于夫妻一方的财产、权利或债券的花费的价金、差额、诉讼费用以及所有此种费用，除有相反证据外，推定系为共同财产而发生，应由共同财产偿付。《路易斯安那民法典》[②]第2361条规定：除第2363条规定的情形外，夫妻一方在夫妻共同财产制存续期间所承担的债务被推定为共同债务。我国《民法典》婚姻家庭编没有关于夫妻共同债务推定的立法规定。在此之前的司法实践中曾经确立过夫妻共同债务推定规则，即《婚姻法解释（二）》第24条。这表明基于司法实践需要，应当确立夫妻共同债务推定规则。但是，需要合理把握其科学性与合理性。

对于夫妻一方于婚姻关系存续期间以其个人负债是否应为夫妻共同债务的评价标准的选择，最终取决于利益的天平倾向何方，即是优先保护债权人利益，还是优先保护配偶的利益。[③]上述域外民法典均采取倾向于债权人的立法立场。这种立法观念有一定的科学性。然而，绝大多数情况下的夫妻单方举债，与夫妻共同生活之间均有千丝万缕的联系。况且，婚姻财产关系具有浓厚的伦理性与利他性等特征，决定了婚姻存续期间夫妻任何一方都不太可能在财产得失上锱铢必较。在夫妻一方以个人名义负债系共同债务之盖然性较高的情况下，可以论定夫妻共同债务推定规则的设置是合理的。[④]

---

① 本书关于《智利民法典》的规定均来自徐涤宇译：《智利共和国民法典》，北京大学出版社2014年版。

② 本书关于《路易斯安那民法典》的规定均来自娄爱华译：《路易斯安那民法典》，厦门大学出版社2010年版。

③ 黄海涛：《夫妻共同债务的司法认定——对〈婚姻法解释二〉的理解》，载《人民司法》2015年第19期。

④ 汪金兰、龙御天：《我国夫妻共同债务推定规则的法理基础与适用》，载《安徽大学学报（哲学社会科学版）》2018年第2期。

2. 夫妻债务界定的推定规则之主要特点

（1）同一性。所谓同一性，即夫妻债务界定的推定规则所适用的界定标准同夫妻债务界定的一般规则的界定标准相同。这是由二者的依据统一性与目的一致性所确定。其中，依据统一性要求二者皆以《民法典》婚姻家庭编中的第 1064 条为依据；目的一致性要求二者都是为了合理分担夫妻共同债务。这些特点决定夫妻债务界定的推定规则与一般规则必须保持界定标准的同一性，恪守第 1064 条的规定，科学判断夫妻一方负债行为的性质。否则，不能推定为夫妻共同债务。

（2）正当性。所谓正当性，即法律授权法官推定夫妻一方的个人债务为夫妻共同债务须满足正当性要求。由于推定规则的设立必然会对当事人的程序利益造成一定的增进或者减损，其必须基于正当的价值取向和政策考量。[①]如果对夫妻共同债务简单适用身份关系推定，只要债权人证明债务系发生于夫妻关系存续期间，就认定为夫妻共同债务，则可能有违公平正义，导致利益失衡。[②]这就要求法官审慎推定夫妻共同债务，必须从公平的理念和正义的要求出发，保护善意当事人的合法权益，以确保推定结果的合理性与公平性。为此，需要满足三个要件：推定依据的合法性、推定证据的充分性与法官自由裁量的适度性。其中，推定依据的合法性要求法官推定夫妻个人债务为夫妻共同债务要有法可依，不能凭空臆断，更不能同法律背道而驰。推定证据的充分性要求推定夫妻个人债务为夫妻共同债务要有充分证据。证据的充分性既有量的体现又有质的要求。它不仅要求证据必须有足以从各个侧面反映案件全貌的必要数量，而且证据内部的逻辑要求需要证据之间、证据与案件事实之间具有必然的逻辑联系，彼此之间的矛盾得到合理排除，从而使证明结论唯一，足以排除其他可能性。[③]法官自由裁量的适度性要求法官

① 但淑华:《对〈婚姻法解释（二）〉第二十四条推定夫妻共同债务规则之反思》，载《妇女研究论丛》2016 年第 6 期。

② 王雷:《〈婚姻法〉中的夫妻共同债务推定规范》，载《法律适用》2017 年第 3 期。

③ 冯晶:《证据充分性的逻辑分析》，载《海南大学学报（人文社会科学版）》2006 年第 3 期。

推定夫妻个人债务为夫妻共同债务时，不得滥用自由裁量权，应当对其予以合理限制。自由裁量权是法官在法律规定不明确或者没有规定的情况下而依照法律精神和理念选择出案件处理最佳结果的权利。这是一种价值判断与选择，它以法官的良心、正义、情操、性格等为基础，需要法官根据良心、经验、内心信念等因素来理性分析判断证据。这就为法官的自由裁量权在选择适用及判断法律依据方面提供了很大的自由裁量空间。为了防止法官违反良心、内心信念而滥用自由裁量权损害当事人合法权益，必须对其推定夫妻共同债务中的自由裁量权予以适当限制，缩小其自由裁量空间。这三个要件缺一不可，共同满足夫妻共同债务推定的正当性要求，以保证推定结果的真实性、合理性与科学性。

（3）合理性。所谓合理性，即法官在推定夫妻共同债务时，应当注意考察婚姻当事人的现实生活，作出符合客观实际的科学推定。夫妻是最亲密的社会关系之一，双方具有共同的利益和需要。在婚姻生活中，日常需要处理的事务甚多，不可能事事都要由夫妻双方共同处理，必然有夫妻相互代理的需要，[①] 以致容易混淆夫妻一方处理日常家务同其个人债务行为的界限。这就需要合理判断夫妻双方应否共同负担单方负债行为。然而，推定规则有其一定的局限性，其所认定结论并不一定都符合客观的真实情况。因此，保证推定过程与推定结果的合理性则尤为重要。其中，推定过程的合理性要求法官应当认真地综合考虑与夫妻债务推定的相关因素，一定要把握住客观性与科学性这一基本要求，绝对不能为了追求裁判效率而主观臆测与机械武断。否则，将因忽视程序正义而影响结果公正。推定结果的合理性则要求法官确保结果正义，其所推定得出的结果应当符合常理，不得损害婚姻当事人的合法权益。

3. 夫妻债务界定的推定规则之具体适用

在婚姻关系存续期间，夫妻任何一方均可基于日常家事代理权以其个人名义从事用于家庭日常生活需要的负债行为。这是夫妻双方生活维持及保障

① 王洪：《婚姻家庭法》，法律出版社 2003 年版，第 115 页。

未成年子女日常生活，履行法定义务等所必需的事项。[①]即使夫妻一方未经其配偶同意或者授权，因夫妻双方共同享有权利、共同负担义务，[②]也直接对夫妻双方发生效力。对于这种夫妻共同债务，夫妻双方不会发生纠纷。然而，如果夫妻双方不能自行判断由其中一方以其个人名义所负债务的性质，只能交由人民法院通过司法推定是否属于夫妻共同债务。

法谚曰“举证责任在乎主张者”。在推定夫妻共同债务时，负债的夫妻一方及其配偶应当就夫妻一方所负债务是否用于夫妻共同生活需要负担举证责任。如果负债的夫妻一方既不能证明债务用于其个人需要，又无相关证据能够否认债务用于满足夫妻共同生活需要，并且强调主张此债务为个人债务的另一方配偶不能提供反证时，即判定该债务为共同债务。[③]否则，为夫妻个人债务。

（三）夫妻债务界定的特殊规则

1. 夫妻债务界定的特殊规则之基本含义

我国《民法典》婚姻家庭编与域外民法典均无特殊情形下的夫妻债务界定的规定。所谓特殊情况，即在夫妻债务界定中，出现既无法适用一般规则又不能适用推定规则的情形。由于法律无法预测这种情形的具体态势，不宜专门规定像夫妻债务界定的一般规则与推定规则那般明确、具体的法律规范，而是应当依照“特事特办”之原则，对特殊情形采取一个授权性法律规范较为妥当。也就是说，法律仅为法官提供依法处置特殊情形的法律依据，授权法官届时根据具体情况予以酌情处理。它已经超越于具体法律规则之上，为法官妥善处置夫妻债务界定中的特殊情形提供了最为广阔的适用空间。在此，姑且将这一处理夫妻债务界定的特殊情形的授权性法律规范称为夫妻债务界定的特殊规则。

---

① 李洪祥:《论夫妻共同债务构成的依据》，载《求是学刊》2017 年第 3 期。

② 缪宇:《走出夫妻共同债务的误区》，载《中外法学》2018 年第 1 期。

③ 黄海涛:《夫妻共同债务的司法认定——对〈婚姻法解释二〉的理解》，载《人民司法》2015 年第 19 期。

2. 夫妻债务界定特殊规则之主要特点

（1）授权性。所谓授权性，即法律授权法官根据具体情况酌情处理夫妻债务界定中的特殊情形。在无法适用夫妻债务界定的一般规则与推定规则的情况下，法官需要结合审判经验和现实情况，按照自己对于客观事实的理性认知标准，合理分析并判断有关债务属于夫妻共同债务或者夫妻个人债务。

（2）限制性。所谓限制性，即法律授权法官处置夫妻债务界定的特殊情形时，应当对其予以适当限制，以防止其滥用自由裁量权损害当事人合法权益。这种限制具体表现在这样几个方面：一是优先适用法定规则。这种优先性要求首先应当考虑适用一般规则，其次是推定规则。只有不能适用这两个规则时，才考虑适用特殊规则。并非直接适用特殊规则。二是适用特殊规则不得违反公序良俗。根据《民法典》总则编中的第 10 条规定，处理民事纠纷，法律没有规定的，可以适用习惯，但是不得违背公序良俗。这就需要法官审慎把握适度，灵活应对现实状况，酌情处置特殊情形。三是法官必须秉持公平正义的信念。在缺乏法律明确规定的情况下，法官的公平正义信念尤为重要。法官必须排除任何外界干扰因素，全凭自己笃定的内心信念及其对于公平正义价值的追求处置夫妻债务界定的特殊情形。

（3）衡平性。所谓衡平性，即法官处置夫妻债务界定的特殊情形时，应当兼顾各方当事人利益。具体而言，应当注意婚姻当事人之间及其同债权人之间的利益衡平，需要综合考量婚姻当事人所采夫妻财产制，债务产生的背景、时间、同夫妻共同生活的紧密关联程度等因素，合理界分夫妻共同债务与夫妻个人债务。尤其是在离婚时，更应当审慎对待，为夫妻双方合理分担夫妻共同债务。并且，这一处置结果应当符合社会评价标准，符合最一般的社会伦理价值取向，能够满足社会公众对于法律的最低期许，为绝大多数人所认可与接受。

3. 夫妻债务界定的特殊规则之具体适用

在社会变迁中，法律的稳定性与滞后性使得立法无法实现同现实生活同步化。当无法适用夫妻债务界定的一般规则和推定规则界分性质不明的夫妻债务时，法官需要根据法律授权适用特殊规则对其予以合理界分，以妥善解决夫妻债务纠纷。

法律授权为法官处置夫妻债务界定的特殊情形提供必要的法律保障，这是法官在外观上的合法依据和权利来源。同时，法官在处置夫妻债务界定的特殊情形时需要秉持审慎态度，这是法官内心信念的必然要求，亦是对其的必要合理限制。二者内外发力，共同保障裁判结果的科学性、合理性与公平性。这就要求法官须在法律授权范围内，以审慎之态度，综合考量各种因素，作出合乎情理的裁判，使债务人与债权人的利益得到应有保护。

第三节　夫妻债务界分的法理解构

夫妻共同债务与夫妻个人债务的牵连性与不可分割性造成界分二者的伴生过程。并且，多为后者是前者的伴生结果。

一、夫妻共同债务性质的不同立场

（一）关于夫妻共同债务性质的观点分歧

对于夫妻共同债务的性质，学者各有不同认识。

1. 连带债务说

有学者认为夫妻共同债务在性质上属于法定连带债务，[①] 即夫妻一方承担连带清偿责任之后，夫妻对外承担的连带之债务即告消灭。[②] 这一学说在司法实践中体现得淋漓尽致。有观点强调夫妻共同债务属于连带债务，但是并非“一般的连带债务”，应当先以共同财产清偿债务，在共同财产不足以清

---

① 胡苷用:《婚姻合伙视野下的夫妻共同财产制度研究》，法律出版社 2010 年版，第 100 页。

② 最高人民法院民事审判第一庭编著:《最高人民法院婚姻法司法解释（二）的理解与适用》，人民法院出版社 2015 年版，第 15 页。

偿之时，以个人财产清偿。因为夫妻举债是为了共同生活或者经营，所以优先以共同财产清偿亦属当然之理；又因夫妻债务系连带之债，连带债务人以个人财产清偿系连带债务清偿理论应有之义。[①]《浙江省高级人民法院关于执行生效法律文书确定夫妻一方为债务人案件的相关法律问题解答》对于“债务性质经判断为夫妻共同债务的，执行程序应当如何进行”的回答：执行机构可直接作出裁定查封、扣押、冻结、变价夫妻共同财产或者非被执行人的夫妻另一方名下的财产，而无须裁定追加夫妻另一方为被执行人。这就意味着债权人有权请求夫妻双方或者一方清偿债务。

这种观点基于连带责任的一般原理，连带债务的各债务人都有清偿全部债务的义务。当夫妻共同财产不足以清偿共同债务时，夫妻各方应当以其个人财产对剩余部分的夫妻共同债务承担连带清偿责任。尤其是夫妻感情破裂致其离婚或者准备离婚时，夫妻关系解体之时，析产势在必行，已无须顾及夫妻感情和身份的维护，故在对外承担责任时，为维护债权人利益使清偿扩张至他方财产无过多障碍。[②]债务人清偿全部债务后，债即消灭。夫妻双方对共同债务负连带清偿责任，可以在最大程度上保护债权人的利益。[③]

2. 合伙债务说

有学者把家庭视为个人合伙组织，强调这种组织不具有营利性，婚姻中的男女双方对该债务承担无限连带责任。[④]尽管该学说特别强调非营利性，但是家庭与合伙组织是两种不同的团体。家庭是一个亲属团体，家庭成员被婚姻和血缘纽带联结在一起，且有共同经济基础。成员之间依靠伦理亲情维系彼此关系，共同经济用于维系家庭的存续，而非追求营利。合伙是由自然

---

① 北京市朝阳区人民法院民一庭编著：《婚姻家庭审判实务与典型案例评析》，中国检察出版社 2007 年版，第 241~242 页。

② 张驰、翟冠慧：《我国夫妻共同债务的界定与清偿论》，载《政治与法律》2012 年第 6 期。

③ 刘正祥：《基于债权人利益保护的夫妻债务承担研究》，载《西南交通大学学报（社会科学版）》2009 年第 3 期。

④ 刘莉、张雨梅：《浅议夫妻共同债务清偿问题的立法缺陷及完善》，载万鄂湘主编．《婚姻法理论与适用》，人民法院出版社 2005 年版，第 270 页。转引自张驰、翟冠慧：《我国夫妻共同债务的界定与清偿论》，载《政治与法律》2012 年第 6 期。

人、法人或其他组织订立合伙协议，共同出资、共同经营、共享收益、共担风险的营利性组织。它是一种契约组织，各合伙人依靠合伙协议维系彼此之间的关系。它以营利为目的。合伙人对合伙债务承担连带责任。鉴于团体性质、维系成员关系元素与存续目的的不同，二者之间存在本质上的差异，不宜将家庭视为个人合伙组织。

3. 共同债务说

有学者指出夫妻共同债务是夫妻之间的共同债务。共同债务属于多数人之债，区别于连带债务。从夫妻共同债务的产生方式和效力来看，其符合共同债务的本质属性。如果把夫妻债务直接归为连带债务，他方配偶承担之责任未免过于严苛，这不符合社会一般理念。但是，对外偿还共同债务上应当准用合伙债务清偿规则，即以共同财产偿还夫妻债务，不足部分准用连带清偿方式扩张至个人财产。[①] 离婚后已经对共同财产分割完毕的，债权人仍然有权向他们主张偿还，夫或者妻履行连带清偿责任后，可以向原配偶追偿。[②] 这一学说准确把握住夫妻共同债务的法律属性，它并非产生于婚姻当事人的个人意志需要，而是出于夫妻共同生活需要。男女因结婚而组成婚姻共同体，在婚姻关系存续期间，无论以夫妻双方名义，还是以夫妻一方名义（尤其是行使日常家事代理权），其对外所负债务依然是一个债务，不是两个债务，更不是连带债务。只是为了保障债权人利益，准用连带债务规则而使夫妻双方对共同债务承担连带责任。

4. 共同债务区分类型说

有学者强调夫妻共同债务由夫妻间的特殊身份关系产生，在性质上属于共同债务，而根据债务发生原因，可以分为“普通夫妻共同债务”与“特别夫妻共同债务”。夫妻债务以家事代理和表见代理为责任基础的，此为“普通夫妻共同债务”，夫妻双方承担无限连带责任，以其全部财产作为债务的最后保证，不足清偿部分需由两人承担无限连带责任。对于以共同财产制为

① 张驰、翟冠慧：《我国夫妻共同债务的界定与清偿论》，载《政治与法律》2012 年第 6 期。

② 许莉主编：《婚姻家庭继承法学》，北京大学出版社 2012 年版，第 125 页。

责任基础的债务，比如一方经营性债务，因其属于非因日常生活需要、非表见代理所负的其他债务，此为“特别夫妻共同债务”，其配偶承担有限连带责任，即由其共同财产和举债方的个人财产进行清偿，非举债方的一方个人财产与共同生活无关，不应当为清偿夫妻债务的责任范围，不足清偿部分由举债人承担连带责任。举债人可证明其已经得到配偶同意或者授权的例外。[①] 其中，“特别夫妻共同债务”突破长期以来对于夫妻一方的生产经营收益用于夫妻共同生活便被认定为夫妻共同债务而由夫妻承担连带责任的普遍观点，将负债的夫妻一方配偶限定于有限连带责任，将其个人财产排除出夫妻共同债务的责任财产范围，仅在夫妻共同财产范围内承担连带责任，这就更加有利于保护负债的夫妻一方配偶权益。

（二）关于夫妻共同债务性质的客观认识

比较上述几种观点，笔者赞同“共同债务说”与“共同债务区分类型说”。但是，更偏好于“共同债务区分类型说”。

长期以来，学界将婚姻共同体债务与婚姻当事人对婚姻共同体债务的连带责任混为一谈。认为夫妻共同债务即夫妻连带债务，只要夫妻双方或者夫妻一方对外负有共同债务，婚姻当事人就应当对其承担连带责任，故称之为夫妻连带债务。实际上，混淆了共同债务与连带债务两个不同概念。

在债的形态上，共同债务属于单一债务，即多数债务人是一个整体，对外仅存在一个意思表示，且制约全体成员，债权人与团体成员之间不存在数个独立的债权债务关系。共同债务人中任何一人都不能独立发生共同债务的全部效力，债权人仅得向全体共同债务人主张清偿。一旦因可归责于其中任一共同债务人原因而致债务不履行的，各债务人共同陷于债务不履行状态。因此，共同债务是团体行为而非个人行为。然而，为了保障债权人利益不受

① 魏小军:《论我国夫妻共同债务推定规则》，载《昆明理工大学学报（社会科学版）》2009年第11期；杨晓蓉、吴艳:《夫妻共同债务的认定标准和责任范围——以夫妻单方的经营性负债为研究重点》，载《法律适用》2015年第9期。

损害，防止团体成员明知共同财产不足以清偿债务而所举之债超出共同财产负担范围，或者团体成员恶意串通而对外负债，法律要求团体成员对共同债务承担连带责任。共同债务优先以共同财产清偿，当共同财产不足以清偿共同债务的，则由团体成员对剩余部分债务承担连带清偿责任。可见，团体成员的连带责任仅限于共同财产不足以清偿的部分债务，并非全部债务。而连带债务是依法律行为或者法律规定而发生。其在形态上属于多个债务，但因债之共同目的的牵连，可就连带债务的任一债务人独立发生连带债务的全部效力。债权人可以向其中任一债务人或者所有债务人主张清偿。

在夫妻共同债务发生之时，由于夫妻是一个业已存在的婚姻共同体，无论以夫妻双方名义还是以夫妻一方名义同第三人交易，所代表的都是婚姻共同体，皆为婚姻共同体谋取利益。这就使得经夫妻双方共同意思表示以及夫妻一方在日常家事代理权范围内所为的一切行为均为婚姻共同体的行为，其行为后果由婚姻共同体承担。因此，夫妻共同债务的形成符合共同债务的本质属性，婚姻共同体成员均有清偿共同体债务之义务。

婚姻共同体债务以夫妻共同财产为责任财产。当夫妻共同财产足以清偿婚姻共同体债务的，夫妻双方不存在连带责任。只有在夫妻共有财产不足以清偿婚姻共同体债务时，夫妻双方才承担补充连带清偿责任，以其个人财产清偿剩余部分债务。夫妻离婚的，婚姻共同体得以解体，夫妻财产关系随之解除。如果离婚之时的夫妻共同财产不足以清偿婚姻共同体债务，剩余部分债务则由债务人分担，继续承担连带清偿责任。这是婚内补充连带清偿责任的继续，而非连带债务的清偿义务。显然，认为夫妻共同债务即为夫妻连带债务的主张并不科学。

“共同债务说”的价值与科学性在于厘清共同债务与连带债务的不同本质。修正了长期以来的夫妻共同债务即夫妻连带债务的错误认识，值得充分肯定与褒扬。

“共同债务区分类型说”的贡献与意义在于进一步发展了“共同债务说”。它根据夫妻共同债务的不同产生原因而将其予以类型化为“普通夫妻共同债务”与“特别夫妻共同债务”，以强调夫妻双方对于不同夫妻共同债务的不同责任。其中，“特别夫妻共同债务”仅将未从事生产经营的夫妻一方配偶的连带责任限定为共同财产之内的有限责任，更具有必要性、合理性与科学性。夫妻双方对普通夫妻共同债务承担连带责任在于双方对负债行为的共同意思表示或者基于夫妻日常家事代理权，而对于生产经营债务，由于经营方配偶未参与经营，夫妻双方缺乏对于经营项目及其内容的合意，并不了解经营状况，无须承担经营风险，当然不是债务主体。如果仅因经营方将经营债务所得利益用于家庭生活需要，就将该债务作为夫妻共同债务而要求其配偶对全部经营债务承担连带责任，显属不公。然而，毕竟经营方配偶分享了经营债务所得利益，仅由经营方独自承担生产经营债务亦是对经营方与债权人不公平。“特别夫妻共同债务”将经营方配偶对于生产经营债务的连带清偿责任限定于夫妻共同财产之内，则是充分衡平经营方及其配偶同债权人之间利益关系的基础上而作出的合理安排，有利于公平保护各方利益。

二、夫妻共同债务界定的学说演进

在《民法典》编纂之前，根据2001年《婚姻法》修正案第41条界定夫妻共同债务是学界的普遍共识。但是，也有一些另辟蹊径的拓新之说。

（一）关于夫妻共同债务界定的普遍共识

在关于夫妻共同债务界定的普遍共识中，代表性观点有“单一要件标准说”与“双重要件标准说”之分。

1. 单一要件标准说

有学者主张界定夫妻共同债务采“目的论”标准，即夫妻共同债务应当以债务用于家庭共同生活为依归。它强调以债务用于家庭共同生活的实际用途和目的出发，符合我国婚姻家庭立法的基本宗旨，能够使夫妻非举债方和债权人利益得到衡平保护，实现婚姻家庭利益和社会利益的和谐统一。在婚姻关系存续期间，夫妻一方或者双方实施的法律行为，只要有益于婚姻家庭利益，且家庭共同体成员从中分享利益，皆应当归入为家庭共同生活而进行行为的范畴。具体包括三种债务：纯粹性日常家庭生活开支；夫妻共同生产经营；共同实施违法行为。[①] 这种夫妻共同债务的认定规则即属以“目的”要件为认定标准的“单一要件标准”。

这一学说高度契合2001年《婚姻法》修正案第41条的立法精神，以债务的实质内涵（用于家庭共同生活）作为夫妻共同债务的认定标准。这就使得“目的论”以共同生活作为产生夫妻共同债务的基础和原点，涵盖婚姻关系存续期间的夫妻双方所负的共同债务与夫妻一方以其个人名义所负的共同债务。凡是符合这一标准的债务，便被认定为夫妻共同债务。尤其是基于权利义务相一致原则，负债的夫妻一方的债务所得利益为其配偶所分享，其配偶就应当共同承担债务清偿责任。并且，基于“目的论”界定夫妻共同债务的标准，还可以将夫妻共同债务延伸于婚前，只要夫妻的婚前个人债务用于婚后夫妻共同生活需要，就可以认定为夫妻共同债务。这一学说充分反映夫妻共同债务的本质，表现出开放性和灵活性的特点。

2. 双重要件标准说

有学者指出，从1950年《婚姻法》到2001年《婚姻法》修正案，夫妻共同债务认定始终采用“双重要件标准”，将“时间”要件与“用途”要件相结合作为夫妻共同债务的认定规则。“时间”要件是将婚姻关系存续期间形成的债务作为认定夫妻共同债务要条件之一，“用途”要件是将夫妻个人所负的债务用于夫妻共同生活作为认定共同债务的并存条件。《民法典》婚姻家庭编依然要坚持这一立法模式。具体情形包括：夫妻双方合意（或者另一方同意）的债务；日常家事代理权范围内的债务；为家庭利益所负债务；夫妻共同经营债务；履行扶养教育义务的债务；债权人有理由相信系争债务

① 姜大伟：《我国夫妻共同债务认定规则的反思与重构》，载《西南政法大学学报》2013年第4期。

是夫妻共同债务的其他情形。①

这一学说在界定夫妻共同债务时，实现形式与实质的有机统一。其中，形式即“时间”要件，属外观表现；实质即“用途”要件，为内涵要求。“时间”要件以夫妻关系的建立为依据，为夫妻共同债务设定一个界限，首先将夫妻的婚前个人债务排除出去。然而，发生于婚姻关系存续期间的债务并非都是夫妻共同债务。这就需要从实质上通过丰富内涵的方式来判断夫妻共同债务，即将“用途”作为认定夫妻共同债务的并存要件。它以满足夫妻共同生活需要作为夫妻共同债务的内涵。一方面，“用途”要件对“时间”要件具有过滤功能，将那些发生于婚姻关系存续期间而并不属于夫妻共同债务的其他债务排除出去。另一方面，“用途”要件突破“时间”要件的局限，使婚姻关系的实质内涵延伸至婚前，将用于婚后共同生活的夫妻个人婚前债务定性为夫妻共同债务。这就使得“用途”要件的过滤功能与突破效应于客观上合力弥补了“时间”要件的先天缺陷。因此，这一学说的“时间”要件与“用途”要件相互交叉，共同作用，兼顾外观之夫妻关系与内涵之夫妻生活，保障夫妻共同债务的界定规则具有一定的科学性和可操作性，实现合理界定夫妻共同债务。

（二）关于夫妻共同债务界定的拓新之说

近年来，一些学者对于界定夫妻共同债务提出一些新的主张，主要呈“转换研究思路”与“扩张既有内容”两种范式。

1. 转换研究思路的代表性主张

转换研究思路的代表性主张有“夫妻团体债务说”与“潜在共有财产说”两种主要观点。

（1）夫妻团体债务说。有学者在分析方法上以夫或者妻的个体行为与夫妻团体行为之间的关系作为架构，厘清夫或者妻的个人债务与夫妻团体债务

① 丁慧、崔丹：《反思与重构：我国夫妻共同债务认定规则的选择》，载《中华女子学院学报》2017 年第 6 期。

的判断规则，认为应当以“家庭利益”作为夫妻团体与个体债务的判断标准，夫妻双方共同负责的债务包括结婚前后，夫妻双方或者经他方同意而负担的债务；婚姻关系存续期间，夫或者妻在日常家事范围内的债务（夫或者妻一方的财产投资、不动产交易与大额消费借贷行为等，以及夫妻处于分居状态的并不在此限），夫或者妻为家庭利益以及为取得、管理、保有共同财产而负担的债务；夫或者妻在婚姻缔结之前为家庭利益负担的债务，但是以夫妻采婚后所得共同制为限。①

这一学说的价值在于创新分析方法及其以“家庭利益”作为夫妻共同债务的界定标准。在表面上来看，同“目的论”或者“用途论”相比，它突破夫妻关系范畴，扩展到整个家庭内部或者家庭关系范畴。依该学说的解释，所谓家庭，意指夫妻、未成年子女以及其他家庭成员因共同生活而形成的社会基本单元，虽然通常表现为核心家庭（父母与未成年子女），但是还包括具有法定扶养关系的其他近亲属（如并未共同生活的尊亲属）。② 这就使得该学说在实质上同“用途论”或者“目的论”并没有什么不同。事实上，二者对于夫妻共同债务的范围基本相同。这主要在于婚姻关系与家庭关系的不可割裂性、夫妻双方对于婚姻家庭的义务以及家庭成员之间无以割舍的伦理亲情，以致“夫妻利益 / 夫妻共同利益”=“家庭利益 / 家庭共同利益”。并且，域外民法典亦有以家庭利益或者夫妻共同利益作为夫妻共同债务界定标准的立法规定。例如，《意大利民法典》第 186 条第（3）项，《葡萄牙民法典》第 1691 条第 1 款第 c）项，《路易斯安那民法典》第 2360 条。③ 然而，这一学说进一步发展夫妻共同债务的界定标准，有利于促进其科学化与完善化。

（2）潜在共有财产说。有学者引入日本民法学家我妻荣关于夫妻共同财产的“潜在共有理论”，即在婚姻关系存续期间，尽管从取得该财产的贡献上考虑该财产实质上应该归属于夫妻“共有”，但是为了保护交易安全，这

① 冉克平：《夫妻团体债务的认定及清偿》，载《中国法学》2017 年第 5 期。

② 冉克平：《夫妻团体债务的认定及清偿》，载《中国法学》2017 年第 5 期。

③ 《路易斯安那民法典》第 2360 条：夫妻共有财产负担配偶一方在共有财产制存续期间引发的，为配偶双方的共同利益或为另一方配偶利益的债。

种“共有”并不显在化，只有在离婚或者夫妻一方死亡时才显在化，用以确定夫妻财产的清算。这种潜在共有理论在对外关系上属于分别财产制，在对内关系上属于共同财产制，并且在确定是否构成潜在共有财产时，只考虑实质因素，不考虑形式因素。[①]

这一学说不啻一股扑面而来的清风，委实令人耳目一新。它突破“单一要件标准说”与“双重要件标准说”所设定的以“目的”与“用途”“时间”作为夫妻共同债务界定标准的构成因素，为界定夫妻共同债务提供了崭新的视角。夫妻财产制是规范夫妻财产关系的法律制度，其最重要的功能是确定夫妻的婚前财产和婚后所得财产的归属。[②]在婚姻关系存续期间，夫妻财产制规则是“沉睡”的，只有在离婚的诉讼实践中才“苏醒”。[③]对于夫妻双方而言，只要能够确保离婚时公平地分得足够的财产就可以了，至于在婚姻关系正常存续期间则无所谓具体财产权归属于谁。[④]并且，在交易外观上，当夫妻一方对外交易时，债权人并不关心交易相对人的夫妻财产关系，仅追求实现债权。在法定共同财产制下，一旦夫妻之间因夫妻一方所负债务是否属于夫妻共同债务而发生纠纷时，势必影响交易安全。而在“潜在共有理论”下，尽管夫妻一方与债权人的交易关系并未发生任何本质上的变化，但是夫妻财产关系在外观上表现为分别财产制，仅以财产名义人的夫妻一方可以与债权人进行交易，交易结果直接归属于进行交易的夫妻一方，在形式上属于其个人债务。从而使得夫妻之间不会因债务是否属于夫妻共同债务或者夫妻个人债务而发生讼争，同时也就排除为债权人顺利实现债权带来不利影响的可能性。这就可以避免夫妻财产关系的复杂化危害交易安全。[⑤]显然，这种交易结果有利于债权人。它排除影响交易安全的不利因素，在最大程度上保护交易安全。在夫妻内部，因属于共同财产制，这就相当于法定共同财产制

---

① 龙俊：《夫妻共同财产的潜在共有》，载《法学研究》2017年第4期。

② 裴桦：《夫妻财产制与财产法规则的冲突与协调》，载《法学研究》2017年第4期。

③ 薛宁兰：《离婚法的诉讼实践及其评析》，载《法学论坛》2014年第4期。

④ 贺剑：《论婚姻法回归民法的基本思路：以法定夫妻财产制为重点》，载《中外法学》2014年第6期。

⑤ 龙俊：《夫妻共同财产的潜在共有》，载《法学研究》2017年第4期。

下的夫妻一方行使家事代理权的交易结果，夫妻双方共享利益，同时共担债务。因此，这一学说针对我国夫妻共同财产制的立法不足，引入“潜在共有理论”对其予以改造，可以彻底解放夫妻间的财产分配规则，避免受到财产权取得规则的不当干扰，有利于进行精确化的价值判断，① 以保障离婚时夫妻共同财产分割的公平性。

2. 扩张既有内容的代表性主张

扩张既有内容的代表性主张有“借鉴通例说”与“家事代理说”两种主要观点。

（1）借鉴通例说。有学者基于比较法视角，建议借鉴大多数民法典的通例，宜确定三类债务为夫妻共同债务：维持家庭共同生活合理需要所生之债；经夫妻合意或者一方经另一方同意而设立的债务；因日常家事代理权范围内单方行为所生之债。②

这一学说的突出进步性在于日常家事代理权内产生的夫妻共同债务。一般而言，家庭负债多基于夫妻双方的共同意思表示，并将债务所得利益用于家庭共同生活。这就使得“维持家庭共同生活合理需要”与“经夫妻合意或者一方经另一方同意”为2001年《婚姻法》修正案第41条的“夫妻共同生活”所涵摄。但是，由于当时《民法典》婚姻家庭编尚在制定之中，2001年《婚姻法》修正案没有日常家事代理权的规定，从立法视角观察这一学说，“日常家事代理权范围内单方行为”则是其进步性的重要体现。日常家事代理权是基于夫妻身份当然享有的权利，是法律授权夫妻互相享有的一种法定代理权利，其主要功能在于平等地保护各方当事人的利益和交易安全并提高交易效率。③ 在日常家事代理权范围内，夫妻任何一方与第三人的民事交往行为被视为夫妻共同意思表示，代表夫妻双方的共同行为，另一方配偶须承担相应的法律后果，双方对此承担共同清偿责任。从客观现实生活

① 龙俊：《夫妻共同财产的潜在共有》，载《法学研究》2017年第4期。

② 蒋月：《域外民法典中的夫妻债务制度比较研究——兼议对我国相关立法的启示》，载《现代法学》2017年第5期。

③ 陈法：《我国夫妻共同债务认定规则之检讨与重构》，载《法商研究》2017年第1期。

的需要与便利来看，日常家事代理行为是夫妻共同生活的必要内容之一。如果对于家庭事务不论大小，均由夫妻双方协商决定或者一方授权另一方始能处理，则不仅势必加大婚姻生活的成本，而且婚姻当事人自身也会深感不胜其烦，生活十分不便。如果赋予双方以代理权，则可为婚姻共同生活提供便利，并降低婚姻生活成本。① 因此，我国《民法典》婚姻家庭编借鉴域外相关立法经验以第1060条对日常家事代理权作出规定。基于法律授权，夫妻一方的个人负债行为只要符合日常家事代理范围内的事项，所负债务便属于夫妻共同债务。

（2）家事代理说。有学者认为可以尝试以日常家事代理权作为界定夫妻共同债务的主要标准。因家事代理产生的债务大致包括家庭共同生活（包括一方婚前负债而将该债务用于婚后夫妻共同生活）；履行夫妻双方共同的法定扶养义务；支付家庭正当必要的社会交往费用；支付家庭成员正当的教育、培训费用；维护家庭共同财产；行使家事代理权时对他人造成过失侵权。②

从夫妻共同债务的发生原因来看，主要有夫妻双方的共同意思表示、夫妻一方行使日常家事代理权、夫妻一方的个人债务所得利益用于夫妻共同生活。其中，日常家事仅以满足家庭生活必要为条件，通常包括家庭生活所必要的一切事务。③ 这就使得夫妻一方行使日常家事代理权限于购买必要日用品、医疗医药服务、合理的保健与锻炼、文化消费与娱乐、子女教育、家庭用工的雇佣等决定家庭共同生活必要的行为及其支付责任。④ 超出日常家事范围的重大事项，仍然需要夫妻双方协商。之所以将家事代理权的事务范围限制为日常家事，意在防止夫妻一方滥用家事代理权，降低交易风险，防止配偶合法权益受到损害。不然，夫妻一方过度或者恶意行使家事代理权，一

① 余延满：《亲属法原论》，法律出版社2007年版，第248页。

② 夏江皓：《夫妻共同债务认定规则之探究——以女性主义法学为视角反思〈婚姻法解释（二）〉第24条》，载《甘肃政法学院学报》2017年第6期。

③ 王洪：《婚姻家庭法》，法律出版社2003年版，第115页。

④ 余延满：《亲属法原论》，法律出版社2007年版，第245页。

且侵害配偶合法权益，容易造成夫妻矛盾，影响婚姻家庭稳定。因此，我国《民法典》婚姻家庭编与一些域外民法典都将夫妻相互代理权严格限制为日常家事。《民法典》婚姻家庭编中的第1060条第1款规定：“夫妻一方因家庭日常生活需要而实施的民事法律行为，对夫妻双方发生效力。”《法国民法典》第220条第1款规定：夫妻各方均有权单独订立旨在维持家庭日常生活……的合同。夫妻一方据此缔结的债务对另一方具有连带约束力。《瑞士民法典》第166条第1款规定：在共同生活期间，夫妻任何一方可代理处理家庭日常家务。《日本民法典》[①]第761条规定：夫妻一方就日常家事与第三人之间的法律行为，另一方就因此所生的债务负连带责任。根据《巴西民法典》第1643条规定，夫妻一方无须他方授权实施以下行为：（1）购买家庭生活必需品，即使是赊购，亦同；（2）为获得为了购买此等物品所需的金钱借贷。《秘鲁民法典》第292条第2款规定：就家庭之普通需要以及管理和维护行为而言，共同体由夫妻任何一方无差别的代表。然而，依此学说，如果将行使日常家事代理权作为认定夫妻共同债务的主要标准，鉴于日常家事代理权仅限于日常家事，一些重要、重大的事项无法被纳入家事代理范围。若想改变这一不利局面，势必扩大日常家事代理权范围，则会出现日常家事代理权取代夫妻双方合意的潜在危机。退一步讲，即使夫妻双方合意不为日常家事代理权所取代，也会使其因日常家事代理权过于突出而沦为被忽视的尴尬境地。从而导致夫妻滥用家事代理权，引发婚姻道德风险。如果夫妻一方为侵蚀另一方财产而与第三人串通伪造债务，或者配偶一方大额举债之后逃之夭夭，留下非举债方独自面对突然出现的债务，离婚后仍不得安生。[②]由此看来，这一学说明显缺乏严谨性与科学性，有待商榷。它不仅忽视对于日常家事代理权之“日常家事”予以合理限制的正当性与必要性，而且错置日常家事代理权在众多夫妻共同债务原因中的合理定位。事实上，日常家事

① 本书关于《日本民法典》的规定均来自渠涛编译：《最新日本民法》，法律出版社2006年版。

② 李洪祥：《论夫妻共同债务构成的依据》，载《求是学刊》2017年第3期。

代理行为同其他发生夫妻共同债务的原因不分轩轾。因此，不宜将日常家事代理权作为认定夫妻共同债务的主要标准。

（三）夫妻共同债务界定学说之价值判断

综观上述关于夫妻共同债务的不同学说，本质并无太多差异。它们归根结底都以2001年《婚姻法》修正案第41条为依据，确定一个较为具体的夫妻共同债务范围。然而，无论独立观察每一学说，还是综合分析这些学说，它们对于夫妻共同债务所涵摄主要内容具有一致性或者趋同性，夫妻共同债务的客体及其范围并没有多大区别。这主要受制于我国传统的同居共财的婚姻家庭伦理观念。中国传统家庭是以同居共财关系为基础，从家产的形成来看，家产是全体成员共同劳动的成果，毫无疑问是家庭成员共同的东西；从家产目的来说，家庭成员以家产维系共同生活，也是家庭成员共同的东西。[①]因此，基于中国数千年来的传统婚姻家庭模式，夫妻或者家庭成员共同生活期间，自然而然地便会命运相系与共有财产，所生债务不外乎用于家庭生活与生产经营所需。这种婚姻家庭关系之下的共同债务便由夫妻或者家庭成员共同负担。

因此，上述关于夫妻共同债务的学说都不可能脱离中国传统婚姻家庭模式及其伦理观念，更不可能擅自僭越婚姻立法，须以二者为依归。这就使得这些学说的基本立场及其具体内容既有共同之处，又各具特点。

对于夫妻共同债务的普遍共识而言，由于“目的论”抑或“用途论”是经过多年来的学者反复论证与司法实践检验的客观结果，坚持传统的夫妻共同债务界定标准，在某种意义上也是一种发展。其中，在学者论证中，这些学说不仅要同其他相关学说进行深入比较以检视自身是否存在缺陷，而且尚需积极寻求相应支撑理论以夯实其正当性基础，从而力求保证自身学说的正确性与科学性，以经得住时间与历史的考验。在司法实践中，法官运用这些学说以及相关立法规定裁判案件，经过成千上万甚至不胜其数的案例与判决

① 叶英萍主编：《中国传统亲属法律文化和谐性研究》，法律出版社2015年版，第135页。

的检验，充分体现出其在审判中的积极作用与裁判效果。应该说，这些学说在反反复复的论证与检验中，以其保持固有内涵不变的特殊方式得以发展。因此，这种价值判断与经验总结被证明具有正确性与科学性，有其坚持的合理性与必要性。

对于夫妻共同债务的拓新之说而言，并非彻底摈弃夫妻共同债务界定的传统理论。它们对于夫妻共同债务的主张，既有传统项目，又不乏最新建议。并且，整体观之，这些学说所界定的夫妻共同债务内容大体相同，则表明它们是在充分吸收夫妻共同债务界定的传统理论合理性的基础上对其予以进一步创新发展，并谋求继承与创新的统一性与和谐性。因此，拓新之说的进步意义在于发展夫妻共同债务界定的传统理论过程中，使其得以进一步完善，更加有利于拓宽夫妻共同债务的具体范围，保护债务人与债权人的合法权益。

总之，在夫妻共同债务界定的价值判断上，夫妻共同债务的普遍共识与拓新之说是相一致的，二者都具有合理性与科学性。尤其是潜在共有理论与夫妻团体债务开辟了夫妻财产制度立法的新思路与新视角，并为建构科学的夫妻财产制度提供有力的理论支撑，这对于完善《民法典》婚姻家庭编具有十分重要的意义，应予以充分重视与合理借鉴，以完善我国夫妻财产制度，妥善处理夫妻债务纠纷。

三、夫妻个人债务界定的主要特点

囿于夫妻共同债务与夫妻个人债务的非此即彼关系，把握夫妻个人债务的特点，有利于科学界分二者。

（一）时间性

所谓时间性，即夫妻的婚前个人债务以结婚时间为界限。除非夫妻一方或者双方将其婚前的债务所得利益用于婚后共同生活需要，否则由其个人负担。这就将婚前的夫妻个人债务与夫妻共同债务区别开来。

（二）参照性

所谓参照性，即夫妻的婚后个人债务以共同债务为参照。界分夫妻共同债务与夫妻个人债务是一个同步并进的联动过程，二者互为参照对象。具体包含识别夫妻共同债务、识别夫妻个人债务、区分并确定夫妻共同债务与夫妻个人债务三个阶段。只要界分清楚二者，明确夫妻共同债务的具体范围，就可以将那些与夫妻共同生活无关的债务归于夫妻个人债务。

（三）实质性

所谓实质性，即夫妻个人名义所负债务的实际用途。这一特点要求合理把握行使日常家事代理权的界限。基于日常家事代理权的夫妻个人负债行为较容易判断。对于超出家庭日常生活需要的夫妻个人债务，只有确实用于夫妻共同生活的，才能被认定为夫妻共同债务。否则，仅为个人债务。

上述关于夫妻个人债务的主要特点，功能各异。时间性是界定夫妻个人债务的第一判断要素，它发挥着第一层过滤功能，将婚前的夫妻个人债务分离出去。参照性是界定夫妻个人债务的第二判断要素，它体现为第二层辨识功能，在于区分婚姻关系存续期间的夫妻个人债务与夫妻共同债务。这一判断要素需要借助夫妻共同债务界定的“共同意思表示”与“日常家事代理权”的基本标准，合理判断夫妻一方在婚姻关系存续期间实施的超出家庭日常生活需要的夫妻个人负债行为的性质。实质性判断要素则通过考察夫妻个人债务所得利益的具体用途而对其应否属于夫妻共同债务予以理性识别，对时间性与参照性这两个判断要素起到积极的补缺作用。这就可以将夫妻个人债务同夫妻共同债务界分清楚。因此，这三个特点在界定夫妻个人债务时各有所指，需要综合考虑三者，以避免过于僵化和机械化，科学判断债务性质及其真正负担者，从而保障夫妻双方的合法权益和实现法律的公平价值。

四、夫妻债务界定要件的一般构成

界定夫妻共同债务与夫妻个人债务的联动性，使得二者在构成要件上存在牵连性。

（一）主体要件

夫妻债务性质不同，清偿主体不同。夫妻共同债务的清偿者须为夫妻。作为一种身份财产关系，夫妻共同债务同夫妻人身关系密不可分，具有强烈的人身性。它以夫妻关系为前提，夫妻共享债务所得利益，共担债务清偿责任。夫妻个人债务则由负债的夫妻一方以其个人财产清偿，另一方对此不负清偿责任。

夫妻双方都有维系家庭财产收支平衡和实现家庭财产增长的义务，除非为了满足夫妻共同生活需要，任何一方不得因个人负债行为造成家庭经济困难。这就将夫妻一方的个人债务排除出夫妻共同债务范围。这种立法意义在于法律绝不能让一个无辜的人负责与之不相干的债务，以此彰显公平。

这里需要指出的是，出于维持婚姻家庭稳定之考量，用以清偿夫妻个人债务的个人财产仅指依照有关法律规定，完全独立于夫妻共同财产之外且由夫妻个人单独支配的个人财产，并不包括夫妻一方在夫妻共同财产中的应有份额。当然，夫妻另一方出于顾念夫妻情分而愿意以夫妻共同财产或者个人财产帮助配偶清偿个人债务的，法律不应禁止。并且，如果夫妻另一方就此作出允诺后又反悔的，债权人无权请求其继续清偿，法律不得对其施以强制措施。

（二）原因要件

夫妻债务性质不同，负债原因不同。夫妻共同债务须基于夫妻双方的共同意思表示或者夫妻一方行使日常家事代理权。夫妻个人债务则是夫妻一方或者双方用于其个人生活需要或者用作他用，与夫妻共同生活无关。

婚姻要求配偶有义务将他们的生活结为一体。夫妻双方负有满足家庭日常生活需要的义务。在共同生活中，有很多共同事务需要料理（如料理家务、照顾子女和安排业余生活等）。配偶双方应该根据各自能力、可能性以及内部协议来料理共同事务。[①] 这些事务以家庭利益为目标，用以满足家庭成员的生活需要。无论以夫妻双方名义还是以夫妻一方名义负债，都属于夫妻共同债务。对于超出家庭日常生活需要的债务，出于保护婚姻共同体利益之考量，都需要夫妻双方的共同意思表示为之。然而，《民法典》总则编中的第 8 条规定："民事主体从事民事活动，不得违反法律，不得违背公序良俗。"这就要求产生夫妻共同债务的行为须具有正当性，不得违反有关法律规定。那些因赌博、吸毒、发放高利贷等违法行为所产生的非法之债，法律不予保护。

夫妻个人的婚前债务较易判断，婚后的个人债务则较为复杂。它取决于债务的实际用途。一是完全或者主要用于夫妻个人生活需要或者其他所用；二是夫妻一方以其个人之名行夫妻双方之实，所负债务当属夫妻共同债务。夫妻双方因特殊身份关系而对外形成相互代理权，无论夫妻一方是否知悉配偶在日常家事代理权范围内以其个人名义的对外负债行为，均不得以未经共同意为由而主张该负债行为无效。这二者在外观上皆为夫妻一方的个人债务，根本区别在于负债目的不同。因此，基于夫妻个人债务所得利益是否用于家庭日常生活需要之不同，而有夫妻共同债务与夫妻个人债务之分。

（三）时间要件

夫妻债务性质不同，产生时间不同。通常情况下，夫妻共同债务产生于婚姻关系存续期间。婚姻关系始于结婚登记之时，止于夫妻一方死亡（包括宣告死亡）或者双方离婚之际。夫妻个人债务则在婚前与婚后都可能产生。但是，夫妻一方或者双方将其婚前个人债务用于婚后夫妻共同生活的，则属于夫妻共同债务。

---

① ［德］迪特尔·施瓦布：《德国家庭法》，王葆莳译，法律出版社 2010 年版，第 63 页。

在婚姻关系存续期间，夫妻须有共同生活的客观事实。共同生活是男女双方结婚之后呈现给社会的婚姻外观特征。一般而言，夫妻共同生活至少应当满足两个基本条件：一是同居，即夫妻双方同居一室，互相提供性的满足；二是共财，即夫妻双方须以共同财产作为共同生活的经济基础。这是产生夫妻共同债务的基本前提。除非属于夫妻个人债务，夫妻一方或者双方所负债务都属于夫妻共同债务。

这里需要注意下列三种特殊情形：第一，男女结婚登记而未同居生活期间的债务。一般情况下，男女双方一经结婚登记便建立夫妻关系，即日应当同居共财。然而，基于我国婚姻传统，多数男女结婚登记之后并未立即同居生活，尚需举行一个婚礼仪式。在此情况下，男女双方仅存在婚姻关系，并无夫妻实质内容。长期以来一直以结婚作为夫妻享有权利与负担义务的判断标准过于机械、唐突，并不科学，它是对婚姻当事人合法权益的一种损害，应当摈弃。这就需要对于徒具夫妻之名而无夫妻之实的婚姻当事人格外谨慎，合理判断尚未同居生活的夫妻在结婚登记到同居生活的这一段时间内所负债务的性质。除非为了将来的共同生活需要，夫妻任何一方在这一阶段所负债务不宜认定为夫妻共同债务，只能是其个人债务。第二，夫妻于结婚之前同居期间的债务。无论同居男女有无结婚意愿，在同居期间产生的债务应当由双方共同负担。但是，因同居双方不具有夫妻关系，这些债务并不属于夫妻共同债务。只有办理结婚登记，才可以将同居期间用于婚后共同生活需要的债务认定为夫妻共同债务。否则，如果同居当事人同债权人或者同居当事人之间发生债务纠纷，只能通过其他法律解决。第三，谨慎对待夫妻分居期间的债务。分居的夫妻在人身关系方面，仅解除同居义务，婚姻关系仍然存在；在财产关系方面，夫妻之间仍互有扶养权和继承权；分居后的父母子女关系不因分居而改变，父母对子女均有抚养、教育义务。[①] 因此，基于分居并不解消婚姻基本义务的法律特性，夫妻一方在分居期间发生生活困难，另一方应当给付与保持其正常生活水平相当的扶养费，由此所生扶养费之债

① 孟德花：《夫妻分居后的债务问题探析》，载《当代法学》2003 年第 2 期。

应当认定为夫妻共同债务；夫妻一方在分居期间因抚养教育子女所生费用，另一方亦应当共同分担。[①]

（四）客观要件

夫妻债务性质不同，具体要求不同。由于夫妻个人债务由其个人清偿，无论何时发生，都终归于本人负担，债务可随时发生随时确定。然而，夫妻共同债务需要夫妻双方负担清偿，则涉及彼此利益冲突。这就要求夫妻共同债务必须具有确定性，仅限于两种情形：一是婚姻关系存续期间确已存在的债务，夫妻双方对此没有任何争议；二是债务行为在离婚之前已经发生但直到离婚之后才有确定结果。例如，按揭购房贷款协议在离婚之前尚处于银行审核之中，而在离婚之后才正式生效。对于那些必定要发生而尚未发生的债务，即使具有发生的客观性和确定性，因其尚未发生，也不得计入夫妻共同债务。

五、夫妻个人债务转化的合理判断

在婚姻关系存续期间，夫妻一方或者双方将其婚前或者婚后的个人债务所得利益用于夫妻共同生活的现象十分常见。例如，夫妻一方在婚前购置家具，或者婚后将遗嘱确定只归夫或者妻一方的财产用于家庭共同生活。这就不宜由负债的夫妻一方清偿购置家具债务与遗产债务，应当将这些债务归于夫妻共同债务，由夫妻双方共同清偿。此即夫妻个人债务转化为夫妻共同债务，简称为夫妻个人债务转化。由于这一问题关涉夫妻之间的财产利益，婚姻立法应当予以必要规制，对夫妻个人债务转化作出规定，为利害关系人提供一个指引规范，以便于妥善处理夫妻财产关系，保障夫妻双方的利益公平。

---

① 姜大伟：《我国夫妻分居期间所生债务归属认定规则论》，载《华侨大学学报（哲学社会科学版）》2015 年第 1 期。

（一）夫妻个人债务转化的域外立法探寻

在域外的一些民法典中，法国、西班牙、葡萄牙、巴西、秘鲁等国民法典均有关于夫妻个人债务转化为夫妻共同债务的规定。

《法国民法典》第 1536 条第 2 款（分别财产制）规定：夫妻各方单独负担其本人在结婚之前与婚姻期间产生的债务，但第 220 条规定的情形除外。

《西班牙民法典》第 1366 条（配偶共同财产制）规定：配偶一方的债务，如果是为婚姻利益而作出的或者属财产管理领域的结果的，另一方也需承担债务，除非该债务的缔结是出于前者的恶意或重大过失而造成的。

《葡萄牙民法典》第 1691 条第 1 款是关于夫妻债务的一般规定，其中的 b）项规定：夫妻任一方在结婚前后为家庭生活之正常负担而设定的债务由夫妻双方负责。第 2 款规定：属一般共同财产制者，夫妻任一方在结婚前为夫妻共同利益而设定的债务，亦属共同负责。

《巴西民法典》第 1668 条（一般共有制）第（3）项规定，婚前债务排除在共有之外，但为结婚而为的借款或已转化为共有利益的此等债务，除外。第 1677 条（取得财产最终分享制）规定，婚后夫妻一方缔结的债务仅归该方承担责任，但能证明他方已享有此等债务的部分或者全部利益的，不在此限。

《秘鲁民法典》第 307 条（对所得共同财产制之前债务的清偿）规定：夫妻各方对所得共同制生效之前的债务以其自有财产清偿，但为将来家庭的利益成立的债务除外。第 308 条（夫妻另一方的个人债务）规定：夫妻一方的自有财产不对另一方的个人债务负责，但经证明系为家庭利益成立的债务除外。

综观这些民法典关于夫妻个人债务转化的规定，既有相同之处，也有一定区别。

就相同方面来看，主要体现在转化依据的明确性与转化条件的限制性。

第一，转化依据的明确性，即立法均有规定。法律是确认、保障社会关系和社会秩序的基本手段。规范性是法律的属性之一。它为人们提供了一个模式、标准和方向，为人们的行为规划出可以自由行动的基本界限，[①] 以保障人们从事相关法律行为时有法可依、有章可循。由于夫妻个人债务转化为夫妻共同债务牵涉夫妻之间的财产利益，婚姻立法不能视而不见。这些民法典均对此作出明确规定，为其提供法律依据。这就可以避免夫妻一方的个人债务在转化为夫妻共同债务的过程中发生不必要的纠纷，有利于维持婚姻家庭稳定。

第二，转化条件的限制性，即用于家庭利益。为了保障婚姻当事人的财产权益在夫妻个人债务转化为夫妻共同债务的过程中不受损害，应当为其设定合理的转化条件而予以严格限制。整体上来看，这些民法典的转化条件基本相同。《秘鲁民法典》规定为了将来的家庭利益。《法国民法典》第220条规定的情形即指夫妻各方均有权单独订立旨在维持家庭日常生活与教育子女的合同，显属家庭利益。《葡萄牙民法典》规定为家庭生活负担与夫妻共同利益，亦为家庭利益。《西班牙民法典》规定的作出或者属于财产管理领域的结果须为婚姻利益之目的。尽管《巴西民法典》没有出现类似于“家庭利益”的表述，但是有共有利益与享有利益的表述。男女因结婚形成婚姻共同体而在婚姻家庭中享有共同利益。并且，只有负债的夫妻一方将债务所得利益用于家庭生活，配偶才有机会分享债务所得利益。因此，将其转化条件视为家庭利益并无不妥。这些民法典都注意到对于夫妻双方利益的衡平和保护。这种立法定位是科学的、合理的，也是公平的。

就区别方面而言，表现为制度设计的差异性。从这些民法典的规定来看，婚前与婚后的夫妻个人债务均可转化为夫妻共同债务。然而，制度内容却各不相同。一是夫妻个人债务转化的一般与特殊处理。根据《葡萄牙民法典》的一般性规定，结婚前后的夫妻个人债务皆可转化，一般共同财产制则限于结婚前的夫妻个人债务才能转化。二是针对某一夫妻财产制的夫妻个人债务转化。虽然法国、西班牙、巴西、秘鲁等国民法典中都有数种夫妻财产制，但是仅对其中的一种或者两种夫妻财产制下的夫妻个人债务转化作出规

① 沈宗灵主编：《法理学》，北京大学出版社2009年版，第26页。

定。《法国民法典》限于分别财产制下的夫妻个人债务可以转化，包括结婚之前与婚姻期间产生的夫妻个人债务。《西班牙民法典》对于配偶共同财产制下的配偶一方债务，并未特别强调债务的具体产生时间，应该将其理解为包括婚前与婚后的夫妻个人债务较为妥切。《巴西民法典》包括一般共有制下的婚前个人债务转化与取得财产最终分享制下的婚后个人债务转化。《秘鲁民法典》以所得共同制生效为限而包括婚前个人债务与婚后个人债务的转化。《秘鲁民法典》第 295 条第 1 款、第 3 款规定：在婚姻缔结之前，未婚夫妻可自由选择从婚姻缔结时开始生效的所得共同制或分别财产制。若无公证书，则推定利害关系人选择所得共同制。据此来看，由于所得共同制从婚姻缔结时开始生效，实际上也以结婚为界限，第 307 条是关于婚前夫妻个人债务转化的规定。而根据《秘鲁民法典》第 301 条规定：在所得共同制中，可以有夫妻各方的自有财产和共同体的财产。由此可见，《秘鲁民法典》第 308 条是关于婚后夫妻个人债务转化的规定。尽管从表面上看，各民法典关于夫妻个人债务转化的规定各不相同，但是这些立法都使婚姻当事人的合法权益在夫妻个人债务向夫妻共同债务转化中得到最大程度的保护。

（二）夫妻个人债务转化的中国立法追溯

我国婚姻立法关于夫妻个人债务转化经历了由司法解释到立法规定的过程。

1. 夫妻个人债务转化的司法解释

在《民法典》编纂之前，我国《婚姻法》没有关于夫妻个人债务转化的规定。为了应对司法审判需要，妥善解决夫妻债务纠纷，最高人民法院出台的《财产分割意见》《婚姻法解释（二）》与《夫妻债务纠纷解释》中，都有关于夫妻个人债务转化为夫妻共同债务的解释。前二者涉及婚前的夫妻个人债务转化解释，后者有婚后的夫妻个人债务转化的解释。

《财产分割意见》第 18 条规定："婚前一方借款购置的房屋等财物已转化为夫妻共同财产的，为购置财物借款所负债务，视为夫妻共同债务。"其中的“婚前一方借款购置的房屋等财物已转化为夫妻共同财产”是指该意见第6条规定：“一方婚前个人所有的财产，婚后由双方共同使用、经营、管理的，房屋和其他价值较大的生产资料经过8年，贵重的生活资料经过4年，可视为夫妻共同财产。”综观第6条与第18条，夫妻个人债务转化为夫妻共同债务的必要条件为：第一，夫妻一方在婚前因购置财物而负债；第二，财物须为房屋和其他价值较大的生产资料、贵重生活资料；第三，财物经过固定年限已经转化为夫妻共同财产。只有满足这三个条件，夫妻一方的婚前债务才能按照第18条解释被认定为夫妻共同债务。

《婚姻法解释（二）》第23条规定：“债权人就一方婚前所负个人债务向债务人的配偶主张权利的，人民法院不予支持。但债权人能够证明所负债务用于婚后家庭共同生活的除外。”这一解释突破《财产分割意见》第18条仅限于购置房屋和其他价值较大的生产资料、贵重生活资料等财物的负债要求，对于债务内容没有任何限制，只要属于合法债务，且债权人能够证明夫妻一方婚前的个人债务用于婚后家庭共同生活的，债权人即可向债务人配偶主张债权。然而，如果债务人向债权人许诺将债务用于婚后家庭共同生活而实际上用作他用且债务人配偶对此确有证据，或者债权人明知该债务用于婚后家庭共同生活而苦于没有证据，债权人则无法向债务人配偶主张债权。这就使得债权人将会面临举证不力的重大风险。因此，尽管该司法解释兼顾债务人配偶与债权人的合法权益，但是解释立场明显倾向于保护债务人配偶。

这两部司法解释相差十年时间。《财产分割意见》颁布之时，我国改革开放尚处于起步初期，当时的人们除了房产、一些必要的生产资料和生活资料之外，再没有其他什么像样的财产。因此，离婚中的夫妻财产纠纷突出集中在这些财产上面。这就使得《财产分割意见》凸显时代痕迹，具有一定的局限性，前瞻性远远不够，债权人的权益保护受到一定限制。此后，经过20多年的改革开放，市场经济迅速发展，人们积累了一定财富。《财产分割意见》已经不能满足司法实践需要，《婚姻法解释（二）》在其十年之后应运而生。根据2001年《婚姻法》修正案第18条第（1）项规定，夫妻一方的婚前财产为夫妻一方的个人财产。《婚姻法解释（一）》第19条对该规定进一步补充解释："婚姻法第十八条规定为夫妻一方所有的财产，不因婚姻关系的延续而转化为夫妻共同财产。但当事人另有约定的除外。"由此可见，《财产分割意见》第6条已经失效。那么，《财产分割意见》第18条是否有效呢？如今，夫妻一方在婚前按揭贷款买房而在婚后由夫妻双方共同还贷的现象十分普遍。在此情形下，夫妻一方在婚前已经支付部分房款的等值部分房产价值归其个人所有，自夫妻双方共同偿还剩余部分房贷的房产价值则属于夫妻共有。实际上，这就是婚前一方借款购置的房屋转化为夫妻共同财产的事实。它同《财产分割意见》第18条规定的内容不同之处在于，《财产分割意见》颁布之前，更多的人都是向亲友借款买房，一般无须向亲友付息。然而，在本质上，按揭买房还贷与借款买房还款并无二致。并且，根据《婚姻法解释（二）》第29条规定："本解释施行后，此前最高人民法院作出的相关司法解释与本解释相抵触的，以本解释为准。"从司法解释的内容来看，《财产分割意见》第18条与《婚姻法解释（二）》第23条并不相互抵触，二者相互补充，可视具体情况选择适用。

《夫妻债务纠纷解释》第3条规定："夫妻一方在婚姻关系存续期间以个人名义超出家庭日常生活需要所负的债务，债权人以属于夫妻共同债务为由主张权利的，人民法院不予支持，但债权人能够证明该债务用于夫妻共同生活、共同生产经营或者基于夫妻双方共同意思表示的除外。"这一规定的但书内容就是关于婚后的夫妻个人债务转化为夫妻共同债务的解释。在此之前，最高人民法院关于婚前的夫妻个人债务转化的司法解释，在一定程度上满足了司法审判需要。对于夫妻一方的婚后个人债务所得利益用于夫妻共同生活，应否转化为夫妻共同债务，因缺乏法律依据而成为司法实践中的认定难题。因此，关于婚后的夫妻个人债务转化的司法解释，弥补了夫妻个人债务转化司法解释的不足。尽管这些司法解释的时间跨度较大，但是最终使夫妻个人债务转化司法解释得以完善。

从规范性法律文件的效力层级上来看，尽管这三部司法解释的效力层级较低，但是它们针对相关立法不足及其司法实践中的普遍性问题适时作出解释，为解决夫妻个人债务转化为夫妻共同债务纠纷提供了重要的法律依据，有其一定积极意义，应当予以肯定。

然而，综观上述三部司法解释，自《财产分割意见》第18条起，到《婚姻法解释（二）》第23条，这两个司法解释先后历经20多年与10多年的时间依然在司法实践中发挥积极作用，充分表明夫妻一方的婚前个人债务用于婚后共同生活的纠纷较多。《夫妻债务纠纷解释》第3条则表明夫妻一方将其个人的婚后个人债务用于夫妻共同生活的现象亦不鲜见。尤其是《婚姻法解释（二）》共有29个条款，关于夫妻财产纠纷的解释条款多达21个，约占全部解释内容的72.41%；关于夫妻债务纠纷的解释条款有4个，约占夫妻财产纠纷解释条款总数的19.05%；加上《夫妻债务纠纷解释》，专门针对处置夫妻债务纠纷作出专项司法解释，则反映出夫妻财产纠纷依然是司法实践中的突出问题。由此可见，基于夫妻身份的特殊性，无论婚姻当事人采何种夫妻财产制，夫妻个体利益与婚姻整体利益始终纠缠不清，以致造成大量夫妻个人债务转化的婚姻纠纷。因此，婚姻立法中的夫妻财产制度还需要进一步完善，从立法层面上对包括夫妻个人债务转化为夫妻共同债务在内的相关财产纠纷问题作出明确规定，实现法律制度与司法实践的完全接驳。

2. 夫妻个人债务转化的立法规定

法律是保障社会运行的基本规范。然而，法律的高度抽象性与先天滞后性，却无法因应具体的、多变的、千态万状的现实生活。这就需要不断地修正、完善法律，以弥合法律制度与现实生活之间的间隙。对于夫妻个人债务转化为夫妻共同债务而言，作为夫妻债务制度的重要组成部分，它是夫妻债务制度内在逻辑结构完整性与科学性的本质要求。

编纂《民法典》为夫妻个人债务转化提供良好的立法际遇。根据《民法典》婚姻家庭编中的第1064条第2款规定，夫妻一方在婚姻关系存续期间以个人名义超出家庭日常生活需要所负的债务，不属于夫妻共同债务；但是，债权人能够证明该债务用于夫妻共同生活、共同生产经营的除外。这一规定的但书内容就是关于婚后的夫妻个人债务转化为夫妻共同债务的规定。

尽管第 1064 条是《民法典》婚姻家庭编将《夫妻债务纠纷解释》升华的结果，但是这是我国婚姻立法史上首次对夫妻个人债务转化为夫妻共同债务作出规定。它实现了从司法解释消极应对到法律制度积极规制的立法跨越。从第 1064 条的内部逻辑结构来看，第 1 款明确夫妻共同意思表示与日常家事代理是产生夫妻共同债务的具体原因，第 2 款前段将超越日常家事代理权的个人债务排除出夫妻共同债务范畴，第 2 款后段的但书内容是对该款前段规定的“不属于夫妻共同债务”的例外规定。就合理判断婚姻关系存续期间的夫妻负债行为的性质而言，第 1064 条的立法构造与逻辑内涵是科学的。它在客观上产生了积极的立法效应，特别是该条第 2 款后段为婚后的夫妻个人债务转化提供了法律依据，成为保护夫妻一方财产权益的利器。然而，夫妻个人债务包括婚前个人债务与婚后个人债务，二者都可以转化。这就需要婚姻立法在设计夫妻个人债务转化制度时，应当充分考察司法实践状况，对债务转化立法予以整体考量，合理安排夫妻的婚前个人债务与婚后个人债务的转化事宜。但是，由于第 1064 条仅有针对婚后的夫妻个人债务转化的规定，这种立法效果因其缺失婚前的夫妻个人债务转化的规定而使得夫妻个人债务转化制度缺乏宏观立法考量与整体制度设计，以致造成夫妻债务制度在逻辑性与完整性等方面的缺憾。并且，它使得婚前的夫妻个人债务陷入无法转化的窘境，有损婚姻当事人的合法权益。

因此，出于夫妻个人债务转化的必要性与积极应对司法实践需要之考量，《民法典》婚姻家庭编应当秉持科学态度，注意区分夫妻的婚前个人债务与婚后个人债务之不同，借鉴域外民法典关于夫妻个人债务转化的立法规定，充分吸收我国相关解释，完善夫妻个人债务转化制度。

3. 夫妻个人债务转化的完善思考

完善妻个人债务转化制度的路径不外乎有二：修改第 1064 条第 2 款后段内容与另行为第 1064 条增加第 3 款。第 1064 条的立法原点基于婚姻关系存续期间，它在内容安排上秉持一般到特殊的立法演绎。第 1 款是关于夫妻共同债务的一般情形，满足有关规定即可。第 2 款后段是对前段针对第 1 款基于夫妻日常家事代理权所产生的非夫妻共同债务之排除的否定，属于夫妻共同债务的特殊情形，它要求债权人对于婚后的夫妻个人债务转化负有相关证明责任。由于第 2 款前段与第 1 款因夫妻日常家事代理权而衔接、第 2 款后段与第 1 款因夫妻共同意思表示而关联，这就使得第 1064 条在整体上实现其内部结构与逻辑演绎上的有机闭合。如果出于夫妻个人债务转化制度完整性之考量而将婚前的夫妻个人债务转化纳入第 2 款后段的但书内容，则有悖第 1064 条的立法旨意与逻辑结构。因此，不宜修改第 1064 条第 2 款后段内容，另行为其增加第 3 款较为妥切。

《民法典》婚姻家庭编将《夫妻债务纠纷解释》升华为第 1064 条，这种制度设计不仅是对司法实践经验的充分肯定，而且可以降低立法成本。基于这种立法思维，第 1064 条增加的第 3 款亦可以选择适当的司法解释，将其升华为法律规定。鉴于《婚姻法解释（二）》第 23 条是关于婚前的夫妻个人债务转化的解释，将其改造升华为第 1064 条第 3 款，恰好可以弥补第 1064 条关于婚前的夫妻个人债务转化的立法缺漏。因此，新增加的第 1064 条第 3 款可作如是表述：夫妻一方在婚前以个人名义所负的债务，不属于夫妻共同债务；但是，债权人能够证明所负债务用于婚后的家庭共同生活、共同生产经营的除外。

经过补充完善之后的第 1064 条的全部内容如下：

第 1064 条　夫妻双方共同签名或者夫妻一方事后追认等共同意思表示所负的债务，以及夫妻一方在婚姻关系存续期间以个人名义为家庭日常生活需要所负的债务，属于夫妻共同债务。

夫妻一方在婚姻关系存续期间以个人名义超出家庭日常生活需要所负的债务，不属于夫妻共同债务；但是，债权人能够证明该债务用于夫妻共同生活、共同生产经营或者基于夫妻双方共同意思表示的除外。

夫妻一方在婚前以个人名义所负的债务，不属于夫妻共同债务；但是，债权人能够证明所负债务用于婚后的家庭共同生活、共同生产经营的除外。

从这一修改建议来看，在立法原点上，第3款中的“婚后”契合了第1款与第2款中的“婚姻关系存续期间”；在立法演绎上，第2款与第3款的但书内容属于第1款关于界定夫妻共同债务的特殊情形。这种立法考量源于婚姻整体与夫妻个体之间的牵连性，势必造成夫妻个人行为的性质在婚姻整体利益与夫妻个体利益的相互交融中发生根本变化。因此，这种立法安排兼顾了夫妻共同行为与夫妻个人行为在产生夫妻共同债务中的不同作用，保障了婚姻整体利益与夫妻个体利益各得其所。它对于夫妻个人债务转化为夫妻共同债务具有十分重要的意义。

第一，夫妻个人债务转化制度完善化。《民法典》婚姻家庭编中的第1064条是关于界分夫妻共同债务与夫妻个人债务的基本规则。其中，第1款明确了符合常理的产生夫妻共同债务的具体原因，第2款以“具体问题具体分析”的科学态度对婚后的夫妻个人债务作出妥善处置。然而，唯独没有关于婚前的夫妻个人债务用于婚后的家庭共同生活、共同生产经营的规定。由于婚前的夫妻个人债务转化是夫妻个人债务转化制度的必要组成部分，婚姻立法不可遗缺。这就在一定程度上影响了第1064条的立法完善程度，并容易造成司法审判在法律适用上的困窘。通过为第1064条增加第3款，将婚前的夫妻个人债务转化纳入其中，补齐了这一立法缺漏，实现了制度完整性，不仅丰富了夫妻个人债务转化制度的全部内涵，而且促进了夫妻债务界分规则系统化，使二者更加科学与完善。这将有利于第1064条发挥积极作用，可以科学界分夫妻共同债务与夫妻个人债务、合理判断夫妻个人债务转化，为处理夫妻债务纠纷提供明确依据，更加有利于保护夫妻财产权益。

第二，夫妻个人债务转化标准同一化。无论婚前的夫妻个人债务转化，还是婚后的夫妻个人债务转化，二者基于夫妻共同债务本质之使然，皆以“用于夫妻共同生活、共同生产经营”为依归，适用相同转化标准。这种立法效应取决于依据统一性、对象相同性与目的一致性的特点。其中，依据统一性要求二者皆以《民法典》婚姻家庭编中的第1064条为依据；对象相同性要求二者的转化债务能且仅能为夫妻个人债务；目的一致性要求二者都是为了合理分担夫妻共同债务。这些特点决定婚前与婚后的夫妻个人债务必须保持适用相同转化标准，恪守第1064条的立法旨意，科学判断夫妻一方所负债务的性质与具体用途。否则，不能转化为夫妻共同债务。

第三，夫妻个人债务转化司法公正化。由于《民法典》婚姻家庭编中的第1064条缺失婚前的夫妻个人债务转化规定，一旦法官面对相关纠纷，则会陷入无法适用具体法律依据的尴尬与困窘，自由裁量难免有失偏颇。第1064条增加第3款，对婚前的夫妻个人债务转化予以明确规定，法官裁判有法可依，不仅使得婚前的夫妻个人债务依法转化，而且保障婚前的夫妻个人债务转化与婚后的夫妻个人债务转化的平等，以实现司法公正。

第四，夫妻个人债务转化利益最大化。夫妻财产关系是婚姻关系的重要内容之一，它涉及夫妻财产利益与影响婚姻关系稳定。这就需要婚姻立法积极促进夫妻财产关系立法的科学化与合理化。《民法典》婚姻家庭编中的第1064条增加第3款对婚前的夫妻个人债务转化作出规定，体现婚姻立法对夫妻财产利益的尊重和保护，可以在最大程度上使婚姻当事人的财产利益在夫妻个人债务向夫妻共同债务转化中得以最大化。

（三）夫妻个人债务转化的基本法律特征

通过比较域外立法与我国立法及司法解释关于夫妻个人债务转化的规定，可见其基本特征。

第一，单向性，即仅限于夫妻个人债务转化为夫妻共同债务，而非夫妻个人债务与夫妻共同债务之间的相互转化。此为限制特征。这主要在于三个方面的原因：一是夫妻个人债务转化为夫妻共同债务有其必要性。夫妻一方将其个人债务所得利益用于夫妻共同生活，另一方享受该利益，不仅符合夫妻共同债务的界定标准，而且符合共享利益须共负债务之常理。二是夫妻共同债务转化为夫妻个人债务的不可行性。如果允许夫妻共同债务可以转化为夫妻个人债务，一旦夫妻双方出于逃避债务之目的，经双方恶意串通将夫妻共同债务转化为没有个人财产或者个人财产很少的夫妻一方个人债务，将会严重损害债权人利益。三是从域外相关立法经验来看，上述民法典的夫妻财产制度，仅有夫妻个人债务转化为夫妻共同债务的规定，并没有夫妻共同债务转化为夫妻个人债务的规定。因此，为了防止夫妻双方损害债权人的合法权益，夫妻共同债务不得转化为夫妻个人债务。然而，在夫妻双方没有共同财产或者共同财产不足以清偿夫妻共同债务的情况下，则由夫妻双方以其个人财产清偿夫妻共同债务。这不是夫妻共同债务转化为夫妻个人债务，而是夫妻双方对于夫妻共同债务的补充连带清偿责任。

第二，强制性，即夫妻个人债务转化为夫妻共同债务基于法律之规定。此乃保障特征。夫妻个人债务转化为夫妻共同债务之后，夫妻双方须以共同财产负担清偿。这就影响夫妻双方在婚姻中的共同利益及其个人利益。一旦法律基于当事人意思自治而将夫妻个人债务转化为夫妻共同债务的事宜授权婚姻当事人自行约定或者协商解决，夫妻之间难免发生利益纷争。因此，法律不宜将这一问题授权给婚姻当事人自行处置，而是通过法律强制力使负债的夫妻一方配偶在享有利益的同时必须负担相应义务，以保护负债的夫妻一方的合法权益，避免夫妻双方发生纠纷。这种强制性是国家公权力对公民婚姻生活的必要干预，只要夫妻一方将其个人债务所得利益用于家庭日常生活需要，该个人债务便根据法律规定直接转化为夫妻共同债务，无须征得另一方同意。

第三，自动性，即夫妻个人债务在符合法定转化条件下自行转化为夫妻共同债务。此即程序特征。一旦夫妻个人债务转化为夫妻共同债务，原本同债权人并不存在交易的负债的夫妻一方配偶，因其享用债务所得利益，便由同其配偶个人债务无关的非债务人变成债务人，成为债务的共同负担者。生成这种法律关系的原因在于夫妻身份关系的特殊性。在共同财产制下，夫妻共有财产并共享利益。在分别财产制下，尽管夫妻财产为各自所有，但是夫妻共同生活，为彼此分享他方利益提供机会。无论共享利益，还是分享利益，既然享用利益就应当承担相应义务。这种债务转化既不需要经过债权人同意，也不需要夫妻之间签订债务承担协议。这是法律为了保护负债的夫妻一方利益而对夫妻内部关系进行的利益衡平，只要夫妻个人债务符合转化为夫妻共同债务的条件，无须任何特定程序而自行转化为夫妻共同债务。这种转化简便交易，既减少成本又提高效率。

第四，公平性，即夫妻个人债务转化应当注意夫妻之间的利益衡平。此属价值特征。古罗马法学家塞尔苏斯曾言“法是公正和善良的艺术”。它表明权利与义务的对等性与公平性。权利和义务是互相关联的对立统一体，一个表征利益，另一个则表征负担。任何权利的取得都必须以负担相应的义务为条件和前提，权利和义务、风险和利益应当对等，这是自罗马法以来的法学先哲们所确立的一项基本法律原则。[①] 人们不可能有没有相应义务的权利，也不可能有没有相应权利的义务。[②] 因此，权利与义务的对等性是彰显公平的标志。在婚姻家庭中，男女平等的家庭地位决定夫妻之间的利益必然公平。法律不允许夫妻任何一方只享有权利而不尽义务，或者只尽义务而不享有权利。否则，无法实现婚姻家庭中的公平，势必损害夫妻一方的合法权益。夫妻个人债务转化为夫妻共同债务则是婚姻家庭中的典型公平例证。然而，如果负债的夫妻一方放弃该权利，属于处分己之权利，只要其意思表示真实，法律应予尊重。

（四）夫妻个人债务转化的一般构成要件

夫妻个人债务转化为夫妻共同债务，必须满足相应构成要件，方可成立。

1. 需要转化的夫妻个人债务包括夫妻双方的个人债务

这是夫妻个人债务转化为夫妻共同债务的前提条件。需要转化的夫妻个人债务包括夫妻双方在婚前与婚后的个人债务。只要符合转化条件，就可以转化。这表明夫妻个人债务转化的平等性。然而，夫妻个人债务转化具有不确定性。无夫妻个人债务，则无转化。需要转化的夫妻个人婚前债务以男女

---

① 赵万一：《民法的伦理分析》，法律出版社 2012 年版，第 84 页。

② 张文显：《法哲学范畴研究》，中国政法大学出版社 2001 年版，第 336 页。

双方办理结婚登记之日为限，需要转化的夫妻个人婚后债务须为夫妻一方在婚姻关系存续期间纯粹出于自己需要所负债务。

2. 需要转化的夫妻个人债务所得利益须用于共同生活

这是夫妻个人债务转化为夫妻共同债务的原因条件。它是核心要件，对于夫妻个人债务能否转化为夫妻共同债务具有决定性作用。男女结婚以后，夫妻一方基于日常家事代理权以个人名义为家庭日常生活需要所负债务属于夫妻共同债务，无须转化；完全用于满足个人生活需要或者用作他用的债务，不能转化。只有夫妻个人债务所得利益用于家庭共同生活或者生产经营而为其配偶分享的，才不再视为个人债务，应当转化为夫妻共同债务。

需要转化的夫妻个人婚前债务所得利益用于婚后共同生活较易判断。对于需要转化的夫妻个人婚后债务，则应当合理把握夫妻一方以其个人名义所负债务的性质，切忌将不能转化的夫妻个人债务、需要转化的夫妻个人债务、夫妻一方行使日常家事代理权以其个人名义所负债务相混淆。尽管后两者殊途同归，但是负债目的有根本区别。这就不能仅凭外观特征便贸然断定夫妻个人行为的性质，而是要科学判断夫妻个人债务所得利益是否用于夫妻共同生活或者共同生产经营，以决定夫妻个人债务能否转化为夫妻共同债务。一般来说，需要转化的夫妻个人债务主要用于购置家具、购买房产与车辆、养育子女、就医等家庭日常生活需要。对此，应当按照实际情况确定需要转化的夫妻个人债务份额，即用于夫妻共同生活的夫妻个人债务所得利益多者，则需要转化的债务就多；反之，则少。不过，如果夫妻个人债务所得利益的主要部分或者绝大部分用于夫妻共同生活的，应当视为全部用于夫妻共同生活。这主要基于两个方面的利益考量：一是维持婚姻家庭稳定之必要。婚姻家庭领域具有较强的伦理性，夫妻双方为维持家庭的稳定与和谐负有一定的隐忍义务。[①] 如果夫妻之间过于斤斤计较，则容易因蝇头小利而伤害夫妻感情，久而久之将会导致婚姻家庭不睦，乃至解体。二是经济利益得失成本之利弊。夫妻双方对于剩余的少部分夫妻个人债务份额进行评估，不

① 张竞芳、葛畅：《论夫妻侵权与救济》，载《公民与法（法学版）》2010年第5期。

仅要计算剩余部分的债务份额，而且尚需核实已经消费掉的主要部分或者绝大部分债务份额。这就极有可能出现用于评估的人力、物力以及时间等成本远超于剩余的少部分债务价值，以致得不偿失。因此，实无必要再行对剩余的少部分债务进行评估。反之同理，如果仅将夫妻个人债务所得利益的极少部分用于夫妻共同生活的，则可以不予转化。

在此需要注意的是，基于婚姻当事人适用的夫妻财产制不同，转化之后的夫妻共同债务的清偿责任亦不同。在共同财产制下，由于夫妻双方以其共同财产清偿夫妻共同债务，无须对各方所享用的利益份额予以区分，故属于连带之债。在分别财产制下，由于夫妻各方在婚姻关系存续期间所得财产归各自所有，应当对夫妻双方在共同生活中享用的利益份额予以区分。负债的夫妻一方配偶仅对其实际分享的利益份额负担清偿责任，故属于按份之债。

3. 需要转化的夫妻个人债务未予清偿或者未全部清偿

这是夫妻个人债务转化为夫妻共同债务的客观条件。清偿消灭债之关系。只有用于家庭共同生活或者生产经营而为配偶分享的夫妻个人债务尚未予以清偿或者尚未予以全部清偿的，才可以转化为夫妻共同债务。如果这些夫妻个人债务已经由债务人清偿完毕，债之关系消灭，则不存在夫妻个人债务转化问题。对此，夫妻一方可以要求从夫妻共同财产中获得补偿或者向其分享夫妻个人债务所得利益的配偶追偿。对于债权人而言，其只追求有利于自己的清偿结果，实则并不关心究竟由谁来清偿债务。即使夫妻个人债务已经转化为夫妻共同债务，负债的夫妻一方仍然坚持以其个人财产清偿的，则应当视为其免除配偶的负担义务。但是，这仅具有内部效力，并不免除负债的夫妻一方配偶的连带清偿责任。此外，尚需注意的是，如果负债一方的配偶愿意以夫妻共同财产或者个人财产帮助负债一方清偿完全用于满足债务人自己需要的个人债务，仅是基于夫妻情分的道义之举而已，并非夫妻个人债务转化为夫妻共同债务。

4. 需要转化的夫妻个人债务转化于婚姻关系存续期间

这是夫妻个人债务转化为夫妻共同债务的时间条件。男女结婚取得夫妻身份，才有资格将其个人债务转化为夫妻共同债务。这就将夫妻个人债务转化限定在由时间建构的场域。夫妻个人债务要想转化为夫妻共同债务，必须进入这个场域之内。夫妻个人的婚后债务产生于婚姻关系存续期间，自始便在其中。夫妻个人的婚前债务则不然，需要满足一定条件才能进来。这个条件就是夫妻的婚前个人债务所得利益用于婚后共同生活。自双方结婚登记之日起便转化为夫妻共同债务。在此需要指出的是，如果夫妻双方在婚前业已同居生活的，则应当根据具体情况而定。如果同居当事人自始为有婚意的同居，无论同居时间长短，只要同居期间的个人债务符合夫妻个人债务转化为夫妻共同债务要求的，就可以转化为夫妻共同债务。如果同居当事人同居之初尚无结婚打算，待双方同居一段时间之后才决定结婚的，原则上自双方有婚意之后的个人债务才可以转化为夫妻共同债务。当然，双方对于有婚意之前的个人债务转化为夫妻共同债务没有异议的，法律不应予以禁止。夫妻的婚后个人债务所得利益用于夫妻共同生活或者共同生产经营的，自负债的夫妻一方配偶分享债务所得利益时转化为夫妻共同债务。然而，在分别财产制下，需要计算负债的夫妻一方配偶所分享的债务份额。具体而言，一是在分享之初就可以确定需要转化的债务份额，二是在分享完毕之后才能确定需要转化的具体债务份额。然后，根据负债的夫妻一方配偶实际分享的债务份额，来确定其所负担的具体清偿责任。

六、夫妻债务具体范围的应然内容

在界定夫妻共同债务与夫妻个人债务时，应当以相关法律规定为依据，同时需要结合司法实践与学者观点，方能较为科学地确定二者的具体范围。

（一）夫妻共同债务的具体范围

根据《民法典》婚姻家庭编中的第 1064 条的规定，夫妻共同债务包括夫妻双方基于共同意思表示产生的债务与夫妻一方基于日常家事代理权为家庭日常生活需要所负的债务以及超出家庭日常生活需要而用于夫妻共同生活、共同生产经营的债务。大体上可以分为用于家庭日常生活需要的债务与超过家庭日常生活需要的债务。

1. 用于家庭日常生活需要的债务

《民法典》婚姻家庭编未对夫妻共同债务予以立法释明，根据相关规定与司法实践，下列行为产生的债务通常被认为满足家庭日常生活需要的夫妻共同债务：（1）购置家庭生活用品、支付家庭生活开支；（2）修建、购买、修缮房屋；（3）抚养教育子女、赡养扶助父母、扶养兄弟姐妹；（4）夫妻一方或者双方治疗疾病；（5）双方同意的文化教育、文娱体育活动；[①]（6）一方在婚前借款购置房屋、车辆等重要财物而于婚后由夫妻共同享用，尚未清偿完毕的借款余额；（7）日常家事代理行为；（8）夫妻一方根据《民法典》婚姻家庭编中的第 1062 条第（4）项规定继承遗产或者受赠归于夫妻共同财产，附随该遗嘱或者赠与合同的债务；（9）夫妻一方根据《民法典》婚姻家庭编中的第 1063 条第（3）项规定继承附有债务的遗产或者接受附有债务的赠与财产而用于共同生活；（10）夫妻双方或者一方发生与夫妻共同生活有关的侵权、不当得利、无因管理等行为；（11）其他满足家庭日常生活需要的行为。

2. 超出家庭日常生活需要的债务

在夫妻共同生活中，超出家庭日常生活需要的债务主要用于夫妻生产经营需要。

夫妻生产经营形式多表现为个体工商户和农村承包经营户。夫妻生产经营包括夫妻双方共同经营与夫妻一方单独经营两种情形。其中，夫妻双方共同经营多以家庭名义进行经营活动。判断个体工商户和农村承包经营户的债务应否属于夫妻共同债务，关键要看夫妻双方是否参与共同经营或者未参与

---

① 杨大文主编：《婚姻家庭法》，中国人民大学出版社 2015 年版，第 155 页；蒋月：《夫妻的权利与义务》，法律出版社 2001 年版，第 207 页；余延满：《亲属法原论》，法律出版社 2007 年版，第 357 页；王洪：《婚姻家庭法》，法律出版社 2003 年版，第 192 页；刘淑芬：《社会转型中夫妻共同债务初探》，载《贵州大学学报（社会科学版）》2000 年第 3 期。

经营的夫妻一方是否享用生产经营收益。《民法典》总则编中的第56条为负担夫妻生产经营债务提供法律依据。

个体工商户以家庭经营的，即由包括夫妻双方在内的家庭成员共同参与经营，应当以包括夫妻共同财产在内的家庭共有财产负担债务清偿责任。个体工商户由夫妻一方经营的，债务所得利益全部或者部分用于家庭共同生活所用，包括配偶在内的其他家庭成员须对全部债务或者相应部分债务负担清偿责任。不然，对经营者不公平，并且有损债权人利益。否则，由经营的夫妻一方以其个人财产承担清偿责任。但是，在无法区分个人经营与家庭经营的情况下，债务则被推定为家庭债务，以家庭财产承担债务清偿责任。

农村承包经营户以家庭名义承包经营的，应当以包括夫妻共同财产在内的家庭财产承担债务清偿责任。在事实上由农户的部分家庭成员经营的，则要看该部分家庭成员中有无夫妻双方共同参与经营。如果夫妻双方共同参与经营，须由包括夫妻双方在内的部分家庭成员承担债务清偿责任。如果仅有夫妻一方参与经营，只有将经营收益用于家庭共同生活需要时，未参与经营的夫妻另一方才负担清偿责任。以个人名义承包经营的，如果包括其配偶在内的其他家庭成员参与实际生产经营，视为家庭承包经营，或者虽然包括其配偶在内的其他家庭成员未参与实际生产经营，但是经营者将生产经营收益用于家庭共同生活需要，则以包括夫妻共同财产在内的家庭财产承担债务清偿责任。

此外，随着现代经济的深入发展，股票、基金以及其他形式的金融理财成为新的投资选择。往往都是夫妻一方用夫妻共同财产以其个人名义从事相关金融证券交易活动，由此产生的债务属于夫妻共同债务。

因此，夫妻双方或者一方从事下列生产经营以及投资金融理财所负的债务应当被认定为夫妻共同债务：（1）夫妻双方共同从事个体工商业、农村承包经营；（2）夫妻双方共同从事股票、基金等投资或者其他金融证券交易活动；（3）夫妻双方同意由其中一方用夫妻共同财产以个人名义从事生产经营且将收入用于共同生活需要；（4）由夫妻一方独自筹资经营，收益用于共同生活需要；（5）夫妻双方或者一方从事其他生产经营。[①]

上述夫妻共同债务范围，更多项目是我国长期司法实践的经验总结。它具有时代性、阶段性与扩张性等特点。也就是说，不同时代的夫妻共同债务因其发生原因不同而有不同具体内容。并且，随着现代社会的不断发展与进步，还将会出现其他新型交易行为，夫妻共同债务的范围也将会进一步扩大。

（二）夫妻个人债务的具体范围

根据《民法典》婚姻家庭编中的第 1063 条关于夫妻个人财产的规定，可以推导出夫妻个人债务：（1）夫妻一方的婚前个人债务。第 1063 条第（1）项规定，一方的婚前财产为夫妻一方的个人财产，理当负担婚前个人债务。但是，用于婚后共同生活需要的除外。（2）婚姻关系存续期间，遗嘱或者赠与合同中确定只归夫妻一方的财产，附随该遗嘱或者赠与合同的债务。根据第 1063 条第（3）项规定，夫妻一方继承遗产或者受赠归其个人所有，附随遗嘱或者赠与合同的债务与其配偶无关，由继承遗产或者接受赠与的夫妻一方负担。（3）夫妻分居期间，同履行抚养、扶养与赡养等义务无关的其他债务，属于夫妻一方的个人债务。

根据《民法典》婚姻家庭编中的第 1065 条第 3 款规定，相对人知道夫妻对婚姻关系存续期间所得的财产约定归各自所有，夫妻一方对外所负的债务，以其个人财产清偿。

根据《民法典》总则编中的第 56 条规定，个人经营的个体工商户的债务，以个人财产承担；农村承包经营户的债务，以从事农村土地承包经营的农户财产承担。因此，纯粹由夫妻一方经营的个体工商户、农村承包经营户，其未将生产经营利益用于家庭共同生活需要的，经营债务属于夫妻一方的个人债务。

---

① 王洪：《婚姻家庭法》，法律出版社 2003 年版，第 192 页；余延满：《亲属法原论》，法律出版社 2007 年版，第 357 页。

此外，根据司法实践与学者观点，下列债务应当由夫妻一方以其个人财产清偿：（1）双方约定共同财产制下对外所负的债务由一方负担，相对人知道该约定的，以夫或者妻一方的个人财产清偿，但是以逃避债务为目的的除外；（2）一方未经对方同意，擅自资助其所没有法定扶养义务的亲友的支出；（3）一方未经对方同意，独自筹资从事经营活动，其收入确未用于共同生活；（4）夫妻一方为第三人提供无偿保证形成的担保之债。由于担保与夫妻共同财产及共同生活均无关联，则应当认定为个人债务；（5）夫妻一方对外发生的大额借款。债权人对于出借款项负有审慎注意义务，并在诉讼中对借款的真实性和借款用途承担举证责任。如果债权人无法证明大额借款经夫妻另一方同意或者用于共同生活，则由负债的夫妻一方承担清偿责任；（6）夫妻一方管理或者委托他人管理个人财产所产生的债务属于个人债务；[①]（7）夫妻一方实施违法犯罪、侵权行为[②]的赔偿、不当利益的利益返还、无因管理费用。这些债务并非用于家庭日常生活需要，只能属于夫妻个人债务。

第四节　夫妻分居期间的共同债务

分居是指在不解除婚姻关系的情况下而终止夫妻同居义务的法律制度。它对于关系恶化、即将破裂的婚姻可以发挥暂时冷却的缓冲功能，对于不愿继续共同生活又不想急切离婚的夫妻以补救措施，[③]有利于缓和婚姻矛盾与修复感情危机。然而，夫妻双方在分居期间尚需履行同居之外的其他夫妻义务，由此产生夫妻共同债务负担问题。法国、瑞士、西班牙、秘鲁与加拿大魁北克等国家和地区的民法典都有关于分居及其债务负担的规定。虽然我国

① 杨晓蓉、吴艳：《夫妻共同债务的认定标准和责任范围——以夫妻一方经营性负债为研究重点》，载《法律适用》2015 年第 9 期。

② 蒋月：《夫妻的权利与义务》，法律出版社 2001 年版，第 212 页。

③ 杨立新：《亲属法专论》，高等教育出版社 2005 年版，第 112 页。

《民法典》婚姻家庭编将分居作为夫妻感情破裂的法定离婚理由之一，但是并无具体规定。这就需要我国婚姻立法对分居期间的夫妻共同债务负担作出妥善安排，以保护分居当事人和善意第三人的合法权益。

一、夫妻分居期间负担共同债务的中国立法

在我国传统亲属法中，并无夫妻分居的立法规定。1950 年《婚姻法》与 1980 年《婚姻法》均未规定夫妻分居。然而，1980 年《婚姻法》为分居进入立法视野带来契机，其第 25 条第 2 款规定："人民法院审理离婚案件，应当进行调解；如感情确已破裂，调解无效，应准予离婚。"由于 1980 年《婚姻法》的立法指导思想是"宜粗不宜细"，立法技术以简明、通俗为特征，[①] 未能进一步对"感情破裂"予以立法释明。为了准确认定夫妻感情确已破裂，1989 年 11 月 21 日，《最高人民法院关于人民法院审理离婚案件如何认定夫妻感情确已破裂的若干具体意见》（以下简称《认定夫妻感情破裂意见》）颁布。第 7 条规定："因感情不和分居已满 3 年，确无和好可能的，或者经人民法院判决不准离婚后又分居满 1 年，互不履行夫妻义务的。"这是我国在规范性法律文件中第一次出现"分居"的法律概念，也是第一次将分居作为认定夫妻感情破裂的法定事由之一。尽管司法解释的效力层次较低，但是对于"分居"成为法律概念具有开拓性的重要意义，奠定了日后立法基础。不过，这一司法解释仅为人民法院提供科学识别夫妻感情破裂的判断依据，并未将分居制度具体化与系统化，也未明确夫妻分居期间的共同债务负担问题。

2001 年《婚姻法》修正案将分居由司法解释升华为立法规定，第一次在法律层面上出现分居这一法律概念。根据第 32 条第 3 款第（4）项规定，因感情不和分居满 2 年是调解无效而准予离婚的情形之一。显然，这一规定

---

① 巫昌祯、夏吟兰：《改革开放三十年中国婚姻立法之嬗变》，载《中华女子学院学报》2009 年第 1 期。

吸收了《认定夫妻感情破裂意见》第7条的内容。这表明司法实践中存在大量因感情不和而分居所引发的离婚案件。尽管立法对分居及其离婚纠纷予以积极回应，但是因秉承1980年《婚姻法》"宜粗不宜细"的立法指导思想，仅将分居作为法定离婚理由而已，依旧未能建构分居制度，没有关于夫妻分居期间的共同债务负担的立法规定。

《民法典》婚姻家庭编中的第1079条第3款亦将因感情不和分居满2年作为调解无效而准予离婚的情形之一，并且该条第5款规定："经人民法院判决不准离婚后，又分居满一年，一方再次提起离婚诉讼的，应当准予离婚。"显然，这一规定是在继承2001年《婚姻法》修正案第32条第3款第（4）项的基础上，将其同《认定夫妻感情破裂意见》第7条整合的结果。我们并不否认应当继承旧有的法律制度并充分吸收相关司法解释。但是，这种立法整合只是简单的机械式堆砌与排列，没有任何突破与创新。既然准予因感情不和分居满2年的婚姻经调解无效后即可离婚，那么就应当对于夫妻分居期间的夫妻扶养、子女抚养、夫妻财产归属及其债务负担等相关问题作出明确规定，以便于处理分居期间的相关问题。这不仅需要考察本国既有法律制度的完善程度及其在司法实践中存在的问题，而且应当同时借鉴域外相关立法经验。然而，我国《民法典》婚姻家庭编并未像域外民法典那般建构较为完善的分居制度，除因循守旧地将分居作为夫妻感情破裂的法定离婚事由外，再也找不到关于分居的其他内容。这种过于保守的狭隘立法观念和消极立法态度，为夫妻分居生活和司法实践带来诸多不便，并不利于处理相关问题，需要婚姻立法将分居制度完善化与系统化。

对于分居立法，多数学者持赞成态度。综合起来，主要理由有：（1）基于贯彻婚姻自由原则，给夫妻双方选择分居或者离婚的自主决定权，夫妻双方可以通过有效方式解除共同生活状态，变更夫妻的权利义务关系。（2）婚姻关系中的女性多处于弱者地位，妇女的合法权益容易被损害。并且，夫妻双方发生矛盾亦影响对未成年子女的抚养教育。分居有利于维护妇女与未成年子女的合法权益。（3）分居为夫妻双方理性思考、冷静处理婚姻矛盾提供缓冲功能，有利于促进良好的婚姻家庭关系，可以避免轻率离婚。（4）如果存在家庭暴力，分居可以为受害人提供解脱途径。能够防范家庭暴力，可以预防和减少家庭暴力犯罪。（5）明确分居期间的夫妻财产关系，可以便于离婚时分割夫妻财产，并保护第三人利益。（6）便于人民法院认定夫妻感情是否破裂，提高案件审理的准确性，增强法律可操作性。（7）符合世界立法趋势。①

综观这些理由，有其一定合理性。其中，第（1）项体现分居对婚姻自由的贯彻，保障婚姻自由权利；第（2）项突出分居对家庭弱势群体的特别保护；第（3）项表明分居的意义或者价值；第（4）项是分居原因之一；第（5）项为分居的重要内容之一；第（6）项将分居作为离婚理由之一；第（7）项强调分居的立法意义及其必要性。除第（7）项外，前六项理由在宏观上架构起分居制度的基本框架，共同构成较为完善的分居制度。

作为一项法律制度，分居应当在逻辑结构上有其科学性与周延性。就《民法典》婚姻家庭编中的第 1079 条第 3 款规定的法定离婚事由来看，第（1）项“重婚或者与他人同居”同第 1041 条第 2 款之“实行……一夫一妻……的婚姻制度”、第 1042 条第 2 款之“禁止重婚。禁止有配偶者与他人同居”实现制度上的闭合。第（2）项“实施家庭暴力或者虐待、遗弃家庭成员”同第 1042 条第 3 款之“禁止家庭暴力。禁止家庭成员间的虐待和遗弃”保持制度上的前后照应。对于第（3）项“有赌博、吸毒等恶习屡教不改”，尽管《民法典》婚姻家庭编没有关于禁止赌博、吸毒等恶习的规定，但是属于不文明行为，影响家庭和睦，有悖于第 1043 条第 1 款所倡导

① 林荫茂：《香港、澳门、台湾地区分居制度比较——兼谈我国应设分居制度》，载《现代法学》1997 年第 6 期；罗思荣、马齐林：《分居制度研究》，载《政法论坛（中国政法大学学报）》2000 年第 2 期；孟德花：《我国建立别居制度的必要性》，载《华东政法学院学报》2001 年第 2 期；谢晓：《分居制度初探》，载《当代法学》2002 年第 8 期；郭丽红：《关于分居问题与分居制度的探讨》，载《汕头大学学报（人文社会科学版）》2002 年第 5 期；张华贵：《设立夫妻分居制度的立法构想》，载《甘肃社会科学》2004 年第 5 期；王秋荣、王涛：《关于建立我国分居制度的立法构想》，载《延安大学学报（社会科学版）》2007 年第 5 期；王富超：《夫妻分居制度在我国设立的探讨——以〈婚姻法司法解释（三）〉为基点》，载《三峡大学学报（人文社会科学版）》2013 年第 4 期；罗冠男：《从意大利离婚法的修改看我国分居制度的构建》，载《法学杂志》2016 年第 1 期。

的“树立优良家风，弘扬家庭美德，重视家庭文明建设”的婚姻家庭观念和道德风尚，二者在价值取向上具有一致性。然而，第（4）项“因感情不和分居满 2 年”在《民法典》婚姻家庭编中找不到可以与之接洽的有关规定。这也就是说，第 1079 条第 3 款的第（1）项、第（2）项、第（3）项法定离婚理由在《民法典》婚姻家庭编中各自有其相对独立的系统，在制度的逻辑结构上不存在纰漏，相较之下，第（4）项理由则未能形成独立的制度体系。立法的初衷在于为社会提供运行规则，创建和谐社会秩序。因此，既然《民法典》婚姻家庭编将感情不和分居满 2 年作为判决离婚的法定理由，用以证明夫妻感情确已破裂的客观外在的判断标准，那么就应当建立完善的分居制度，使之明确化与系统化，便于婚姻当事人安排和处理夫妻分居期间的相关事项。

二、夫妻分居期间负担共同债务的立法借鉴

法国、瑞士、西班牙、秘鲁与加拿大魁北克等国家和地区的民法典关于分居期间的夫妻共同债务规定，有的较为明确，有的则需要根据相关规定予以推定。

《法国民法典》第 296 条规定：应夫妻一方在与离婚相同的情况下并依相同条件提出的请求，得宣告夫妻分居。第 299 条规定：分居并不解除婚姻，但终止同居义务。第 302 条规定：别居，在各种情形下，均引起分别财产。根据关于分别财产制之第 1536 条第 2 款与第 1537 条的规定，夫妻双方应当共同负担依据第 220 条规定产生的债务。并且，夫妻双方可以协议分担因婚姻关系而应当负担的费用；如双方对此没有任何约定，则按第 214 条规定，夫妻双方视各自的负担能力按比例分担之。

《瑞士民法典》第 117 条第 1 款、第 3 款规定：诉请分居的条件与离婚一致。法官判决分居的，该分居之判决不影响双方请求离婚之权利。第 118 条规定：分居当然导致财产分割。另外，关于夫妻关系的保护措施的相关规

定类推适用于分居。第 176 条第 3 款规定：有未成年子女的，法官根据亲子关系的规定，可以命令采取必要的措施。根据这些规定，分居的夫妻双方应当按照第 233 条的规定负担共同债务，并根据第 276 条、第 277 条的规定抚养、照顾及教育子女，承担子女的教育培训费用，采取保护子女相关措施。如果子女不由父母看护，应当支付抚养费。这种抚养义务直至子女成年。根据这些规定产生的债务属于夫妻共同债务。

《西班牙民法典》第 81 条第 1 款规定：设立的婚姻可因司法判决而分居。根据第 92 条第 1 款、第 103 条规定，分居不免除双亲对其子女的义务，分居得到承认后，如果双方没有司法判决承认的就某事项达成协议的，法官可确认对于配偶一方单独承担共同子女的亲权而为抚养子女的付出视为对婚姻的负担。这是夫妻双方共同供养家庭的义务，任何一方在分居期间抚养子女属于婚姻负担范畴，由夫妻双方共同负担。

《秘鲁民法典》第 332 条规定：分居使与同床共居的义务中止，且终止所得共同制，但婚姻关系继续存续。这就意味着夫妻在分居期间转向适用分别财产制。第 300 条规定：无论采取何种财产制，夫妻双方均有义务根据其能力和收入分担家庭之供养。在必要情形，法官应划定夫妻各自的分担份额。因此，夫妻双方分居以后供养家庭的债务属于夫妻共同债务。

《魁北克民法典》[①] 第 493 条规定：如同居的意愿严重受损，应准予别居。第 507 条规定：别居免除配偶双方的同居义务，但并不解除婚姻的约束。第 392 条第 1 款与第 394 条规定，配偶双方在婚姻中享有同等的权利义务。共同保障家庭的物质与精神生活，共同行使亲权并承担由此产生的民事权利。分居配偶因此所负债务属于夫妻共同债务。

由于分居仅是作为观察婚姻关系是否破裂并观测夫妻关系走向的一个参考因素，它并不影响夫妻双方对于一些权利与义务的继续享有与负担。在夫妻财产制度转化为分别财产制（自始为分别财产制的，无须转化）的情况

---

① 本书关于《魁北克民法典》的规定均来自孙建江、郭站红、朱亚芬译：《魁北克民法典》，中国人民大学出版社 2005 年版。

下，夫妻双方在分居期间仍须共同负担关涉共同利益或者家庭利益的债务。然而，这些债务多产生于夫妻一方的单独负债行为，出于保护另一方的合法权益之需要，应当对分居期间的夫妻共同债务予以合理限制。鉴于分居不分家，夫妻双方依然负有照管、供养家庭的义务，以维系家庭之持续。无论夫妻一方单独负债，还是夫妻双方共同负债，凡是同这些家庭利益有关的必要债务，须由夫妻共同负担清偿。因此，从上述民法典的规定来看，夫妻双方在分居期间共同负担的义务皆为婚姻负担范畴内的供养家庭义务，主要体现为扶养配偶与抚养子女。

婚姻既为当事人以终身的共同生活为目的的结合关系，夫妻相互扶养义务乃夫妻关系本质的要素。① 如果夫妻一方在分居期间生活困难，另一方有扶养能力的，应当对生活困难方负扶养义务。有困难一方因此所负债务为夫妻共同债务，由夫妻双方共同负担清偿责任。② 如果夫妻双方尚有未成年子女或者不能独立生活的成年子女，父母负有保障未成年子女健康成长和不能独立生活的成年子女生存之义务。为满足有受抚养权的共同子女生活需求的抚养费应当由夫妻双方共同负担，所生债务应当属于共同债务。③

三、夫妻分居期间负担共同债务的范围限定

夫妻分居期间不再共同生活，不宜以《民法典》婚姻家庭编中的第1064条所确立的界定夫妻共同债务的基本标准来确定分居期间的夫妻共同债务，而是应当借鉴上述域外民法典关于夫妻双方在分居期间共同负担供养家庭义务的规定。并且，应当符合客观性、关联性与必要性等要求。

第一，客观性，即分居期间须实际发生夫妻共同债务。这种客观性须以正当性为其产生基础，债务具有合法性。并且，夫妻双方对于分居期间的债

---

① 余延满：《亲属法原论》，法律出版社2007年版，第252页。

② 孟德花：《夫妻分居后的债务问题探析》，载《当代法学》2003年第2期。

③ 姜大伟：《我国夫妻分居期间所生债务归属认定规则论》，载《华侨大学学报（哲学社会科学版）》2015年第1期。

务没有争议。这一要求在于保障分居期间债务的真实性，防止夫妻一方利用分居之机虚构债务或者与第三人恶意串通损害另一方的合法权益。

第二，关联性，即分居期间的夫妻共同债务须同供养家庭有关。这种关联性须为直接关联，不得牵强附会，不可将分居期间的所有债务都视作与之有关。对此，负债一方须就这种关联性负有证明责任。如果无法证明同其供养家庭有关，则不能认定为夫妻共同债务，只能属于个人债务，由其个人负担清偿。这一要求意在排除那些无关紧要的债务。

第三，必要性，即分居期间的夫妻共同债务须以合理为限度，包括负债项目的合理性与负债额度的合理性。这种合理性应当符合一般理性人的判断标准以及普通民众的基本消费理念，并以相关市场价格为参照标准，每一项债务都应当在合理区间。这就要求分居期间的夫妻任何一方所负债务属于那些必不可少的负担，它的发生具有不可避免性。例如，一方就医或者子女入学等发生的费用。如果在各方经济负担能力有限的情况下，为子女花费远远超出其经济负担能力的高额消费项目就不具有必要性，只能由擅自为子女花费高额费用的夫妻一方负担，另一方可以不予负担。因此，分居期间的夫妻共同债务的发生项目须为不得不支付的内容，仅用于满足正常生活需要，那些可有可无的无关紧要支出则不具有必要性。这一要求在于将债务额度控制在合理区间，以避免基于正当理由发生债务的额度过高而加重分居当事人的经济负担。

因此，夫妻双方在分居期间应当共同负担的夫妻共同债务的范围仅限于扶养配偶；抚养未成年子女或者不能独立生活的子女；夫妻双方约定的共同负担；其他应当归于夫妻双方的共同负担。其中，“扶养配偶；抚养未成年子女或者不能独立生活的子女”是夫妻双方的法定义务，属于婚姻家庭利益之范围。“夫妻双方约定的共同负担”是夫妻双方对于超越相互扶养与抚养未成年子女或者不能独立生活的子女之外而关涉共同利益事务的共同意思表示结果。“其他应当归于夫妻双方的共同负担”则是兜底性规定，意在因应夫妻双方分居期间的特殊情势之变化。

四、夫妻分居期间负担共同债务的基本原则

（一）夫妻分居期间之共同债务负担原则的制约因素

婚姻立法设计夫妻分居期间的共同债务负担原则，受制于下列因素。

1. 婚姻关系复杂状况

婚姻由男女结合而成，以夫妻的权利与义务为内容。然而，这仅是婚姻的外观形式。基于婚姻自由，不同的婚姻当事人根据自己对婚姻的认知和观念而对婚姻生活作出不同安排，以致婚姻关系复杂多样。对此，婚姻立法应当根据婚姻现状而对婚姻中的突出问题作出合理安排，由婚姻当事人自行调试婚姻关系，妥善处理婚姻冲突，促进婚姻家庭稳定。因此，在制定分居期间的夫妻共同债务负担原则时，应当注意夫妻双方的分居原因及其客观需求，以便于应对婚姻关系的复杂现状，并保障婚姻当事人的正当利益。

2. 现代婚姻治理模式

从当今世界的婚姻立法趋势来看，现代婚姻体现为“婚姻充分自治与国家适度干预”的治理模式。这一婚姻治理模式的基础就是婚姻自由。婚姻自由为婚姻自治提供最充分的条件和保障，婚姻当事人完全可以按照自己的意愿选择结婚伴侣，安排婚内生活，甚至决定解除婚姻关系。这种婚姻治理模式之所以成为当今社会的普遍婚姻现象，一方面源于婚姻主体的自我意识和权利意识的觉醒，另一方面是国家为公民实现婚姻自治提供法律保障。尤其是随着社会进入个体自觉的理性时代，人性得到较为充分的释放，个体的人可以按照自己的意愿安排生活，依照自己的理性判断去设计自己的生活，管理自己的事务，国家原则上不直接干预，只有当事人之间发生纠纷不能够协商解决时才加以干预。[①] 因此，在已经建立基本婚姻制度的情况下，国家应当将婚姻生活模式的自由选择权交给婚姻当事人，由其自行安排、调试适合自己的婚姻生活。除非出于必要，国家不宜介入公民婚姻生活。并且，即使

---

① 何丽新：《婚姻法领域意思自治的扩张与限制》，载陈苇主编：《家事法研究（2006年卷）》，群众出版社2007年版，第25页。

干预，也须适度，而不是干预婚姻生活的方方面面。否则，干涉婚姻自由。反之，不予干预或者干预过少，则又放任婚姻当事人，不仅损害婚姻当事人合法权益，而且破坏社会婚姻秩序。这就要求国家在许多时候应置身于婚姻家庭关系的外围，只是在当事人不能自行解决和权益受到侵害并请求干预时，才消极、被动地介入。[①] 只有这样，才能保障婚姻充分自治，体现国家适度干预对于公民的婚姻自由的尊重与婚姻生活的关怀。

3. 婚姻立法价值取向

现代婚姻立法是以婚姻当事人利益为根本宗旨的个体本位婚姻法，通过规制婚姻关系，保障婚姻自由，保护婚姻权益，维系婚姻秩序。由于婚姻自由以人格的独立、平等、自由、尊严为基础，[②] 既是构筑现代婚姻制度的重要基石，又代表婚姻立法的价值追求。尤其是人格平等以个人主义为基础，超越了家族主义。个人主义使人的主体性得以张扬，个人不再被家父权、夫权所支配。建立在个人主义基础之上的夫妻关系具有别体主义的色彩，即人格独立、平等，夫妻是相互尊重、协助的伙伴关系。[③] 因此，这种立法立场昭示婚姻对个人自由的尊重，对婚姻家庭关系主体之间平等关系的确认，体现了以人为本的人文主义精神对人的终极关怀和保护，[④] 并使平等、公正成为现代婚姻法最重要的基本价值。[⑤] 这就要求婚姻当事人必须遵循婚姻立法的价值取向，即使分居亦不得有悖于此。为此，分居期间的夫妻共同债务负担原则应当符合婚姻立法的价值取向，尊重并保障婚姻当事人在婚姻自由价值引领下合理安排婚姻生活，以有利于化解婚姻矛盾、解决婚姻纠纷。

---

① 马忆南：《婚姻家庭法领域的个人自由与国家干预》，载《文化纵横》2011 年第 1 期。

② 王歌雅：《中国婚姻法：制度建构与价值探究之间——婚姻法与改革开放三十年》，载陈苇主编：《改革开放三十年（1978~2008）中国婚姻家庭继承法研究之回顾与展望》，中国政法大学出版社 2010 年版，第 42 页。

③ 王歌雅：《中国婚姻法：制度建构与价值探究之间——婚姻法与改革开放三十年》，载陈苇主编：《改革开放三十年（1978~2008）中国婚姻家庭继承法研究之回顾与展望》，中国政法大学出版社 2010 年版，第 43 页。

④ 巫昌祯、夏吟兰：《改革开放三十年中国婚姻立法之嬗变》，载《中华女子学院学报》2009 年第 1 期。

⑤ 巫昌祯、夏吟兰：《改革开放三十年中国婚姻立法之嬗变》，载《中华女子学院学报》2009 年第 1 期。

（二）夫妻分居期间之共同债务负担原则的具体内涵

夫妻双方共同负担分居期间的夫妻共同债务，应当针对不同具体情形而分别适用约定负担原则、法定负担原则或者裁定负担原则。

1. 约定负担原则

所谓约定负担原则，也称为协议负担原则，是指夫妻双方根据分居协议负担清偿分居期间的夫妻共同债务。

这一原则适用于协议分居与裁判分居。前者是夫妻双方自行协议分居，后者为夫妻双方通过人民法院裁判分居。基于当事人意思自治，夫妻双方协议分居的，应当对分居期间的夫妻共同债务负担以及其他相关事项作出约定。如果夫妻双方在分居之时未作约定的，应当在债务发生后协商负担，协商不成的，任何一方可以向人民法院起诉；或者可以不经协商而直接向人民法院起诉。人民法院应当尊重夫妻双方意愿，允许其在诉讼中对分居期间的夫妻共同债务负担作出约定。并且，这一约定仅具有内部效力，不得对抗债权人。

约定负担原则具有如下特点：

第一，自治性，即夫妻双方自行约定负担分居期间的夫妻共同债务。这一约定是婚姻当事人意思自治的结果。法律不是万能的，也不应是万能的，在婚姻家庭领域过度依赖法律很有可能牺牲私人生活的安宁与自由，[①] 需要婚姻当事人实现婚姻自治。它具体体现为婚姻自由，通过积极倡导和指导当事人自由安排婚姻生活，平等协商婚内事务，加强婚姻自我调适能力，积极应对婚内各种问题，保障婚姻当事人对于婚姻生活的自主选择、自主参与、自主行为、自主负责。因此，夫妻双方出现感情危机而决定分居的，应当就分居期间的夫妻共同债务负担作出约定。对此，除非夫妻双方借分居之名而恶意串通逃避债务的，国家不得干涉。

第二，协商性，即夫妻双方协商约定负担分居期间的夫妻共同债务。现

① 巫昌祯主编：《婚姻法执行状况调查》，中央文献出版社 2004 年版，第 193 页。

代婚姻始于平等主体之间的合意，提倡夫妻自主协商和约定婚姻内部事务。[①]夫妻双方决定分居，应当本着互相体谅、友好相待的态度，通过协商对分居期间的夫妻共同债务负担以及其他相关事项作出妥善安排。并且，在分居期间，如果夫妻一方因受经济收入、身体健康状况以及其他一些不确定因素的影响而负担过重的，双方可以协商变更负担夫妻共同债务。

第三，平等性，即夫妻双方平等协商并平等负担分居期间的夫妻共同债务。《民法典》婚姻家庭编中的第 1041 条第 2 款规定："实行……男女平等的婚姻制度"。第 1055 条规定："夫妻在婚姻家庭中地位平等。"夫妻双方应当根据这些规定平等协商并平等负担分居期间的夫妻共同债务。其中，协商平等要求夫妻双方在协商分担分居期间的夫妻共同债务时，应当平等相待，任何一方不得干扰、诱骗、强迫另一方，各方的真实意思均应得到充分表达，并相互认真听取对方意见，最终形成意见一致的约定内容。负担平等要求夫妻双方应当平等负担分居期间的夫妻共同债务。当然，这种平等负担并非各方平均分担债务份额，而是基于双方实际情况作出合理分配。毕竟婚姻关系尚存，夫妻情分犹在，负担能力强的一方应当多负担一些债务，负担能力弱的另一方可以少负担一些债务。这种负担有利于缓和紧张的婚姻关系。

2. 法定负担原则

所谓法定负担原则，是指夫妻双方根据婚姻立法规定负担清偿分居期间的夫妻共同债务。

适用这一原则的前提是夫妻双方未对分居期间的夫妻共同债务清偿事宜作出约定或者在债务发生之后协商不成的，则应当按照婚姻立法规定清偿分居期间的夫妻共同债务。

法定负担原则具有如下特点：

第一，先定性，即婚姻立法已经对夫妻双方负担分居期间的夫妻共同债务作出明确规定。这是负担分居期间的夫妻共同债务的最基本原则。它通过预先设定分居期间的夫妻共同债务清偿规则，明确夫妻双方的权利与义务，

① 巫昌祯主编：《婚姻法执行状况调查》，中央文献出版社 2004 年版，第 184 页。

便于分居当事人自行解决或者人民法院裁判夫妻双方负担分居期间的夫妻共同债务。

第二，抽象性，即婚姻立法通过总结司法实践中的夫妻双方负担分居期间的共同债务纠纷而使之抽象化为具体原则。作为调节人们行为的一种社会规范，法律是一种反复适用的抽象、概括的规定，它为人们的行为提供一个模式、标准和方向，其适用对象是一般的人或者事，而不是特定的人或者事。[①]因此，婚姻立法不会专门针对每一个婚姻关系为其制定一项适用规则。这既不可能，也无法实现。它只能针对分居中较为突出的普遍性问题予以归纳、总结、分析，同时合理预测分居期间可能产生的其他问题，然后概括出来最基本、最一般的分居期间的夫妻共同债务负担原则。

第三，统一性，即婚姻立法对于夫妻双方负担分居期间的夫妻共同债务设定统一标准。法律针对社会问题提供因应对策。然而，社会生活的复杂性、多样性，社会关系种类众多、领域广泛与各具特征，[②]要求法律需要针对具有共同性与共通性的各类问题分别制定统一的适用规则，以化解社会矛盾，促进社会的稳定与发展。当婚姻关系出现危机之后，分居是夫妻双方缓和婚姻矛盾与挽救婚姻家庭而对婚姻生活作出的较为妥善的临时性安排。它的统一性主要体现在两个方面：一是适用对象的统一性，即凡是夫妻双方在分居期间的夫妻财产关系和婚姻纠纷都适用有关分居的立法规定。二是适用标准的统一性，即基于法律面前人人平等原则，夫妻分居期间的事项适用统一的法律规定。这就保证法律适用的严肃性与权威性。

3. 裁定负担原则

所谓裁定负担原则，是指夫妻双方按照人民法院判决负担清偿分居期间的夫妻共同债务。

夫妻双方因负担清偿分居期间的夫妻共同债务发生纠纷而诉至人民法院，法官通过判决确定夫妻双方应当负担的债务份额。这种裁定负担，既

① 沈宗灵主编：《法理学》，北京大学出版社 2009 年版，第 26 页。
② 沈宗灵主编：《法理学》，北京大学出版社 2009 年版，第 282 页。

可以是人民法院在裁判夫妻分居时一并就负担夫妻共同债务作出判决，又可以是人民法院在夫妻分居之后对负担夫妻共同债务发生纠纷时作出判决。无论通过哪一种途径确定夫妻共同债务负担，人民法院须以相关法律规定为依据，同时需要酌情考虑夫妻分居期间的实际情况。

裁定负担原则具有如下特点：

第一，干预性，即夫妻双方负担分居期间的夫妻共同债务是国家公权力干预的结果。这种干预源自国家治理社会的必然性与必要性。国家公权力适度介入公民个人生活，可以化解民众矛盾、平息社会纷争。当夫妻一方提出分居或者双方就负担分居期间的夫妻共同债务发生纠纷而诉至人民法院时，人民法院代表国家意志介入公民婚姻生活，通过引导、劝慰与调解，缓和夫妻之间的对立情绪，消弭双方矛盾，为夫妻双方合理分配分居期间的夫妻共同债务，有利于促进婚姻回转。

第二，衡平性，即人民法院在判决夫妻双方负担分居期间的夫妻共同债务时应当注意双方的利益衡平。分居期间，夫妻双方正处于感情危机之中，彼此的隐忍与包容明显降低，各自在乎自身利益，对于负担分居期间的夫妻共同债务颇为敏感。尤其是受身体健康状况、职业性质、经济收入、子女是否随其生活等多方面因素的影响，夫妻之间的负担能力势必存在一定差距。人民法院应当综合考虑夫妻双方的分居原因及其分居期间的实际生活情况，注意予以弱势一方一定程度的利益倾斜，为夫妻双方合理判决负担分居期间的夫妻共同债务。

第三，公平性，即人民法院应当保障夫妻双方公平负担分居期间的夫妻共同债务。民法意义上的公平主要强调的应是权利和义务、利益和负担在相互关联的社会主体之间的合理分配或者分担。[①] 它以利益的均衡作为价值判断标准来合理分配各民事主体之间的权利义务关系。[②] 为此，《民法典》总则编中的第 6 条规定："民事主体从事民事活动，应当遵循公平原则，合理确

① 赵万一：《民法的伦理分析》，法律出版社 2012 年版，第 89 页。
② 张新宝：《〈中华人民共和国民法总则〉释义》，中国人民大学出版社 2017 年版，第 12 页。

定各方的权利和义务。”这不仅要求民事主体应当本着公平观念实施民事行为，而且要求人民法院应当根据公平原则处理民事纠纷。在婚姻家庭领域，尽管充溢着血脉亲缘与伦理情怀，但是夫妻与其他家庭成员人格独立，彼此之间亦有利益纠葛。《民法典》婚姻家庭编中的第 1041 条第 2 款之男女平等与第 1055 条是夫妻双方利益公平的法律保障，人民法院应当秉持正义理念，公平判决夫妻双方合理负担分居期间的夫妻共同债务，以保障夫妻双方的利益公平。

（三）夫妻分居期间之共同债务负担原则的选择适用

这三项原则纯粹为了因应分居期间的夫妻共同债务负担的不同情况，彼此之间并不冲突。夫妻双方需要根据具体情况选择其一适用。

基于当事人意思自治，约定负担原则具有优先适用性。按照约定或者协商结果负担分居期间的夫妻共同债务即可。但是，如果夫妻一方对分居期间的夫妻共同债务负担的约定提出异议，或者约定无效，或者未作约定，或者未作约定且又协商不成，任何一方都可以向人民法院起诉。人民法院需要根据具体情况作出不同判决。

对于夫妻双方的分居约定，人民法院应当严格审查约定意思的真实性、约定协商的平等性、约定内容的合理性、是否违反法律的强制性规定以及是否借此逃避债务等内容。如果该约定符合相关法律规定，应当认定约定有效。判令分居的夫妻双方按照约定负担分居期间的夫妻共同债务。否则，不得准予其生效。由于该判决是对约定效力的认定，也应当属于适用约定负担原则。

对于分居的夫妻双方未就负担分居期间的夫妻共同债务作出约定或者经审查约定无效的，人民法院直接适用相关法律规定判决分居的夫妻双方负担分居期间的夫妻共同债务，应当属于适用法定负担原则；人民法院酌情考虑分居的夫妻双方的具体情况而作出判决，则属于适用裁定负担原则。

第三章

夫妻债务清偿的分担模式

夫妻债务清偿具有婚姻内外效应。在其内部，涉及债务人合理分担夫妻共同债务；对外而言，则影响债权人顺利实现债权。这就需要建立科学的夫妻债务清偿分担模式，明确债务人合理分担夫妻共同债务及其对于夫妻个人债务的清偿责任，保障债务人之间及其同债权人之间的利益衡平。

第一节　夫妻债务清偿分担模式的一般理论

一、夫妻债务清偿分担模式的具体内涵

“模式”的本义为事物的标准样式。它是主体行为的一般方式。对于夫妻债务清偿分担模式而言，是指夫妻双方清偿夫妻共同债务与夫妻个人债务所适用的具体实施方式。

它有以下几个方面的含义：

第一，它是夫妻双方清偿夫妻债务的具体实施方式。因受夫妻身份的特殊性与牵连性之影响，往往容易混淆夫妻共同债务与夫妻个人债务的清偿责任。然而，夫妻别体主义要求夫妻共同债务与夫妻个人债务各自有其清偿主体。这就使得债务人之间、债权人与债务人之间以及不同债权人之间各有不同利益关切。特别是在离婚之时，不同的利益关切在清偿夫妻共同债务上表现得尤为突出。婚姻立法应当确立明确、具体、科学的夫妻债务清偿分担模式，作为债务人分担夫妻共同债务与承担夫妻个人债务清偿责任的基本依据，为债务人双方合理、公平地分配利益，避免不必要的夫妻债务清偿纠纷。具体而言，基于清偿对象之不同，夫妻债务清偿分担模式有夫妻共同债务清偿分担与夫妻个人债务清偿承担之分。

第二，它主要适用于离婚当事人负担清偿夫妻债务。在婚姻关系存续期间，清偿夫妻共同债务属于婚姻家庭内部事务。由于婚姻当事人具有夫妻与债务人的双重身份，婚姻共同体同时亦是债务共同体，在利益上具有一致性。除非婚姻当事人选择分别财产制，夫妻双方以其共同财产清偿夫妻共同债务。离婚之后，婚姻当事人由夫妻与债务人的双重身份转变为离婚后的债

务人单一身份。这种身份关系的重大变化使得男女双方成为单纯的债务共同体，继续共同负担清偿夫妻共同债务。对此，《民法典》婚姻家庭编中的第1089条规定，夫妻离婚时，应当共同偿还夫妻共同债务。它在本质上仍然属于婚姻家庭内部事务，债务人身份始终未变，只是因为离婚而将夫妻共同债务清偿责任延续至离婚之后。如果离婚时的夫妻共同财产足以清偿夫妻共同债务的，离婚后的债务人相安无事。否则，如果没有夫妻共同财产清偿夫妻共同债务或者夫妻共同财产不足以清偿夫妻共同债务的，债务人承担补充连带清偿责任，各方以其个人财产清偿夫妻共同债务或者清偿剩余部分夫妻共同债务。由于此时的夫妻身份业已解除，将离婚后的债务人对夫妻共同债务的清偿责任视为连带清偿责任，亦未尝不可。对于夫妻个人债务，固然以其个人财产清偿。但是，在婚姻关系存续期间，负债的夫妻一方配偶顾念夫妻情分，不乏以夫妻共同财产或者个人财产帮助负债一方清偿个人债务。而一旦离婚，夫妻之间的隐忍与包容随着婚姻共同利益的崩析而覆之不存，财产利益成为双方的角力焦点，这种现象则几乎不复存矣。因此，婚姻立法应当确立夫妻债务清偿分担模式，在合理界分夫妻共同债务与夫妻个人债务的基础上，对清偿夫妻共同债务与确定夫妻个人债务清偿责任等相关事宜作出具体安排。

第三，它是夫妻双方负担清偿夫妻债务的基本依据。夫妻债务清偿是一个衡平债权人与债务人之间利益的过程。因此，夫妻债务清偿分担模式须是在充分考量夫妻双方利益的基础上，为夫妻双方提供较为科学的夫妻共同债务负担规则。基于当事人意思自治，夫妻双方离婚时可以自行协议分担清偿夫妻共同债务和夫妻个人债务，任何一方不得损害另一方的合法权益。但是，应当防止夫妻双方恶意串通，假借离婚逃避债务而损害债权人利益。并且，人民法院通过离婚判决为当事人分配夫妻共同债务时，应当注意照顾弱势一方的当事人。

二、夫妻债务清偿分担模式的不同类型

夫妻债务清偿分担模式因夫妻财产制与清偿对象不同而较为复杂。

基于夫妻财产制不同，夫妻债务清偿分担模式分为法定财产制（共同财产制）下的夫妻债务清偿分担模式与约定财产制（分别财产制）下的夫妻债务清偿分担模式。

基于清偿对象不同，夫妻债务清偿分担模式分为夫妻共同债务清偿分担模式与夫妻个人债务清偿承担模式。

在上述基础上，夫妻债务清偿分担模式进而可以再分为法定财产制（共同财产制）下的夫妻共同债务清偿分担模式与夫妻个人债务清偿承担模式，以及约定财产制（分别财产制）下的夫妻共同债务清偿分担模式与夫妻个人债务清偿承担模式。

对于夫妻债务清偿来说，无论哪一种夫妻财产制，夫妻共同债务与夫妻个人债务的具体范围与清偿负担都无二致，主要在于不同夫妻财产制下用以清偿夫妻共同债务的责任财产的来源不同。因此，夫妻财产制对于夫妻债务分担模式的意义不大，这里仅探讨夫妻共同债务清偿分担模式与夫妻个人债务清偿承担模式。

三、夫妻债务清偿分担模式的基本内容

夫妻债务清偿分担模式是婚姻立法在宏观上对于夫妻债务清偿的制度设计。它有狭义与广义之分。狭义的夫妻债务清偿分担模式仅基于债务清偿视角而限于夫妻双方对于夫妻共同债务与夫妻个人债务的清偿负担。但是，如果债务人死亡的，则会涉及继承人清偿遗产债务。由于清偿人身份不同，具体债务清偿规则亦有差别。并且，无论债务人清偿债务，还是继承人清偿债务，都会面临数宗债务清偿冲突问题。这就需要明确不同债务人的清偿责任，以及妥善处理不同债务发生清偿冲突时的债权优先受偿问题。因此，广

义的夫妻债务清偿分担模式应当包括夫妻债务清偿的内部责任类型与夫妻债务清偿的外部冲突应对。

第二节　夫妻债务清偿分担模式的比较选择

一、域外夫妻债务清偿分担模式的立法考察与客观评价

（一）域外夫妻债务清偿分担模式的立法考察

域外的一些民法典均有关于夫妻共同债务清偿分担与夫妻个人债务清偿承担的规定。

1. 夫妻共同债务清偿分担的立法规定

从域外的一些民法典关于夫妻共同债务的规定来看，夫妻共同债务都由夫妻双方共同负担清偿。然而，这些民法典仅对夫妻共同财产制下的夫妻共同债务清偿分担作出明确规定。究其原因，基于夫妻共同债务的同一性，无论婚姻当事人选择何种夫妻财产制，负担主体都是相同的。这在许多民法典中均有所体现。因此，没有必要再行对其他夫妻财产制下的夫妻共同债务予以重复规定。根据责任财产来源不同，具体包括两种分担模式，即单一负担与双重负担。

（1）单一负担。所谓单一负担，是指夫妻双方以夫妻共同财产清偿夫妻共同债务。法国与意大利等国民法典采此模式。《法国民法典》第 1409 条（法定共同财产制）规定构成共同财产的负债内容。《意大利民法典》第 186 条（法定共有财产制）规定夫妻共同财产承担的夫妻共同债务范围。

（2）双重负担。所谓双重负担，是指夫妻双方以夫妻共同财产与夫妻个人财产清偿夫妻共同债务。葡萄牙、秘鲁、瑞士、巴西与埃塞俄比亚等国民法典采此模式。基于各国对于夫妻个人财产清偿夫妻共同债务规定之不同，

这种分担模式进而又分为补充负担与混合负担两种主要模式。

①补充负担，即在夫妻共同财产不足或者没有夫妻共同财产清偿夫妻共同债务的情况下，由夫妻双方以夫妻个人财产清偿剩余部分夫妻共同债务或者全部夫妻共同债务。这种模式以葡萄牙与秘鲁等国民法典为代表。《葡萄牙民法典》第1695条第1款规定：夫妻双方负责之债务，由夫妻共有财产承担，共有财产不足时，由夫妻任一一方之个人财产承担。《秘鲁民法典》第317条（对共同体债务的责任）规定：共同财产，以及无此等财产或此等财产不足时，夫妻双方的自有财产，应按比例对共同体负担的债务承担责任。

②混合负担，即夫妻双方以夫妻共同财产和夫妻个人财产清偿夫妻共同债务。这种模式以瑞士、巴西与埃塞俄比亚等国民法典为代表。《瑞士民法典》第233条（共有财产制）规定：夫妻任何一方以其自有财产和共有财产对夫妻共同债务承担清偿义务。《巴西民法典》第1663条第1款（部分共有制）规定：夫妻任何一方在对共有的总括财产行使管理权时缔结的债务，应以共有财产、夫妻中承担管理的一方个人财产以及他方的个人财产承担责任。《埃塞俄比亚民法典》第659条第（2）项规定：为了家庭的利益发生的债务视为由配偶双方承担连带责任，它可以由配偶各自的个人财产和共同财产清偿。[①]

2. 夫妻个人债务清偿承担的立法规定

从域外的一些民法典关于夫妻个人债务的规定来看，夫妻个人事务都由负债的夫妻一方自行承担。根据责任财产来源不同，具体包括两种承担模式，即单纯承担与复合承担。

（1）单纯承担。所谓单纯承担，是指夫妻一方当且仅当以其个人财产清偿夫妻个人债务，不包括其在夫妻共同财产中的财产份额。法国、葡萄牙、巴西、秘鲁等国民法典以及《瑞士民法典》的收入分享财产制与分别财产制采此模式。《法国民法典》第1411条第1款（法定共同财产制）规定：夫妻一方或者另一方的债权人仅得对其债务人的自有财产与收入提出清偿请求。

① 薛军译：《埃塞俄比亚民法典》，中国法制出版社2002年版，第133~134页。

《葡萄牙民法典》第1692条规定：由夫妻一方中相关之一方独自负责的债务范围。第1693条规定：夫妻之一方接受赠与、遗产或者遗赠，即须独自对附于赠与、遗产或者遗赠上之债务负责，即使系经他方同意而接受亦然。《巴西民法典》基于不同夫妻财产制而有不同规定。第1666条（部分共有制）规定：夫妻任何一方在管理其个人财产时且为了这些财产的利益缔结的债务，共有财产不承担责任。第1677条（取得财产最终分享制）规定：婚后夫妻一方缔结的债务仅该方承担责任。《秘鲁民法典》第307条（所得共同制）规定：夫妻各方对所得共同制生效之前的债务以其自有财产清偿，但为将来家庭的利益成立的债务除外。308条（所得共同制）规定，夫妻一方的自有财产，不对另一方的个人债务负责，但经证明系为家庭利益成立的债务除外。第328条（分别财产制）规定，夫妻各方皆以其自有财产对其债务负责。《瑞士民法典》第202条（收入分享财产制）与第249条（分别财产制）规定：夫妻任何一方以其个人财产负担清偿个人债务。

（2）复合承担。所谓复合承担，是指夫妻一方以其个人财产及其在夫妻共同财产中的财产份额清偿夫妻个人债务。《瑞士民法典》共有财产制与《意大利民法典》采此模式。《瑞士民法典》第234条（共有财产制）规定：对于夫妻共同债务之外的其他一切债务，夫妻一方以自有财产和共有财产之一半承担清偿义务。《意大利民法典》第187条与第189条的规定：不得以夫妻共有财产清偿夫妻一方的婚前债务，但夫妻一方的债权人可以请求债务人以其在夫妻共同财产中享有的财产份额予以清偿作为辅助手段。此外，无法以个人财产清偿全部债务的，对于夫妻一方在婚姻关系存续期间对应取得但未取得配偶同意的特殊管理行为所承担的债务，可以其在共有财产中享有的财产份额予以清偿。

（二）域外夫妻债务清偿分担模式的客观评价

综观上述一些域外民法典关于夫妻债务清偿分担模式的规定，既有突出成效，又有不足之处。

1. 立法成效

第一，立法态度十分明确。法律为社会提供基本运行规则，维护社会关系与社会秩序。它就是一个永不停歇的调节器，通过法律实施来协调社会关系中的各种利益冲突，控制社会风险，化解社会矛盾。然而，法律的有效实施取决于立法规定的明确化。否则，执法者与守法者都将无法正确领会和把握法律的精神、内涵和要旨，影响实施效果，难以达到调控预期，甚至造成法律实施的负面效应。尽管上述民法典对于夫妻债务清偿规定的表述不尽相同，但是它们都对夫妻共同债务与夫妻个人债务的清偿分别作出明确规定。这种鲜明的立法态度有助于债务人依法确定己之债务负担范围，履行己之清偿义务，以避免发生相关纠纷。

第二，债务清偿模式相同。上述民法典关于夫妻债务清偿均采二元制清偿模式，即夫妻双方共同负担清偿夫妻共同债务，夫妻一方独立承担清偿个人债务。夫妻共同债务用于共同生活需要，夫妻双方理当共同负担清偿。在夫妻共同财产足以清偿夫妻共同债务的情况下，无须动用夫妻个人财产。如果夫妻共同财产不足以清偿夫妻共同债务的，在单一分担模式下，即使法律没有规定夫妻双方以其个人财产对夫妻共同财产不足清偿的部分夫妻共同债务承担补充清偿责任，因夫妻共同债务属于婚姻家庭的团体债务，夫妻双方对共同债务负有共同清偿责任，亦须以其个人财产清偿夫妻共同财产不足清偿的剩余部分债务。而双重负担模式则避免了单一负担模式的不足，有利于夫妻双方分担夫妻共同债务，避免发生债务分担纠纷。尤其是补充负担模式，它以夫妻共同财产不足以清偿夫妻共同债务为必要条件，要求夫妻双方以其夫妻个人财产对夫妻共同债务承担补充清偿责任。这就兼顾夫妻双方利益，明确夫妻共同财产和夫妻个人财产对于夫妻共同债务的清偿顺位，避免夫妻共同财产分担的立法不足。夫妻个人债务则不然。因其未用于夫妻共同生活需要，负债的夫妻一方配偶并未享受债务所得利益，当然无需负担清偿义务。由负债的夫妻一方以其个人财产承担夫妻个人债务是世界婚姻立法的主流选择。这种模式充分反映出科学性、明确性、公平性等特点。其中，科学性体现在立法态度、立法理念与立法技术等层面上，有利于合理区分夫妻共同债务与夫妻个人债务的清偿责任。明确性在于立法为夫妻个人债务清偿承担提供法律依据，明确个人债务清偿责任主体。公平性则反映法律的公平价值，有利于保护负债者配偶的正当权益。法律公平价值的应然内涵之权利与义务对等性决定权利的享有者必须履行相应义务。

这种二元制清偿模式通过明确夫妻共同债务与夫妻个人债务的具体范围以及清偿主体，使二者泾渭分明。然而，基于私法自治，民事主体可以按照自己的判断设定自己的权利义务，法律尊重这种选择。[①] 如果夫妻双方经过协议，同意以夫妻共同财产清偿夫妻个人债务或者以夫妻个人财产清偿夫妻共同债务，法律不得禁止。因此，二元制清偿模式属于任意性的民事法律规范，它仅具有指引性，而不具有强制性。它为婚姻当事人所提供的只是一个行为导航器，夫妻双方完全可以根据自己的意愿处理夫妻债务清偿问题，只有在双方不愿意自行处理或者无法自行处理的情况下，才直接适用二元制清偿模式的立法规定。但是，从婚姻立法的制度完整性上来说，这一立法是必要的，成为婚姻当事人权益的最终法律保障。

第三，清偿规则统于一体。清偿债务意在满足债权人实现债权。这就需要婚姻立法在建构夫妻共同债务清偿规则时，必须跳出以离婚为视角的窠臼，无问离婚与否，应当着眼于债之本身制定有利于债权人实现债权的清偿规则。这些民法典即采此种立法态度，基于债务发生于婚姻关系存续期间以及用于夫妻共同生活需要的客观事实，建构统一的夫妻债务清偿体系及其规则，适用于应对婚姻关系存续期间与离婚之后的夫妻共同债务清偿问题。这种立法观念体现出立法者对债之本质的科学认知，以及对于债与婚姻关系变化之间关系的理性判断与准确定位。这就保证立法规定的客观性与科学性，应当成为夫妻共同债务清偿的立法典范。

2. 立法不足

就夫妻共同债务清偿分担来看，混合负担模式有其明显不足之处。从瑞

---

① 江平主编:《民法学》，中国政法大学出版社 2011 年版，第 21 页。

士、巴西与埃塞俄比亚等国民法典的相关规定来看，双重负担应当包括夫妻共同财产清偿夫妻共同债务、夫妻个人财产清偿夫妻共同债务、夫妻共同财产与夫妻个人财产清偿夫妻共同债务三种情形，具体尚需根据负债情况以及夫妻共同财产能否满足清偿夫妻共同债务需要而选择适用其一。事实上，由于这些立法均未规定夫妻共同财产和夫妻个人财产的清偿顺位，夫妻双方可以选择任一形式清偿夫妻共同债务，债权人也会要求夫妻双方以任一形式清偿债务。然而，毕竟夫妻共同财产和夫妻个人财产的性质不同，用以清偿夫妻共同债务时，二者之间理当存在清偿顺位，即先以夫妻共同财产清偿夫妻共同债务；只有夫妻共同财产不足以清偿夫妻共同债务时，才能启动夫妻个人财产清偿剩余部分的夫妻共同债务。否则，一旦夫妻双方或者夫妻一方念及私利而不愿动用个人财产清偿夫妻共同债务，容易引发纠纷。因此，这种对于用以清偿夫妻共同债务的财产选择上的随意性，不仅有失立法的严谨性与科学性，而且有损婚姻当事人的正当权益。婚姻立法应当对混合负担予以严格限制，明确夫妻共同财产和夫妻个人财产清偿夫妻共同债务的清偿顺位。这貌似同补充负担模式一致。实则不然，二者的根本区别在于责任财产不同。补充负担模式以夫妻共同财产为责任财产，混合负担模式以夫妻共同财产与夫妻个人财产为责任财产。这就使得夫妻双方的清偿责任大相径庭。夫妻双方在补充负担模式下对夫妻共同债务负担补充连带责任，而在混合负担模式下则对夫妻共同债务负担无限责任。

就夫妻个人债务清偿承担而言，复合承担模式尚不够科学。由于这一模式仅规定夫妻一方以其个人财产及其在夫妻共同财产中的财产份额清偿夫妻个人债务，并未特别强调二者的清偿顺位以及夫妻个人债务的具体清偿时间，这就意味着夫妻一方可以其个人财产或者在夫妻共同财产中的财产份额在婚内或者在离婚后清偿个人债务。对于离婚后清偿个人债务的，负债一方在婚姻解体之后将其在夫妻共同财产中的财产份额分割出来用以清偿个人债务属于其个人行为。而在婚姻关系存续期间，尽管该分担模式将负债一方用以清偿个人债务的夫妻共同财产限于共有财产的一半或者在共有财产中享有的份额，但是因夫妻共同财产是家庭财产的来源，构成家庭的物质基础，除非夫妻个人债务较少，尚且不会有碍于家庭利益；如果夫妻个人债务较多，则会动摇家庭物质基础，引发夫妻矛盾，影响婚姻家庭稳定，甚至造成婚姻关系破裂。因此，为了维持婚姻家庭稳定，仅对婚姻关系存续期间的夫妻个人债务清偿予以限制是不够的，尚需其他相关配套制度。例如，应当明确夫妻个人财产及其在夫妻共同财产中的财产份额的清偿顺位，即先以夫妻个人财产清偿其个人债务，只有在夫妻一方没有个人财产或者个人财产不足以清偿债务的情况下，才可以其在夫妻共同财产中的财产份额清偿债务；准许负债一方配偶视具体情况向人民法院请求将共同财产制变更为分别财产制；夫妻之间互相监督个人债务行为的必要性和合理性。

二、我国夫妻债务清偿分担模式的立法规定与理性反思

（一）我国夫妻债务清偿分担模式的立法规定

1. 夫妻共同债务清偿分担的具体方式

我国关于夫妻债务清偿的分担模式体现在《民法典》婚姻家庭编中的第 1089 条，即“离婚时，夫妻共同债务应当共同偿还。共同财产不足清偿或者财产归各自所有的，由双方协议清偿；协议不成的，由人民法院判决。”从这一规定来看，它只确立离婚时的夫妻共同债务清偿分担模式，即夫妻双方共同清偿夫妻共同债务。根据后段“共同财产不足清偿或者财产归各自所有的”表述来看，这一规定包括共同财产制与分别财产制的夫妻债务清偿分担。在共同财产制下，夫妻双方以共同财产清偿夫妻共同债务。共同财产不足清偿夫妻共同债务的，则由双方协商以其各自个人财产清偿。在分别财产制下，由于夫妻双方没有共同财产，则由双方协商以其各自个人财产清偿夫妻共同债务。这表明我国的夫妻共同债务分担模式为“共同财产清偿 + 个人财产补充清偿”，即补充负担。并且，其中的“离婚时”的表述是对第 1076 条与第 1079 条的呼应，它包含协议离婚与诉讼离婚的夫妻共同债务清偿分

担。因此，就离婚程序来看，夫妻共同债务清偿分担的具体方式包括两种，即协议分担与判决分担。

（1）协议分担。所谓协议分担，是指夫妻双方通过协议对夫妻共同债务分担作出安排。这种债务清偿分担方式适用于协议离婚程序与诉讼离婚程序。

协议离婚，又称自愿离婚、登记离婚，是指夫妻双方自愿解除婚姻关系，并就离婚的法律后果达成协议，经婚姻登记机关对双方的离婚申请依法审查，符合法律规定的，准予离婚登记，即可解除婚姻关系。根据《民法典》婚姻家庭编中的第 1076 条规定："夫妻双方自愿离婚的，应当签订书面离婚协议，并亲自到婚姻登记机关申请离婚登记。离婚协议应当载明双方自愿离婚的意思表示和对子女抚养、财产及债务处理等事项协商一致的意见。"基于当事人意思自治，夫妻共同债务由夫妻双方负担或者由夫妻一方负担，或者各方应当负担夫妻共同债务份额的多寡，均由夫妻双方自行协商确定。此外，在诉讼离婚中，经过人民法院调解，离婚当事人达成夫妻共同债务分担协议，也属于协议分担。

（2）判决分担。所谓判决分担，是指夫妻双方对于夫妻共同债务分担协议不成的，由人民法院判决双方分担夫妻共同债务。这种债务清偿分担方式适用于诉讼离婚程序。

诉讼离婚，又称裁判离婚，是指夫妻一方基于法定离婚原因，向人民法院提起离婚诉讼，人民法院依法通过调解或者判决而解除当事人婚姻关系的一种离婚方式。[①] 这是夫妻双方对于离婚或者离婚后子女抚养或者财产清算不能达成协议，由一方向人民法院提起诉讼，经人民法院审理，调解或者判决离婚。[②] 根据《民法典》婚姻家庭编中的第 1089 条规定，夫妻双方对夫妻共同债务负担协议不成的，任何一方可以向人民法院起诉，由人民法院判决。其中，一种情形是夫妻双方对离婚没有异议，却对夫妻共同债务的分担

① 王洪：《婚姻家庭法》，法律出版社 2003 年版，第 164 页。
② 杨大文主编：《婚姻家庭法》，中国人民大学出版社 2015 年版，第 140 页。

协议不成，包括一方不愿分担债务或者双方对分担债务存在分歧；另一种情形是在诉讼离婚中，夫妻双方就夫妻共同债务分担存在争议。人民法院应当根据具体情况作出相应判决。

对于上述两种分担方式，关于夫妻共同债务清偿分担的协议或者判决仅对债务人具有约束力，不能对抗债权人，双方须对夫妻共同债务负担连带清偿责任，债权人可以向其中任何一方主张全部清偿。

2. 夫妻个人债务清偿承担的具体方式

1950 年《婚姻法》第 24 条与 1980 年《婚姻法》第 32 条均规定夫妻一方单独负担偿还个人债务，其蕴含夫妻个人债务清偿的承担模式，即单纯负担。2001 年《婚姻法》修正案仅以第 19 条第 3 款对约定财产制下的夫妻个人债务清偿作出规定。尽管它以第三人知道夫妻双方对婚姻关系存续期间所得的财产约定归各自所有的约定为条件，但是为约定财产制下的夫妻个人债务清偿提供了法律依据。并且，根据第 18 条关于个人的婚前财产为夫妻一方的财产之规定，可以推定个人债务当然由其本人负担。此外，《婚姻法解释（二）》第 23 条与第 24 条以及《夫妻债务纠纷解释》第 3 条关于夫妻债务的司法解释亦有负债的夫妻一方独自承担清偿夫妻个人债务的蕴意。这些规定和司法解释为夫妻个人债务清偿提供了基本依据。应该说，2001 年《婚姻法》修正案颁布之后，我国婚姻立法通过相关立法规定和司法解释逐步建构起来夫妻个人债务清偿的承担模式。《民法典》婚姻家庭编沿循 2001 年《婚姻法》修正案立法模式，第 1089 条也没有关于夫妻个人债务清偿的规定。然而，由于第 1063 条与第 1065 条第 3 款分别继承 2001 年《婚姻法》修正案第 18 条与第 19 条第 3 款的规定，以及第 1064 条将《夫妻债务纠纷解释》升华为法律规定，根据这些规定以及以往的司法实践，依然可以作出夫妻一方独立承担清偿个人债务的合理判断。另有，如果负债的夫妻一方配偶自愿帮助其清偿夫妻个人债务的，法律不应禁止。因此，夫妻个人债务清偿承担的具体方式包括两种，即独立承担与自愿分担。

（1）独立承担。所谓独立承担，是指负债的夫妻一方以其个人财产独自承担清偿夫妻个人债务。

夫妻个人债务包括婚前个人债务与婚后个人债务。由于这些债务同婚姻家庭生活无关，不能以夫妻共同财产或者配偶的个人财产清偿，只能由负债的夫妻一方以其个人财产独立承担清偿责任。这是当今世界各民法典的立法通例，以保护负债的夫妻一方配偶的财产权益。

（2）自愿分担。所谓自愿分担，是指负债的夫妻一方配偶自愿帮助负债方清偿个人债务。

夫妻一方自愿为其配偶清偿个人债务多出于顾念“一日夫妻百日恩”的情分，帮助经济能力较差的负债一方摆脱困境。这种帮助完全出于帮助方自愿，而非其法定义务，非经帮助方同意，法律、债权人以及其他任何第三人都不得强制帮助方帮助负债一方清偿其个人债务。

这种自愿分担不是无限的，应当予以适当限制。第一，帮助方自主决定帮助负债一方清偿债务及其具体数额，无须同负债一方协商，更无须经债权人同意。第二，帮助清偿以帮助方的清偿能力为限，对于超过其现实经济负担能力范围之外的债务所作的清偿允诺一概无效。尤其是对于离婚之后的帮助清偿，为了防止夫妻双方假借离婚恶意串通损害债权人利益，或者即便双方没有恶意串通，如果帮助方允诺帮助清偿的债务数额超过其清偿能力的，则会加重其经济负担，影响其正常生活。第三，出于保护帮助方利益的考量，应当允许帮助方自行调整帮助清偿债务数额或者明确反悔。第四，不能免除负债一方的清偿义务。帮助清偿仅是代为清偿，并非债务承担，债之法律关系并未发生变动，负债一方仍然是债务人。如果帮助方反悔或者不能清偿全部债务的，仍由负债一方负责清偿。第五，帮助方帮助负债一方清偿债务之后，只要其未向负债一方明确表示免除债务，则可以向其追偿。

此外，尚需区分离婚后的自愿分担与离婚经济帮助。离婚经济帮助，是指夫妻离婚时，因一方生活确有困难，经双方协商或者法院判决，由有条件的一方从其个人财产中给予另一方适当资助的制度。[①] 这是夫妻之间互相扶

① 余延满：《亲属法原论》，法律出版社 2007 年版，第 358~359 页。

养的法律义务在离婚后的延伸，[①]帮助生活困难的一方渡过离婚之后的经济困窘。对此，《民法典》婚姻家庭编中的第1090条规定："离婚时，如果一方生活困难，有负担能力的另一方应当给予适当帮助。"二者主要有以下几个方面区别：

第一，原因不同。离婚经济帮助基于离婚当事人一方生活困难，需要另一方在经济上予以一定帮助。在司法实践中，"一方生活困难"是指依靠个人财产和离婚时分得的财产无法维持当地基本生活水平。一方在离婚后没有住处的，属于生活困难。自愿分担的原因具有多样性，负债一方经济困难仅是其中之一。并且，即使负债一方经济并不困难，帮助方也可以帮助其清偿债务。

第二，性质不同。离婚经济帮助具有法定性，只要生活困难的离婚当事人一方提出请求，另一方应当在其经济负担能力范围之内给予一定的经济帮助，属于被请求方的法定义务。对于自愿分担，法律并未规定，也不禁止。它完全出于帮助方的自愿，属于代为清偿，并非法定义务。

第三，内容不同。离婚经济帮助意在帮助生活困难的一方渡过眼前困难，帮助方式主要体现在满足请求方的物质需求，既可以是金钱，又可以是住房。如果一方以住房形式对生活困难者进行帮助的，可以是房屋的居住权或者房屋的所有权。自愿分担既可以是金钱之债，又可以是劳务之债。通常情况下，多为清偿金钱之债。

第四，后果不同。在离婚经济帮助中，提供帮助一方所提供的帮助是无偿的，受帮助一方无需偿还，彼此之间并不产生债之法律关系。在自愿分担中，帮助方帮助负债一方清偿其夫妻个人债务后，即在双方之间产生债权债务关系。除非帮助方明确表示免除该债务，否则可以向负债一方追偿。

（二）我国夫妻债务清偿分担模式的理性反思

同上述域外民法典关于夫妻债务清偿分担的立法规定相比，我国《民法

① 杨大文主编：《婚姻家庭法》，中国人民大学出版社2015年版，第156页。

典》婚姻家庭编的相关规定稍有不足。

1. 夫妻债务清偿立法尚待细化

《民法典》婚姻家庭编只有第 1089 条一个关于夫妻共同债务清偿的原则性规定，稍显简单，暂未实现夫妻债务清偿制度的丰富性与具体化，可操作性不强，尚待进一步细化。

2. 缺失夫妻个人债务清偿规定

夫妻债务清偿是夫妻财产制度的重要组成部分。作为相对独立的法律制度，夫妻债务清偿应当有其较为完整的体系与结构，须对夫妻共同债务与夫妻个人债务的清偿作出明确规定。《民法典》婚姻家庭编中的第 1089 条仅规定离婚时的夫妻共同债务清偿，没有夫妻个人债务清偿规定。这就容易让人陷入认识上的误区。不少人以为夫妻双方是利益共同体，任何一方可以动用夫妻共同财产甚至是配偶个人财产清偿其个人债务；债权人也会要求债务人配偶清偿债务人在婚姻关系存续期间产生的个人债务。这就会侵害负债一方配偶的合法权益，难免产生纠纷。

3. 夫妻债务清偿分担模式片面化

由于夫妻共同债务与夫妻个人债务的性质不同，清偿主体必然相异。无论以夫妻共同财产清偿夫妻个人债务，还是以夫妻个人财产清偿夫妻共同债务，甚至以夫妻一方个人财产清偿另一方个人债务，都有损婚姻当事人的财产权益。这就需要婚姻立法为婚姻当事人提供一个较为科学的夫妻债务清偿分担模式，以便于债务人合理分担夫妻共同债务与承担夫妻个人债务。然而，《民法典》婚姻家庭编中的第 1089 条仅有夫妻共同债务清偿的规定。

实际上，自 1950 年《婚姻法》以来，直到《民法典》婚姻家庭编，我国婚姻立法关于夫妻债务清偿的分担模式经历了从二元制走向片面化的立法变迁过程。具体见表 2。

表 2　夫妻债务清偿模式的立法变迁过程

婚姻立法	清偿模式	具体条款	法律内容
1950 年《婚姻法》	二元制	第 24 条	第 24 条　离婚时，原为夫妻共同生活所负担的债务，以共同生活时所得财产偿还；如无共同生活时所得财产或共同生活时所得财产不足清偿时，由男方清偿。男女一方单独所负的债务，由本人偿还。
1980 年《婚姻法》	二元制	第 32 条	第 32 条　离婚时，原为夫妻共同生活所负的债务，以共同财产偿还。如该项财产不足清偿时，由双方协议清偿；协议不成时，由人民法院判决。男女一方单独所负债务，由本人偿还。
2001 年《婚姻法》修正案	片面化	第 41 条	第 41 条　离婚时，原为夫妻共同生活所负的债务，应当共同偿还。共同财产不足清偿的，或财产归各自所有的，由双方协议清偿；协议不成时，由人民法院判决。
2020 年《民法典》婚姻家庭编	片面化	第 1089 条	第 1089 条　离婚时，夫妻共同债务应当共同偿还。共同财产不足清偿或者财产归各自所有的，由双方协议清偿；协议不成的，由人民法院判决。

通过表 2，可见我国婚姻立法关于夫妻债务清偿分担模式的立法演变过程呈现如下几个方面的突出特征。

第一，夫妻共同债务清偿立法态度的一致性。在 70 载的婚姻立法中，历经 1950 年《婚姻法》、1980 年《婚姻法》、2001 年《婚姻法》修正案与《民法典》婚姻家庭编，夫妻双方共同清偿夫妻共同债务的立法态度一以贯之，即夫妻双方共同偿还夫妻共同债务。

第二，以 2001 年《婚姻法》修正案为界，夫妻共同债务清偿责任经历了由财产责任向主体责任的转变。在 2001 年《婚姻法》修正案以前，夫妻共同债务清偿限于财产责任。1950 年《婚姻法》第 24 条规定以“共同生活时所得财产”偿还夫妻共同债务，这就将用以清偿债务的财产严格限制于夫妻双方在婚姻关系存续期间所得财产，也就意味着债权人不得请求债务人以其共同生活以外的其他财产清偿债务。而共同生活以外的其他财产，当然是指夫妻个人财产。这种立法理念的逻辑在于，因夫妻共同债务为夫妻共同生活所负，则由夫妻共同生活期间所得财产清偿。然而，这并不利于债权人。一旦夫妻双方在共同生活期间没有财产或者夫妻双方在共同生活期间所得财产不足以清偿夫妻共同债务时，债权人则无法实现债权或者无法完全实现债权。1980年《婚姻法》第32条规定以“共同财产”偿还夫妻共同债务。根据第13条第1款规定：“夫妻在婚姻关系存续期间所得的财产，归夫妻共同所有，双方另有约定的除外。”这就使得“共同财产”与1950年《婚姻法》第24条的“共同生活时所得财产”的范畴实则相同，只是二者因立法技术而在形式上存在语言表述差异。但是，这一规定具有十分明显的进步意义。一是针对夫妻共同财产不以足清偿夫妻共同债务的情形提供解决方案，无论双方协议清偿，还是人民法院判决清偿，都使得用以清偿夫妻共同债务的财产范围得以扩大。这一立法观念转变的背后隐含着对于债权人利益保障观念的变化。二是《财产分割意见》适应司法实践需要对“共同财产”予以司法解释。根据第2条、第3条、第4条、第5条与第6条的规定，属于夫妻共同财产的范围包括夫妻双方在婚姻关系存续期间的所得财产：一方或者双方劳动所得的收入和购置的财产；一方或者双方继承、受赠的财产；一方或者双方由知识产权取得的经济利益；一方或者双方从事承包、租赁等生产、经营活动的收益；一方或者双方取得的债权；一方或者双方的其他合法所得；在婚姻关系存续期间，复员、转业军人所得的复员费、转业费，结婚时间10年以上的，应当按夫妻共同财产分割；夫妻分居两地分别管理、使用的婚后所得财产；已登记结婚，尚未共同生活，一方或者双方受赠的礼金、礼物；一方婚前个人所有的财产，婚后由双方共同使用、经营、管理的，房屋和其他价值较大的生产资料经过8年，贵重的生活资料经过4年，可视为夫妻共同财产。这一司法解释在当时的《婚姻法》尚未规定夫妻财产范围的情况下，对于处理夫妻共同债务清偿纠纷具有十分重要的积极作用。2001年

《婚姻法》修正案第41条规定债务人"共同偿还"夫妻共同债务。这一立法规定的显著变化，标志着夫妻共同债务清偿由财产责任转化为主体责任。尽管1950年《婚姻法》第24条的"共同生活时所得财产"与1980年《婚姻法》第32条的"共同财产"使得债务人在清偿夫妻共同债务上具有一定的差异性，但是因用以清偿夫妻共同债务的财产范围的有限性，表明债务人对债权人承担有限责任。2001年《婚姻法》修正案第41条规定债务人共同偿还夫妻共同债务，则意味着债务人须对夫妻共同债务承担无限责任。也就是说，债务人用以清偿夫妻共同债务的财产不仅限于夫妻共同财产，而且扩大至夫妻个人财产。换言之，如果债务人没有夫妻共同财产或者夫妻共同财产不足以清偿夫妻共同债务时，须以其个人财产清偿夫妻共同债务。这表明债务人须以其个人财产对夫妻共同债务承担补充连带责任。这一立法变化是立法观念的质的飞跃，更加有利于在最大程度上保障债权人实现债权。综上可见，婚姻法对于夫妻共同债务清偿的立法变化，体现立法保护债权人权益的科学化与完善化的渐进过程。虽然这一立法进程历经半个世纪之久，但是毕竟这是立法的一大进步。尤其是《民法典》婚姻家庭编中的第1089条继承了2001年《婚姻法》修正案第41条的立法精神及其全部内容，再次验证这一立法观念转变的正确性与科学性。

第三，二元制清偿模式的终结。1950年《婚姻法》第24条与1980年《婚姻法》第32条对于夫妻债务清偿皆采二元制清偿模式，但是二者又有不同之处。1950年《婚姻法》第24条明确债务人"无共同生活时所得财产或共同生活时所得财产不足清偿时，由男方清偿"。1980年《婚姻法》第32条则规定"财产不足清偿时，由双方协议清偿；协议不成时，由人民法院判决"。这两种立法差异反映出立法背景与立法理念的不同。1950年《婚姻法》制定之时，妇女刚从封建束缚中解放出来，尤其是当时的妇女缠足者居多，无法外出参加生产劳动，立法倾向于保护处于弱势地位的妇女利益。囿于时代，尽管这种立法安排在一定程度上有悖公平，但是有其一定合理性。1980年《婚姻法》制定之际恰逢改革开放之初，经过30余年的社会发展，基本上实现了男女平等，立法首先授权离婚当事人双方协议解决共同财产不足清偿夫妻共同债务的事宜，体现男女的平等性。2001 年《婚姻法》修正案第 41 条仅规定夫妻共同债务清偿，并未涉及夫妻个人债务清偿问题。这标志着《婚姻法》实施了半个世纪之久的二元制清偿模式至此终结。实际上，2001 年《婚姻法》修正案的专家建议稿第二稿对于夫妻债务清偿采二元制清偿模式。其中，第 64 条规定："夫妻因共同生活、共同经营以及为履行法定扶养义务所负的债务，为共同债务，离婚时，应当以共同财产清偿。如无夫妻共同财产或夫妻共同财产不足清偿，由双方协议清偿；协议不成时，清偿责任由人民法院判决。夫妻一方的个人债务，由本人负责清偿。"[①] 并且，第九届全国人大常委会第十九次会议审议《中华人民共和国婚姻法（修正草案）》时，将 1980 年《婚姻法》第 32 条直接修改为第 41 条，一字未动。[②] 然而，第九届全国人大常委会第二十一次会议通过的《中华人民共和国婚姻法》修正案将第 32 条修改为第 41 条时，却直接删除"男女一方单独所负债务，由本人偿还"的规定，将第 32 条修改为："离婚时，原为夫妻共同生活所负的债务，应当共同偿还。共同财产不足清偿的，或财产归各自所有的，由双方协议清偿；协议不成时，由人民法院判决。"[③] 对此，无论基于何种考量而删除夫妻个人债务清偿的规定，都破坏了夫妻财产制度的体系化与完整性。尽管 1950 年《婚姻法》与 1980 年《婚姻法》并未规定夫妻共同财产与夫妻个人财产的范围，但是就夫妻共同债务与夫妻个人债务清偿作出明确规定，有利于处理夫妻债务清偿纠纷。而 2001 年《婚姻法》修正案明确规定夫妻共同财产与夫妻个人财产的范围，按照夫妻财产制度体系的逻辑对应关系，应该有夫妻共同债务与夫妻个人债务的相关规定。可是，2001 年《婚姻法》修正案仅对夫妻共同债务清偿作出规定，并未规定夫妻个人债

① 王胜明、孙礼海主编：《〈中华人民共和国婚姻法〉修改立法资料选》，法律出版社 2001 年版，第 468 页。

② 王胜明、孙礼海主编：《〈中华人民共和国婚姻法〉修改立法资料选》，法律出版社 2001 年版，第 513 页。

③ 王胜明、孙礼海主编：《〈中华人民共和国婚姻法〉修改立法资料选》，法律出版社 2001 年版，第 543 页。

务清偿。综观我国婚姻立法关于夫妻债务清偿模式的立法变迁，就是夫妻债务清偿的二元制清偿模式走向终结的过程。为了积极应对司法审判中的一些问题,《婚姻法解释（二）》针对 2001 年《婚姻法》修正案的立法不足及时作出解释，在一定程度上弥补了夫妻债务清偿分担的立法不足。然而,《民法典》婚姻家庭编也未采取夫妻债务清偿的二元制清偿模式。由于这种立法选择依然无法因应夫妻债务分担纠纷的司法实践需要，这就十分有必要完善夫妻债务清偿分担模式的立法规定。

三、中外夫妻债务清偿分担模式的客观比较与科学选择

（一）夫妻债务清偿分担模式的客观比较

通过上述对域外民法典和我国《民法典》婚姻家庭编关于夫妻债务清偿分担模式的立法考察可见，域外民法典明确夫妻共同债务与夫妻个人债务的具体负担责任，具有较强的可操作性，可以妥善解决夫妻债务清偿负担纠纷，有利于促进夫妻债务清偿分担的合理性与公平性；我国《民法典》婚姻家庭编仅对离婚时的夫妻共同债务清偿与分别财产制下的夫妻个人债务清偿做出规定，则在一定程度上影响司法实践，容易造成夫妻之间的债务清偿分担纠纷。这种制度设计上的较大差距，反映出立法理念与立法技术的不同，并造成不同立法效果。

然而，法律是调节人们行为的一种社会规范，它为人们的行为提供一个模式、标准和方向，[①]通过规定人们的权利与义务，以权利与义务为机制，影响人们的行为动机，指引人们的行为，调节社会关系。[②]因此，尽管域外民法典和我国《民法典》婚姻家庭编对于夫妻共同债务清偿的共同分担与夫妻个人债务清偿的独立承担在立法设计上各有千秋，但是制度设计与立法效果的差异并不影响二者在立法态度、立法内容与立法价值上的相同性或者趋

① 沈宗灵主编:《法理学》, 北京大学出版社 2009 年版，第 26 页。
② 张文显:《法哲学范畴研究》, 中国政法大学出版社 2001 年版，第 43 页。

同性。

第一，立法态度相同。上述域外民法典均有夫妻债务清偿分担的规定，我国婚姻立法则是通过立法规定及其司法解释对夫妻债务清偿分担予以规定与补充完善。尽管二者的立法路径不尽相同，但是立法态度一致，均为夫妻双方提供一个明确的夫妻债务分担标准，为债务人分担夫妻共同债务与承担夫妻个人债务提供相应法律依据。

第二，立法内容趋同。尽管上述域外民法典与我国《民法典》婚姻家庭编的夫妻债务清偿分担模式存在一定差异，但是二者的立法内容趋于相同。

对于夫妻共同债务清偿，除了少数民法典采混合负担模式外，其他民法典采单一负担模式或者补充负担模式。单一负担模式与补充负担模式皆以夫妻共同财产清偿夫妻共同债务，二者的区别在于是否明确夫妻个人财产对于夫妻共同债务的补充责任。即使混合负担模式下的夫妻共同债务清偿，也至少包含夫妻共同财产。由此可见，以夫妻共同财产清偿夫妻共同债务只是一个合乎情理与法理的基本底线，却并不仅止于此。夫妻个人财产在夫妻共同债务清偿中居于补充责任的位置，除非夫妻共同财产能够满足夫妻共同债务清偿需要，否则婚姻当事人无法逃脱对于夫妻共同债务的补充清偿责任。因此，这些民法典对于夫妻共同债务清偿的负担模式仅是基于不同国情以及在考量婚姻当事人与债权人的利益基础上进行的不同立法设计。

对于夫妻个人债务清偿，大部分民法典采单纯承担模式。这是夫妻个人债务清偿承担模式的主流立法态度。即使个别民法典采复合承担模式，用以清偿个人债务的夫妻共同财产中的份额在本质上也为其个人财产。尽管我国《民法典》婚姻家庭编没有个人债务清偿的一般性规定，但是通过婚姻家庭编相关规定可以推导得出夫妻个人自行负担个人债务的必然结论。一是第 1089 条规定以夫妻共同财产清偿夫妻共同债务，这就暗蕴着夫妻个人财产清偿夫妻个人债务的逻辑，排除以夫妻个人财产清偿夫妻共同债务与以夫妻共同财产清偿夫妻个人债务的可能性。二是根据个人财产立法规定，既然夫妻个人财产归其个人所有，负债一方的配偶并未享用债务所得利益必不负担清偿义务，理当由负债者自行负担债务。否则，对其配偶而言，既不合常理，又有悖公平。

第三，立法价值相同。黑格尔曾说："一个人负有多少义务，就享有多少权利；他享有多少权利，也就负有多少义务。"[①] 也就是说，权利与义务相对应，社会分配给一个人的权利与义务（即一个人所享有的权利与义务）只有相等才是公平的。[②] 透过上述域外民法典和我国《民法典》婚姻家庭编关于夫妻债务清偿分担模式的相关规定，均反映权利与义务相一致原则。凡享有权利者，须负担对等义务。这种立法理念既符合人们的常理性认知，又符合最基本的价值观念，有利于促进夫妻债务清偿分担立法模式的科学性与合理性，以彰显法律之公平价值。

这种在宏观层面与微观层面上所体现出来的相同性或者趋同性，为我国完善夫妻债务清偿分担模式的立法规定提供了有益的借鉴经验。尽管孟德斯鸠认为："为某一国人民而制定的法律应该是非常适合于该国的人民的；所以如果一个国家的法律竟能够适合于另外一个国家的话，那只是非常凑巧的事。"[③] 但是，法律移植一直未曾停止，并且已经成为当代的普遍立法现象。这种拿来主义的作法，一方面可以少走弯路，节约立法成本，将花费降至最低点；另一方面移植国外成功的法律制度，有利于减少法律对社会调整的"时滞"，进而推进先立法后行动的改革战略，使一些法制落后国家逐步摆脱立法落后的情况，节约立法的时间成本。[④] 因此，夫妻债务清偿制度立法应当秉持科学的立法态度，尊重和体现客观规律，遵循和把握立法规律，发扬科学精神，从社会发展的实际情况出发，以问题为导向，有的放矢。同时，应当深入考察研究域外民法典关于夫妻债务清偿的规定，注意学习和吸收其在制度结构和内容设计等立法技术方面的立法经验，避免或者减少不必要的

---

① ［德］黑格尔：《法哲学原理》，范扬、张企泰译，商务印书馆 1961 年版，第 172 ~ 173 页。

② 孙英：《权利义务新探》，载《中国人民大学学报》1996 年第 1 期。

③ ［法］孟德斯鸠：《论法的精神》（上），张雁深译，商务印书馆 1961 年版，第 6 页。

④ 刘传刚、李佳：《法律移植对立法成本的影响》，载《辽宁师范大学学报（社会科学版）》2009 年第 5 期。

制度设计上的缺陷和立法技术上的失误，使法律制度得以科学化与合理化。这就可以使制订出来的法律反映客观规律符合客观实际，增强制度的可操作性，有利于发挥法律效能。

（二）夫妻债务清偿分担模式的科学选择

总体上来看，1950 年《婚姻法》第 24 条、1980 年《婚姻法》第 32 条、2001 年《婚姻法》第 41 条以及《民法典》婚姻家庭编中的第 1089 条之间一脉相承。然而，2001 年《婚姻法》第 41 条与《民法典》婚姻家庭编中的第 1089 条在立法继承中却未采纳夫妻债务清偿的二元制清偿模式。《民法典》婚姻家庭编仅有关于离婚时的夫妻共同债务清偿与分别财产制下的夫妻个人债务清偿各一个条款，恐难妥善处理夫妻债务清偿纠纷。这就需要我国婚姻立法应当根据我国国情与夫妻债务清偿立法现状，借鉴域外民法典关于夫妻债务清偿的立法经验，恢复二元制清偿模式，分别对夫妻共同债务与夫妻个人债务的清偿作出规定，实现夫妻债务清偿制度在体系结构、内容设计、逻辑递进等方面的科学化与合理化。但是，借鉴域外立法经验并非直接移植有关内容，而是合理吸收其科学成分，以保证取得积极的立法效果。

1. 二元制清偿模式的选择意义

夫妻债务清偿立法恢复二元制清偿模式，主要在于它的优势与特点。

第一，明确化。法律既是对社会客观现象的高度抽象，又是对社会现实需求的必要照应。在大多数情况下，法律规定应当明确具体，同社会现象一一对应，指引人们的具体行为，一方面在于鼓励，至少是容许人们从事某种行为，另一方面在于防止人们从事某种行为。① 二元制清偿模式则可以明确夫妻共同债务与夫妻个人债务的具体范围及其清偿界限，合理确定夫妻双方的清偿责任。其中，《意大利民法典》第 186 条与《葡萄牙民法典》第 1695 条第 1 款是关于夫妻共同债务清偿的代表性立法例证，《瑞士民法典》第 202 条与《秘鲁民法典》第 308 条则属于夫妻个人债务清偿的代表性立法

---

① 沈宗灵主编：《法理学》，北京大学出版社 2009 年版，第 75 页。

例证，值得我国《民法典》婚姻家庭编借鉴。

第二，系统化。夫妻债务清偿是夫妻财产制度的一个构成体系，有其相对独立性与完整性。构筑这一制度体系需要基础与核心两个关键要素。其中，所谓基础要素，即决定这一体系的法律事实，它要求婚姻当事人须有负债行为。这是形成制度的基础事实。尽管夫妻共同债务与夫妻个人债务因夫妻身份关系的特殊性而发生牵连，但是因二者性质不同而需要加以严格区分，适用不同清偿规则。所谓核心要素，即支撑这一体系的核心制度。它需要选择科学的夫妻债务清偿模式，并以此建构夫妻债务制度体系。上述域外民法典通过确立二元制清偿模式较好地处理夫妻债务清偿分担问题。在二元制清偿模式下，夫妻债务制度体系至少应当包括夫妻共同债务与夫妻个人债务的具体范围，夫妻债务的清偿模式、清偿原则、负担主体，用以清偿债务的财产来源，婚姻关系存续期间的债务清偿与离婚后的债务清偿，以及夫妻债务清偿的追偿等内容。这些内容构筑夫妻债务制度的基本框架，并使其得以系统化。

第三，科学化。社会的正常运行离不开内在的自我支配与辅之以外在的有效控制。它始终按照自身固有的运行规律运行，并不断地进行自我调适与修正，使其始终合乎运行规律。同时，通过社会运行的外在有效控制，规制不同社会主体的行为，保障彼此各得其所。在现代社会中，法律控制手段作为一种社会控制工具，其任务在于调整各种相互冲突的利益。①它通过为社会成员明确权利和义务以及权利的界限和义务的边际，并用强力去维护人们之间的权利和义务关系，以预防和制止纷争。②对于夫妻债务清偿而言，二元制清偿模式作为夫妻债务纠纷的科学调控手段，它通过对夫妻之间及其同债权人之间的利益衡平，针对夫妻共同债务与夫妻个人债务而分别适用不同的清偿规则，明确二者的具体范围与清偿责任主体，以保护债务人与债权人的正当权益。

① 沈宗灵：《现代西方法理学》，北京大学出版社 1992 年版，第 236 页。

② 张文显：《法哲学范畴研究》，中国政法大学出版社 2001 年版，第 198 ~ 199 页。

2. 二元制清偿模式的立法安排

夫妻债务清偿立法恢复二元制清偿模式，应当着重做好基本立法安排。

第一，规定夫妻个人债务的清偿责任。夫妻债务清偿的二元制清偿模式的内涵包括夫妻共同债务清偿与夫妻个人债务清偿。由于夫妻个人财产制度是夫妻财产制度的重要组成部分，《民法典》婚姻家庭编对于夫妻个人债务的立法缺失，严重影响夫妻个人财产制度与整个夫妻财产制度结构的严谨性与完整性。尤其是缺失夫妻个人债务清偿规定，容易造成夫妻共同债务与夫妻个人债务在负担上的模糊界限，难免产生夫妻债务负担纠纷。因此，恢复二元制清偿模式与明确夫妻个人债务的清偿责任是完善夫妻财产制度的必然要求。但是，在《民法典》婚姻家庭编已对夫妻双方共同清偿共同债务作出规定的情况下，增加夫妻一方清偿个人债务的规定即可。

第二，界分夫妻共同债务与夫妻个人债务的具体范围。这就可以合理、清晰地将二者区分开来，并确定具体的清偿主体，便于夫妻双方了解自己的清偿责任。不过，出于节省立法资源之考虑，也可以仅明确夫妻共同债务范围，然后通过排除法确定夫妻个人债务。

第三，分别建立夫妻共同债务与夫妻个人债务的清偿体系。由于夫妻共同债务与夫妻个人债务的性质不同，二者各自有其制度结构与体系，不宜将二者混在同一条款之中，而是应当予以分别立法，建立各自相对独立的债务清偿体系，适用不同清偿规则。

第四，明确夫妻共同财产不足以清偿夫妻共同债务与夫妻个人财产不足以清偿夫妻个人债务的补充清偿责任。对于夫妻共同财产不足以清偿夫妻共同债务的情况，根据《民法典》婚姻家庭编中的第 1089 条规定，由夫妻双方协议清偿；协议不成时，由人民法院判决。这种首先由婚姻当事人自行协议解决且以婚姻当事人协议不成作为人民法院介入条件的立法态度和基本立场充分体现对其意志与意愿的尊重和保障。然而，人民法院应当缘何而判，第 1089 条并未予以规定。这就使得人民法院陷入徒有裁判权而无具体裁判依据的困窘之中。由于自由裁量权的适当行使与干预程度的准确把握，都必然以保证审判过程与判决结果的公平性为唯一追求。这就要求人民法院在审判过程中，不仅要注意自由裁量权行使的充分性与适当性，而且尚需注意国家对私人生活干预的必要性、正当性、合理性，即除非出于必要而不得干预，并且须有正当干预理由以及合理把握干预程度。如果法律对此作出明确规定，人民法院便可迎刃而解这一困窘。因此，应当将第 1089 条修改为："夫妻双方应当共同清偿夫妻共同债务；没有夫妻共同财产或者夫妻共同财产不足以清偿的，或者财产归各自所有的，由双方协议清偿；协议不成时，由人民法院判决以夫妻个人财产补充清偿夫妻共同债务或者剩余部分夫妻共同债务，且双方负担连带责任。"这一修改内容包含共同财产制与分别财产制下婚姻关系存续期间与离婚后的债务清偿，明确补充清偿责任的债务范围、补充清偿的责任财产来源、夫妻双方的责任形式，以及自行协议与人民法院判决的解决方式。这就保障夫妻共同债务清偿制度的完整性，为婚姻当事人与人民法院处理夫妻共同财产不足清偿夫妻共同债务的问题提供了明确的法律依据，有利于妥善解决相关纠纷。对于夫妻个人财产不足清偿夫妻个人债务的情况，须根据具体情况而定。在离婚情况下，由于夫妻共同财产已经分割完毕，一旦夫妻个人财产不足清偿个人债务的，只得由其个人负债清偿，不存在补充清偿问题。在婚姻关系存续期间，需要谨慎对待。除非经其配偶同意，不宜以夫妻个人在夫妻共同财产中享有的财产份额补充清偿个人债务。即使经其配偶同意，也应当予以适当限制，夫妻个人用以清偿个人债务的夫妻共同财产不能超过夫妻共同财产总额的一半。这在一定程度上防止夫妻一方随意举债，以利于婚姻家庭的存续与稳定。

第三节　夫妻债务清偿分担模式的责任类型

夫妻债务清偿分担模式因清偿主体身份不同而使其内部结构有自行清偿与继受清偿两种责任类型。其中，自行清偿由债务人自己负担清偿，属于本原责任；继受清偿由债务人的继承人负担清偿，属于衍生责任。

一、自行清偿

（一）自行清偿的含义简析

自行清偿，是指由债务人自己清偿夫妻共同债务或者夫妻个人债务的行为。

自行清偿发生于清偿主体生存期间。夫妻共同债务或者夫妻个人债务一经成立，无论婚姻关系是否解除，债务人皆须自行负担清偿责任。如果债务人死亡后，债权人从其遗产中直接获得清偿的，应当属于债务人自行清偿。

一般而言，夫妻共同债务由夫妻双方以共同财产清偿或者由离婚后的债务人共同清偿，夫妻个人债务由负债的夫妻一方独自清偿。然而，也不乏由债务人一方独自清偿夫妻共同债务或者有的婚姻当事人出于家庭稳定考虑或者顾念夫妻情分而帮助负债的配偶清偿个人债务的现象。例如，夫妻双方在离婚时协议由一方负担清偿夫妻共同债务，或者离婚后的债务人出于对夫妻共同债务的连带清偿责任而应债权人要求清偿全部夫妻共同债务。

（二）自行清偿的基本类型

基于不同视角，自行清偿有不同分类。

1. 自行清偿夫妻共同债务与自行清偿夫妻个人债务

根据清偿对象不同，自行清偿夫妻债务包括自行清偿夫妻共同债务与自行清偿夫妻个人债务。前者是指夫妻双方以夫妻共同财产清偿夫妻共同债务的行为，后者是指负债的夫妻一方以其个人财产清偿个人债务的行为。

二者主要在清偿主体、负债原因、具体责任等几个方面存在区别。相关内容在前文均有所涉及，这里不再赘述。

2. 本人清偿与他人清偿

根据清偿主体不同，自行清偿夫妻债务包括本人清偿与他人清偿。前者是指夫妻双方以其共同财产清偿夫妻共同债务或者负债的夫妻一方以其个人财产清偿个人债务。后者是指第三人基于正当事由而为夫妻双方清偿夫妻共同债务或者为负债的夫妻一方清偿个人债务。

他人清偿又因第三人的清偿原因不同而有担保清偿与代为清偿之分。其中，担保清偿，是指担保人为夫妻共同债务或者夫妻个人债务提供担保，在债务人于清偿期限届满不能清偿或者不清偿债务时，而为债务人清偿债务。代为清偿，是指第三人代替夫妻双方或者一方清偿夫妻共同债务或者夫妻个人债务。

二者存在以下几个方面的主要区别：

第一，主体身份不同。债务人是债务的直接承担者，以其自己名义清偿债务。夫妻共同债务的清偿者为夫妻双方，夫妻个人债务的清偿者为负债的夫妻一方。担保人因担保责任而与债务清偿有一定牵连。但是，因其不是债之关系当事人，须以债务人名义清偿债务。代为清偿人是债之关系以外的第三人，与债务没有任何牵连，只是愿意替债务人清偿债务，并且只能以债务人名义清偿债务。

第二，清偿原因不同。债务人负债在于满足夫妻共同生活需要或者个人生活需要。担保人因其为债务人提供担保而履行担保责任。代为清偿人则基于情谊行为或者为了节约交易成本等原因而替债务人清偿债务。

第三，责任方式不同。债务人对夫妻共同债务负担共同清偿责任与补充连带责任，对夫妻个人债务独立承担清偿责任并负无限责任。担保人根据其与债权人约定或者依据有关法律规定承担相应清偿责任。代为清偿人以其承诺的清偿份额为限。

（三）自行清偿的主要特点

基于夫妻共同债务与夫妻个人债务之间的非此即彼关系，明确其一即可。这里仅探讨夫妻共同债务清偿的主要特点。

1. 债务产生的关联性

所谓债务产生的关联性，即夫妻共同债务须与夫妻共同生活具有一定关联，基于夫妻双方共同意思表示或者夫妻一方的日常家事代理权而负债。否则，属于夫妻一方的个人债务。

2. 债务清偿的共同性

所谓清偿责任的共同性，即夫妻双方共同负担清偿夫妻共同债务。法律授予人们一定的权利，亦同时为其设定相应的义务。并且，权利和义务是对等的，义务的存在是权利存在的前提，权利人享受权利必须履行义务。[①] 对于夫妻双方来说，既然共享夫妻共同债务所得利益，那么就应当共担夫妻共同债务清偿责任。

3. 债务连带的必要性

所谓债务连带的必要性，即夫妻双方须对夫妻共同债务负担连带清偿责任。为了保障债权人利益，尤其是为了防止夫妻双方假借离婚之名恶意串通将全部财产归于夫妻一方而将全部债务留给另一方以图逃避债务，或者夫妻双方并未恶意串通而其中一方无正当理由拒不清偿夫妻共同债务，《民法典》婚姻家庭编中的第 1089 条要求夫妻双方在离婚时共同偿还夫妻共同债务，并负担连带清偿责任。根据《民法典》总则编中的第 178 条第 1 款规定："二人以上依法承担连带责任的，权利人有权请求部分或者全部连带责任人承担责任。"因此，无论债务人选择协议离婚或者诉讼离婚，双方对于夫妻共同债务的连带清偿责任，并不受离婚时双方协议各自负担债务数额或者人民法院判定双方负担债务数额的限制。也就是说，双方之间对共同债务的份额承担不得对抗债权人向任何一方或者双方主张部分或者全部债权请求。[②]

---

① 王文东：《论权利和义务关系的对等性和非对等性》，载《首都师范大学学报（社会科学版）》2007 年第 5 期。

② 王文信：《婚姻法不宜设定以夫妻共同财产清偿共同债务》，载《河南社会科学》2004 年第 6 期。

二、继受清偿

（一）继受清偿之基本含义

继受清偿，是指债务人死亡后，由继承人继续清偿债务人尚未清偿的债务或者尚未清偿完毕的剩余部分债务。

它有以下几个方面含义：

第一，债务人死亡。这是继受清偿的发生原因。继承基于客观法律事实而发生，只有当被继承人不能成为自己财产的权利主体时才能开始。[①]这一客观法律事实即为被继承人死亡。自然人死亡之后，尚留有财产，法律就必然为这项财产确定新的所有权人，将该财产转移给新的所有权人。[②]此即为继承。罗马法上关于“无论何人不能成为生存者之继承人”的原则已为现代各国继承法所接受。例如，《法国民法典》第718条规定：继承，因自然人死亡以及民事上的死亡而开始。《德国民法典》第1922条第1款规定：在某人死亡（继承开始）时，其财产（遗产）作为总体转移给一个或两个以上的他人（继承人）。《瑞士民法典》第537条规定：继承，自被继承人死亡时开始。《秘鲁民法典》第660条规定：自某人死亡之时起，构成其遗产的财产、权利与义务移转至其继承人。我国《民法典》继承编中的第1121条第1款规定：继承从被继承人死亡时开始。因此，只有生前负有债务清偿义务的被继承人死亡，才能为继受清偿提供条件，使其成为一种可能。

死亡包括生理死亡与宣告死亡，应当确定不同形式死亡的具体死亡时间。根据《民法典》总则编中的第15条规定，自然人的死亡时间，以死亡证明记载的时间为准；没有死亡证明的，以户籍登记或者其他有效身份登记记载的时间为准。有其他证据足以推翻以上记载时间的，以该证据证明的时间为准。第48条规定，被宣告死亡的人，人民法院宣告死亡的判决作出之日视为其死亡的日期。合理确定债务人的死亡时间，意在合理判断继承人为

① 刘文：《继承法比较研究》，中国人民公安大学出版社2004版，第321页。
② 刘文：《继承法比较研究》，中国人民公安大学出版社2004版，第3页。

其清偿债务的行为性质，以便于适用不同的清偿规则。

第二，债务人遗留债务。这是继受清偿的前提条件。被继承人生前负有债务，尚未来得及清偿债务或者尚未清偿完毕债务便已死亡。然而，债务并不消灭。债务人死亡时遗留的夫妻共同债务或者夫妻个人债务，既可能是尚未清偿的全部债务，又可能是尚未清偿完毕的剩余部分债务。需要注意的是，这些债务只能是财产性债务，人身性债务不发生继受清偿。例如，知名画家生前与他人签订创作美术作品的协议，则无法继受清偿。但是，被继承人生前已经预收他人报酬的，或者被继承人生前造成他人其他损失的，继承人应当予以退还报酬或者赔偿损失。这就需要继承人合理判断财产性债务与人身性债务。并且，继承人应当核实债务的真实性、合法性与时效性。对此，债权人须负举证责任。否则，继承人不予清偿。

第三，继承人承受债务。这是继受清偿的决定因素。继受清偿取决于债权人是否免除债务与继承人是否继承遗产或者是否愿意清偿债务。

对于债权人而言，根据《民法典》合同编中的第 557 条第 1 款第（4）项规定，债权人免除债务是终止债权债务关系的情形之一。它在实质上是债权人放弃债权。免除成立后，债之关系终止，债权消灭，债务人不再负担被免除的债务。在通常情况下，免除债务是债权人的积极行为，具有主动性。有时候，债权人也会出于一些被动原因而不得不放弃债权。例如，自然人债务人因不治之症导致倾家荡产且无其他经济来源，或者债权人并不积极行使债权请求权而致诉讼时效经过。然而，无论如何，债权人须向债务人明确做出免除债务的意思表示。否则，债务人须积极清偿债务。

对于债务人而言，一旦继承遗产，则继受清偿成立而成为新的债务人，继续向债权人清偿遗产债务。继承人愿意清偿债务包括继承人继承遗产而依法清偿遗产债务与继承人未继承遗产而自愿清偿遗产债务。对于前者，继承人基于限定继承原则，按照《民法典》继承编中的 1161 条第 1 款前段规定在其所得遗产实际价值内继受清偿遗产债务。就其本质而言，这种情形的继受清偿因继承而使原本由被继承人负担清偿的债务移转给继承人。并且，这种债务移转具有法定性与强制性，不以继承人意志为转移。只要继承人继承遗产，就必然继受债务清偿责任。对于后者，因继承人是否放弃继承而不同。继承人未放弃继承的，根据第 1161 条第 1 款后段规定，继承人自愿清偿超过遗产实际价值部分的遗产债务，法律不予限制。继承人放弃继承的，根据第 1161 条第 2 款规定，可以对遗产债务不负清偿责任。这表明法律对于继承人自愿清偿超过遗产实际价值部分的遗产债务或者继承人放弃继承而自愿清偿遗产债务的清偿行为，既不禁止也不鼓励，完全源于其真实意思表示的自行决定。一般情况下，自愿清偿多出于继承人主动为之，为其单方民事行为，一旦其对债权人作出清偿遗产债务的单方允诺，依其个人意志即可发生法律效果。但是，继承人经债权人与之协商而愿意清偿遗产债务，属于双方民事行为，必须经过双方合意。

从外观上来看，继受清偿是债务清偿主体发生变化，由原来的债务人换成其继承人。在债之内容没有发生任何变化的情况下，继承人继受被继承人作为债务人的法律地位，以其本人名义清偿遗产债务。究其本质，这是源于继承人在分割遗产时，应当通知债权人参与遗产分割，优先从遗产中清偿债务。如果继承人并未通知债权人而迳行分割遗产的，在外观上表现为遗产债务未获得清偿，实际上是继承人分割了原本属于债权人从遗产中获得受偿的财产，侵害了债权人的合法权益，须在其获得遗产后而以其个人财产清偿债务。

（二）继受清偿之法律特征

我国《民法典》婚姻家庭编与域外民法典均无继受清偿的规定。继承法律制度关于遗产债务的规定为继受清偿提供了法律依据。例如，《法国民法典》第 870 条规定：共同继承人按照各自受领的遗产的比例，分担清偿遗产上的债务与负担。《德国民法典》[①] 第 1967 条第（1）项规定：继承人对遗产债务负责任。《日本民法典》第 899 条规定：各共同继承人按其应继承份额承继被继承人的权利与义务。《意大利民法典》第 752 条规定：共同继承人

---

① 本书关于《德国民法典》的规定均来自陈卫佐译注：《德国民法典》，法律出版社 2015 年版。

按照各自继承的遗产份额分担遗产债务与负担。《葡萄牙民法典》第2074条第2款规定：继承人作为遗产债务人所欠之金钱数额，应计入其继承份额内。《巴西民法典》第1997条规定：遗产对死者的债务承担责任；但在进行分割后，每个继承人都按自己从遗产中获得的份额的比例对此承担责任。《秘鲁民法典》第871条规定：遗产未分割的，被继承人之债务的清偿义务由遗产承受；但遗产已分割的，则各继承人按其继承份额之比例对债务负责。我国《民法典》继承编中的第1159条规定：分割遗产，应当清偿被继承人依法应当缴纳的税款和债务；第1161条第1款前段规定：继承人以所得遗产实际价值为限清偿被继承人依法应当缴纳的税款和债务。综观这些立法规定，具有如下共同特点：

第一，身份性，即继受清偿主体均为继承人。继承建立在人身关系基础之上，亲属身份是其来源。各国立法都将继承人限于一定的亲属范围之内。根据《法国民法典》第731条规定，继承人包括子女与直系卑血亲；直系尊血亲；旁系血亲；健在配偶。根据《德国民法典》第1924条、第1925条、第1926条、第1928条与第1931条的规定，继承人包括晚辈直系血亲、父母及其晚辈直系血亲、祖父母与外祖父母及其晚辈直系血亲、祖父母与外祖父母的父母及其晚辈直系血亲、生存配偶。根据《日本民法典》第887条、第889条与第890条规定，继承人包括子女、直系尊亲属、兄弟姐妹与配偶。根据《瑞士民法典》第457条、第458条、第459条、第460条与第462条规定，继承人包括直系卑亲属、父母、祖父母及其直系卑亲属、配偶与登记的同性伴侣。根据《葡萄牙民法典》第2133条第1款规定，继承人包括配偶、直系血亲卑亲属、直系血亲尊亲属、兄弟姐妹以及四亲等内之其他旁系血亲。根据《巴西民法典》第1845条规定，直系卑血亲、直系尊血亲和配偶为必要继承人。根据我国《民法典》继承编中的第1127条、第1128条与第1129条规定，继承人包括配偶、子女、父母、兄弟姐妹及其子女、祖父母、外祖父母，孙子女、外孙子女、对公婆与岳父母尽了主要赡养义务的丧偶儿媳与丧偶女婿。由这些规定可见，尽管继承人范围大小不一，但是各国关于近亲属继承人范围的规定基本相同，均包括配偶、子女、父母、兄弟姐妹以及祖父母、外祖父母与孙子女、外孙子女等近亲属。这表明继受清偿以特定身份关系为限，继受清偿人须与被继承人存在一定的亲属身份关系。

第二，条件性，即继受清偿以继承遗产为前提。债权人实现债权离不开债务人的积极配合。债务人须为或者不为特定行为以满足债权人请求。然而，一旦债务人在清偿期限到来之前或者清偿期限届满尚未来得及清偿债务就死亡的，因作为法律关系主体一方消亡而缺乏可以承受权利义务的相对人，以致债权人陷入实现债权窘境。与此同时，债务人的遗产转由其继承人继承。为了保障债权人权益，根据权利与义务相一致原则，继承人须负担因享有继承权而产生的相应义务。因此，这些法律均规定继承人须在其继承遗产范围内负担继续清偿债务的责任。

第三，自愿性，即继受清偿须出于继承人自愿。继承人接受继承是单方意思自治行为，其可以根据自己意愿选择决定接受继承还是放弃继承。域外的一些民法典以及我国《民法典》继承编都有继承人放弃继承的规定。例如，《德国民法典》第2346条第1款规定：被继承人的血亲以及配偶可以与被继承人订立合同，抛弃他们的法定继承权。抛弃继承权的人被排除在法定继承之外。《瑞士民法典》第566条第1款规定：法定继承人和指定继承人有权拒绝继承。《西班牙民法典》第992条第1款规定：可以对所有可自由支配的遗产作出拒绝或接受继承的决定。《秘鲁民法典》第674条规定：可自由处分财产之人，可以抛弃遗产和遗赠。《智利民法典》第1225条第1款规定：所有受分配人可自由接受或抛弃继承。我国《民法典》继承编中的第1124条第1款规定：继承开始后，继承人放弃继承的，应当在遗产处理前，以书面形式作出放弃继承的表示；没有表示的，视为接受继承。根据这些规定，继承人明确放弃继承遗产的，可以对遗产债务不负清偿责任，任何他人均不得强迫继承人继受清偿夫妻债务。但是，这里需要特别指出的是，这一特征仅适用于一般情形下的继受清偿。对于继承人自愿清偿超过遗产实际价值部分的遗产债务或者继承人放弃继承而自愿清偿遗产债务的特殊情形，因其未获得遗产对价而清偿债务，则不适用这一条件。

第四，有限性，即继受清偿均以继承遗产为限。现代各国继承立法采限定继承主义，即继承人对被继承人的遗产债务的清偿只以遗产的实际价值为限，超过遗产实际价值部分，继承人不负清偿责任。[①]也就是说，继承人仅在所得遗产实际价值范围内负担有限清偿责任。法国、日本、意大利、葡萄牙、巴西、秘鲁等国民法典以及我国《民法典》继承编均明确规定继受清偿只需在继承遗产份额的范围内清偿。这种兼顾债权人与债务人利益的立法规定，充分体现法律的公平价值，有利于解决被继承人死亡之后的债务清偿问题。但是，对于超过遗产实际价值的部分债务，如果继承人自愿清偿的，法律既不应禁止，也不可强制。并且，亦应当负担有限清偿责任。但是，这里需要特别指出的是，这一特征仅适用于一般情形下的继受清偿。对于继承人自愿清偿超过遗产实际价值部分的遗产债务或者继承人放弃继承而自愿清偿遗产债务的特殊情形，因其未获得遗产对价而清偿债务，则不适用这一条件。

然而，域外民法典与我国《民法典》婚姻家庭编仅是关注到债务人生存期间的夫妻债务清偿问题，对于债务人死亡之后的债务清偿问题应当如何处理，均未予以立法规定。我们并不否认，虽然婚姻法律制度与继承法律制度在法律视域、清偿路径、适用规则等方面均不相同，但是因继承人所清偿的遗产债务为同一债务——夫妻共同债务或者夫妻个人债务，通过遗产债务制度可以将这一问题从婚姻立法的困窘中解放出来，实现殊途同归之效果。可是，由于夫妻债务清偿制度是整个夫妻财产制度中相对独立的重要组成部分，则使得夫妻债务清偿主体死亡之后的债务清偿问题构成夫妻债务清偿制度必不可少的内容之一。这就需要婚姻立法在设计夫妻债务清偿制度时，应当保障该制度的科学性、系统性与完整性，避免出现立法疏漏。即使在继承立法已经明确规定继承人清偿遗产债务的情况下，婚姻立法不宜重复立法，也应当通过立法技术上的适当处理使二者实现立法接驳，尤其是《民法典》更应当注意其整个制度在逻辑结构上的科学性与合理性。具体而言，日后

① 郭明瑞、房绍坤：《继承法》，法律出版社 2014 年版，第 202 页。

的《民法典》婚姻家庭编可以通过“夫妻一方或者双方死亡后，其所遗留的债务由其继承人在其获得的遗产实际价值内清偿，具体适用继承编的有关规定”之类的立法指引条款实现同继承编的立法接驳，为继受清偿夫妻债务提供法律依据，以保障夫妻债务清偿制度的科学化与完善化。

（三）继受清偿之主要分类

基于不同视角，可对继受清偿进行不同分类。

1. 继承继受清偿与自愿继受清偿

根据继受清偿人对于继受清偿态度不同，可以将继受清偿分为继承继受清偿与自愿继受清偿。

（1）继承继受清偿，是指继承人因继承遗产而继受清偿被继承人所遗留的债务。《民法典》继承编中的第1126条规定：“继承权男女平等。”每一位符合继承法律规定的继承人都有权依此规定继承遗产。同时，继承人必须按照《民法典》继承编中的第1159条与第1161条规定，在其所得遗产实际价值内清偿遗产债务。

（2）自愿继受清偿，是指继承人在未继承遗产的情况下自愿清偿被继承人所遗留的债务。自愿继受清偿包括三种情形：一是未放弃继承的继承人自愿清偿超过遗产实际价值的部分债务；二是放弃继承的继承人出于维护被继承人名誉等原因而清偿其所遗留债务；三是被继承人没有留下任何遗产，无论继承人放弃继承与否，均主动清偿其所遗留债务。

二者具有以下几个方面的主要区别：

第一，继受原因不同。继承继受清偿以继受人继承遗产为前提，根据《民法典》继承编中的第1161条第1款前段规定在其所得遗产实际价值内清偿遗产债务。它具有法定性与强制性，不继承遗产者，无须清偿遗产债务。自愿继受清偿不以继承遗产为前提，而是继承人自愿、主动地为被继承人清偿其所遗留的债务。它具有道德性与自主性。无论属于自愿继受清偿的哪一种具体情形，纯属继承人自觉行为。《民法典》继承编中的第1161条第1款后段对于继承人自愿偿还超过遗产实际价值部分的遗产债务不予限制的规定表明继承立法对于自愿继受清偿的基本态度，将自愿继受清偿的选择权赋予继承人，由其自行决定。

第二，法律性质不同。继承继受清偿基于权利与义务的对等性，继承人继承遗产，须履行相应义务。它是继承人的法定义务。如果继承人仅享有遗产利益而不清偿遗产债务，则侵害债权人合法权益，债权人可以向其请求清偿。在某种意义上，遗产债务是继承人享有继承权利的对价。自愿继受清偿则不然，不具有义务性，纯属继承人自愿行为。在继承人向债权人作出清偿遗产债务的允诺之前，债权人不得向继承人请求清偿。

第三，清偿数额不同。继承继受清偿的债务数额仅以继承人所得实际遗产价值为限，超过部分可以不予清偿。自愿继受清偿的债务数额以被继承人所遗留的债务为极限，继承人在此范围内愿意清偿多少或者能够清偿多少，完全由其根据自己的经济负担能力自行确定具体债务数额，法律和债权人都不得对其提出任何苛责要求。

2. 法定继受清偿与遗嘱继受清偿

继承继受清偿根据继承人继承遗产路径不同，可以将继受清偿分为法定继受清偿与遗嘱继受清偿。这是最基本、最重要的分类。

（1）法定继受清偿，是指在被继承人未立遗嘱或者遗嘱无效的情况下，继承人根据法律规定继承遗产而继受清偿被继承人所遗留的债务。

被继承人生前未立遗嘱，法律推定被继承人愿意将自己的遗产由其继承人继承。遗嘱无效则因失去有效法律文件而无法实现遗嘱继承。法定继承是依照法律规定将遗产直接转移给继承人，与被继承人意志无关，它直接体现国家意志。这就使得法定继受清偿具有干预性、客观性与明确性等特点。

（2）遗嘱继受清偿，是指在被继承人立有遗嘱的情况下，继承人根据遗嘱继承遗产而继受清偿被继承人所遗留的债务。

遗嘱是被继承人基于意思自治自由处分自己财产的意思表示，分配遗产取决于被继承人意志。并且，被继承人在其死亡之前，很少公布遗嘱内容。

这就使得遗嘱继受清偿具有自治性、主观性与私密性的特点。

二者具有以下几个方面的主要区别：

第一，继受依据不同。法定继受清偿的依据为法律规定。遗嘱继受清偿的依据为遗嘱。

第二，继受主体不同。在法定继受清偿中，通常情况下，只要不存在放弃继承或者丧失继承权的情形，各继承人均有权根据法定继承的相关规定继承遗产并清偿遗产债务。在遗嘱继受清偿中，如果被继承人仅将其遗产分配给部分继承人，其他继承人则不能继承遗产，也就无法继受清偿遗产债务。

第三，继受份额不同。在法定继受清偿中，根据《民法典》继承编中的第1130条第1款规定："同一顺序继承人继承遗产的份额，一般应当均等。"因此，基于限定继承之原则，除各继承人协议不均等负担债务份额外，在一般情况下，继承人继受清偿的债务份额也必然均等。在遗嘱继受清偿中，除非被继承人在遗嘱中平均分配遗产，否则各继承人按照遗嘱所确定的遗产份额而继受清偿债务份额并不相等。

3. 本位继受清偿与代位继受清偿

根据继承人继承地位不同，可以将继受清偿分为本位继受清偿与代位继受清偿。

（1）本位继受清偿，是指继承人基于自己的继承顺序直接继承被继承人的遗产并继受清偿被继承人所遗留的债务。根据《民法典》继承编中的第1127条与第1129条规定，配偶、子女、父母、对公婆与岳父母尽了主要赡养义务的丧偶儿媳与丧偶女婿、兄弟姐妹、祖父母、外祖父母按照自己的继承顺序继承遗产并继受清偿遗产债务。因继承人与被继承人之间并不存在影响继承人能否继承的因素，故可以将本位继受清偿称为直接继受清偿。

（2）代位继受清偿，是指继承人的直系晚辈血亲在其死亡后取代其继承地位继承遗产并继受清偿被继承人所遗留的债务。《民法典》继承编中的第1128条第1款、第2款规定："被继承人的子女先于被继承人死亡的，由被继承人的子女的直系晚辈血亲代位继承。被继承人的兄弟姐妹先于被继承人死亡的，由被继承人的兄弟姐妹的子女代位继承。”根据这一规定，代位继承包括直系晚辈血亲代位继承与旁系晚辈血亲代位继承，可简称为直系代位继承与旁系代位继承。在代位继承中，存在连接被继承人与代位继承人的直系血亲或者旁系血亲，即被代位继承人。直系代位继承中的被继承人同其直系晚辈血亲之间属于近亲属，但是二者并非最近的近亲属，连接被继承人与代位继承人的直系血亲（被代位继承人）须同时为被继承人的子女和代位继承人的父母。并且，直系代位继承不受晚辈直系血亲的代数限制。旁系代位继承的被继承人同其旁系晚辈血亲之间属于其他亲属，并非近亲属，连接被继承人与代位继承人的旁系血亲（被代位继承人）须同时为被继承人的兄弟姐妹和代位继承人的父母。然而，旁系代位继承仅限于被继承人的兄弟姐妹的子女。由于代位继承以被代位继承人先于被继承人死亡为条件，这就使得代位继承人与被继承人之间存在一个连接因子，即被代位继承人，以致其成为代位继承人能否继承的决定性因素，故可以将代位继受清偿称为间接继受清偿。

二者具有以下几个方面的主要区别：

第一，继受前提不同。本位继受清偿以被继承人死亡为前提。代位继受清偿以被代位继承人先于被继承人死亡为前提。

第二，继受路径不同。本位继受清偿既可以发生在法定继承中，也可以发生在遗嘱继承中。代位继受清偿只能发生在法定继承中。

第三，继受顺位不同。在本位继受清偿中，凡是符合继承法律规定的第一顺序继承人或者第二顺序继承人皆可继承遗产并继受清偿遗产债务。本位继承人处于在先继承顺序，继受清偿顺位也随之在先。在代位继受清偿中，只有在本位继承人缺位时，才能由被继承人的直系晚辈卑亲属或者旁系晚辈血亲取代本位继承人而代位继承遗产并清偿遗产债务。代位继承人处于在后继承顺序，继受清偿顺位也随之在后。

第四，继受份额不同。在本位继受清偿中，只有一个继承人的，继受清偿的债务份额为被继承人遗留的全部债务；有数位继承人的，各继承人共同分割被继承人遗留的全部债务。在代位继受清偿中，只有一个继承人的，继受清偿的债务份额为被代位继承人应当继受清偿的债务份额；有数位继承人的，各继承人共同分割被代位继承人应当继受清偿的债务份额。

4. 共同继受清偿与单独继受清偿

根据继受清偿人数多寡不同，可以将继受清偿分为共同继受清偿与单独继受清偿。

（1）共同继受清偿，是指由数位继承人共同继受清偿债务。根据《民法典》继承编中的第 1127 条、第 1128 条与第 1129 条规定，配偶、子女、父母、对公婆与岳父母尽了主要赡养义务的丧偶儿媳与女婿作为第一顺序继承人，兄弟姐妹、祖父母与外祖父母为第二顺序继承人，孙子女与外孙子女、兄弟姐妹的子女为代位继承人。无论哪一继承顺序的继承人参与继承，因处于同一继承顺序的继承人较多，在通常情况下，多为数位继承人共同继承遗产并继受清偿遗产债务。

（2）单独继受清偿，是指只有一个继承人继受清偿债务。单独继受清偿包括两种情形：一是被继承人仅有唯一继承人；二是尽管被继承人有多个继承人，但是因其他继承人放弃继承或者丧失继承权，或者遗嘱人仅指定一个继承人继承遗产，以致只有一个继承人继承遗产。

二者具有以下几个方面的主要区别：

第一，继受关系复杂程度不同。在共同继受清偿中，无论法定继承，还是遗嘱继承，因继承人较多，遗产分割与继受清偿债务较为复杂，容易发生继承纠纷。在单独继受清偿中，继承关系简单，则鲜有继承纠纷。

第二，负担遗产债务份额不同。在共同继受清偿中，共同继承遗产的数位继承人各承担部分遗产债务。在单独继受清偿中，继承人自己负担清偿全部遗产债务。

第三，具体继受清偿责任不同。在共同继受清偿中，数位继承人对遗产债务负担共同清偿责任。对此，各国继承立法主要有三种立法例：一是按份责任主义，即各共同继承人对遗产债务就自己的应继份承担清偿责任。法国、日本、秘鲁、巴西等国民法典采此立法例。具体见前述《法国民法典》

第870条、《日本民法典》第899条、《秘鲁民法典》第871条、《巴西民法典》第1997条等规定。二是连带责任主义，即遗产无论分割与否，各共同继承人对遗产债务均应当承担连带责任。德国、瑞士、奥地利等国民法典采此立法例。例如，《德国民法典》第2058条规定：继承人作为连带债务人对共同的遗产债务负责任。《瑞士民法典》第639条规定：对于遗产上的债务，在遗产分割后，共同继承人应当以其全部财产对债务之清偿承担连带责任。三是折中主义，即在遗产未分割以前，各共同继承人对遗产债务承担连带责任；在遗产分割以后，各共同继承人对遗产债务承担按份责任。葡萄牙、荷兰等国民法典采此立法例。例如，根据《葡萄牙民法典》第297条与第298条第（1）项规定，未分割遗产中之财产，须共同承担遗产之负担之支付。遗产分割后，各继承人仅按其从遗产中所得份额之比例承担有关负担。我国《民法典》继承编没有明确各共同继承人对遗产债务应当承担何种责任，但是因继承人共同继承的遗产系共同共有，各共同继承人对遗产债务应当承担连带责任。然而，在共同继受清偿中，由于各共同继承人在其内部根据所继承遗产的实际价值分割债务，每人仅负担其中一部分，故也可以称为部分责任。在单独继受清偿中，继承人独自负担清偿全部遗产债务，故也可以称为全部责任。

（四）继受清偿之合理甄别

继受清偿以继受债务清偿责任为核心，需要将其同代为清偿、债务承担区别开来。由于自愿继受清偿较为少见，这里仅探讨继承继受清偿同代为清偿、债务承担的区别。下面的继受清偿即指继承继受清偿。

1. 继受清偿同代为清偿的区别

根据债之相对性原则，债的当事人相互享有请求履行权，债务人须应债权人请求而亲自向其清偿债务。然而，在特殊情况下，可以由第三人代替债务人清偿债务。基于债务人与第三人在债之关系中的不同法律地位，理论上将第三人代替债务人清偿债务的行为称之为第三人清偿，又称为代为清偿或者第三人代为履行。[①] 所谓代为清偿，即第三人在其未与债权人、债务人达成债务移转协议的情况下，自愿代替债务人履行债务的行为。

继受清偿与代为清偿都具有消灭债之关系的法律效果。但是，二者存在较大差异。

（1）发生原因不同。继受清偿源于继承人继承遗产，属唯一清偿原因。代为清偿则因第三人不同而有多种原因。例如，第三人基于亲属关系或者出于情谊行为替债务人清偿债务，以帮助其渡过难关；或者第三人为债务人的债务人，为了节省交易成本，经各方协商一致，而由第三人直接向其债权人的债权人清偿债务；还可以是第三人与债务人进行某项交易而以此作为对价，等等。只要法律不予禁止的行为，都可以成为代为清偿的合法理由。

（2）主体地位不同。在继受清偿中，继承人因继承遗产而取代被继承人的债务人地位，成为新的债务人，债权人可以向其直接主张债权。在代为清偿中，第三人不是债之关系主体，债务人的法律地位并未因第三人清偿而发生改变。由于第三人同债权人之间不存在权利与义务关系，债权人不能向第三人直接主张债权。即使第三人向债权人作出代替债务人清偿债务的允诺，债权人也不得提出履行请求或者提起相关诉讼。

（3）行为性质不同。继受清偿的继承人根据继承法律规定继承遗产，须在遗产实际价值内清偿遗产债务，此为继承人的法定义务。由于法律并未禁止继承人不清偿遗产债务就不可以继承遗产，为了保护债权人的合法权益，法律允许债权人可以通过诉讼向继承人主张债权。并且，债权人还可以要求继承人赔偿因其不清偿遗产债务而为债权人造成的财产损失。代为清偿属于第三人的自愿行为，完全取决于本人的意思自治，由其自行决定，法律对此既不禁止又不强制，故不属于法定义务。由于第三人不是债的当事人，不受债之关系约束，如果第三人在向债权人作出代替债务人清偿债务的允诺之后，除非双方约定因第三人未履行或者履行不当而向债权人承担违约责任的，债权人不能因第三人未履行或者履行不当而要求第三人承担违约责任，

① 王利明、崔建远：《合同法新论·总则》，中国政法大学出版社 2000 年版，第 546 页。

只能要求债务人承担违约责任。

（4）清偿名义不同。继受清偿的被继承人死亡之后，其既无法向债权人清偿债务，又不能与继承人达成债务移转协议，法律为了保护债权人利益，通过创设遗产债务制度而将被继承人债务移转给继承人负担。这种债务转移并非基于当事人意愿，而是根据法律规定。继承人继承遗产之后，取代被继承人的债务人地位而成为新的债务人，以其自己名义清偿继受债务。代为清偿则是第三人代替债务人清偿债务，并不介入债之关系，债之主体并未发生变化，不能以己之名义清偿债务，只能以债务人名义清偿债务。否则，债权人将因其与代为清偿人之间不存在债之关系而构成不当得利。

（5）债务份额不同。继受清偿的债务份额以继承人所得遗产实际价值为限。超过此限的，继承人可以不予清偿。这表明继受清偿的债务份额具有法定性与确定性的特点。代为清偿的债务份额由代为清偿人自行确定，以代为清偿人向债权人与债务人允诺清偿或者实际清偿的债务份额为限。这表明代为清偿的债务份额具有自愿性与自主性的特点。

（6）法律后果不同。继受清偿的继承人取代被继承人的债务人地位成为新的债务人，负担债务清偿责任，承受相应法律后果。并且，如果有数位继承人的，彼此承担连带责任，其中任一继承人可以就超过其所应当承担的部分债务份额向其他继承人追偿。代为清偿的第三人不是债务人，清偿的法律后果归属于债务人，债务在第三人代为清偿范围内得以消灭。与此同时，第三人与债务人之间因其代为清偿而产生新的债权债务关系。第三人在其代为清偿之后成为债务人的债权人，债务人则成为第三人的债务人。除非第三人免除债务，其可以在代为清偿范围内向债务人追偿。

2. 继受清偿同债务承担的区别

《民法典》合同编中的第 543 条规定："当事人协商一致，可以变更合同。"根据这一规定，依债务人与第三人合意，可以将债务移转给第三人。此即债务承担，也称债务移转。它是债务主体变更，即在维持债的内容同一性的前提下，原债务人的债务移转于新债务人承担。①

继受清偿与债务承担皆因出现新债务人而使债之关系发生变化，并在主体地位、清偿名义、法律后果等方面具有相同性，即二者都取得债务人地位、以己之名义清偿、承受法律后果。但是，二者之间依然存在一些差异。

（1）发生时间不同。继受清偿发生于被继承人死亡之后。即使被继承人生前立有遗嘱，且将继承人列入遗嘱继承人范围，并让继承人知晓遗嘱内容的，由于遗嘱属于死因行为，该遗嘱在遗嘱人存活期间尚未生效，亦不发生继承。如果继承人在被继承人生存期间为其清偿债务的，而非继受清偿，则视具体情况而属于代为清偿或者债务承担。债务承担属于生前行为，债务人与第三人须在生存期间达成债务移转协议。其中任何一方先于另一方死亡的，都无法实现债务移转。因此，债务承担能且仅能发生于当事人双方生存期间。

（2）负担条件不同。继受清偿因继承人继承遗产而负有清偿遗产债务之义务。尽管法律赋予继承人以继承权，但是继承人对于是否继承遗产享有选择权。这就使得继受清偿须以继承人继承遗产为条件，属唯一条件。债务承担使得债务在债务人与第三人之间发生移转，原债务人因债务移转脱离债之关系或者仅移转部分债务而依然留存债之关系中，第三人因债务移转加入债之关系，取代原债务人的全部地位或者部分地位，成为新债务人。由于债务承担攸关双方重大利益，须有债务人与第三人之间的合意，双方达成债务移转协议。此外，如果受让人没有履行能力，或者有能力履行而不愿意履行或者不适当履行，将直接导致债权人不能实现债权。这就要求债务人不能随意移转债务。为此，《民法典》合同编中的第551条第1款规定：“债务人将债务的全部或者部分转移给第三人的，应当经债权人同意。”否则，债务移转协议无效。因此，债务承担须以当事人合意与债权人同意为条件，属双重条件。

（3）债务份额不同。继受清偿的债务份额以继承人所得遗产实际价值为限。债务承担的债务份额以债务人与第三人协商的份额为限。由于债务承担包括免责的债务承担与并存的债务承担，加入债之关系的新债务人则需要根

① 王利明主编：《民法》，中国人民大学出版社2010年版，第348页。

据具体情况负担清偿不同债务份额。在免责的债务承担场合，原债务人脱离债之关系，新债务人需要负担全部债务。在并存的债务承担场合，原债务人并不脱离债之关系，新债务人与原债务人共同负担债务，因债务移转份额的多寡而不尽相同。

（4）法律性质不同。一般情况下，继受清偿是继承人根据继承法律规定而继受被继承人的债务清偿责任，故该债务属于法定之债。一旦继承人继承遗产，就须在其所得遗产实际价值内负担清偿遗产债务之责任。否则，债权人可依法向继承人主张债权。债务承担是债务人与第三人合意的结果，故新债务人所负债务属于约定之债。在债务移转协议生效后，新债务人则需按照债务移转协议之约定履行原债务人所应负担的清偿责任。否则，新债务人无正当理由拒不履行或履行不当的，债权人可以要求其承担违约责任。

（六）继受清偿之适用规则

在继受清偿中，需要处理好无人继承的债务清偿与继受清偿的连带责任等问题。

1. 无人继承的债务清偿

在继受清偿中，无人继承的债务清偿属特殊情形。它包括三种具体情形：根本无继承人，包括自始无继承人与继承人先于被继承人死亡；虽然有继承人，但是所有继承人全部放弃继承或者全部丧失继承权；虽然有继承人，但是其中部分继承人放弃继承、部分继承人丧失继承权。对此，无人继受清偿的夫妻共同债务与夫妻个人债务各自适用不同处理规则。

（1）无人继受清偿夫妻共同债务的处理规则。在无人继受清偿夫妻共同债务的情况下，因债务人一方死亡与双方死亡而有所不同。

离婚后的债务人一方死亡而没有继承人的，生存的另一方应当按照离婚协议或者离婚判决清偿自己应当负担的部分夫妻共同债务。对于死亡的债务人一方应当负担的部分夫妻共同债务，则取决于债权人的态度。如果债权人要求生存的债务人另一方清偿全部夫妻共同债务，其应当予以全部清偿。然后，生存的债务人另一方可以从死亡的债务人一方的遗产中获得补偿。根据《民法典》继承编中的第1160条规定："无人继承又无人受遗赠的遗产，归国家所有，用于公益事业；死者生前是集体所有制组织成员的，归所在集体所有制组织所有。"因此，生存的债务人另一方在有关单位处置死亡的债务人一方的遗产时，有权要求从其遗产中得到补偿。如果债权人愿意从死亡的债务人一方的遗产中获得清偿，其可以根据第1160条规定向处理其遗产的有关单位提出清偿请求，经该有关单位核实后，应当向债权人清偿死亡的债务人一方的债务。

离婚后的债务人双方死亡且都没有继承人的，根据《民法典》继承编中的第1160条规定处理即可。在将死者遗产收归国家或者集体所有制组织所有之前，应当清偿死者生前所负债务。债权人有权向处置死者遗产的有关单位提出清偿请求，从死者的遗产中获得清偿。经该有关单位核实后，向债权人清偿死者的债务。

（2）无人继受清偿夫妻个人债务的处理规则。在无人继受清偿债务人个人债务的情况下，债务人一方死亡与双方死亡的效果相同。

死者没有继承人，不发生继受清偿。根据《民法典》继承编中的第1160条之规定，在将死者遗产收归国家或者集体所有制组织所有之前，应当清偿死者生前所负债务。债权人可以向处置死者遗产的有关单位提出清偿请求，经该有关单位核实后，应当向债权人清偿死者的债务。

2. 继受清偿的连带责任

继受清偿的连带责任因夫妻共同债务与夫妻个人债务而不同。夫妻共同债务的连带责任发生于继承人与债务人之间以及继承人之间，夫妻个人债务的连带责任仅发生于继承人之间。

（1）继受清偿夫妻共同债务的连带责任。继受清偿夫妻共同债务较为复杂。夫妻双方对夫妻共同债务负担连带清偿责任。并且，这种连带清偿责任不因夫妻一方死亡或者婚姻关系解除而消灭。在司法实践中，夫妻一方死亡的，生存一方应当对婚姻关系存续期间的共同债务承担连带清偿责任。这种考量基于死亡的夫妻一方在其生存期间享受债务所得利益，不能因其死亡而消灭其对夫妻共同债务的连带清偿责任。然而，在其死亡之后，则由其尚存的配偶单独负担。对于继承人而言，债务人一方在离婚之后死亡，其应当负担的夫妻共同债务在其死后归于遗产债务范围，并且夫妻共同债务性质不因清偿主体死亡而变化。这就使得继承人因继承遗产而取代被继承人的债务人地位后，其须继受被继承人与生存的债务人另一方对于夫妻共同债务的连带清偿责任。否则，如果仅要求生存的债务人另一方承担连带清偿责任，明显有悖法律公平。因此，如果生存的债务人另一方清偿完夫妻共同债务或者清偿夫妻共同债务超过其所应当负担的部分债务份额，则可以向死亡的债务人一方的继承人追偿。反之，亦然。如果债务人双方均已死亡，则仅是继承人之间的清偿责任，适用《民法典》继承编的有关规定清偿遗产债务即可。并且，继承人之间应当对其所继受的夫妻共同债务承担连带责任。因此，继受清偿夫妻共同债务应当基于债务人一方死亡和双方死亡的不同情形以及继承人多寡的客观状况，适用不同的遗产债务清偿规则。

①债务人一方死亡的继受清偿之连带责任。在这种情况下，继受清偿因死亡的债务人一方的继承人多寡而不同。

离婚后的债务人一方死亡之后，仅有一个继承人继承遗产，生存的债务人另一方应当按照离婚协议或者离婚判决清偿自己应当负担的部分夫妻共同债务。死亡的债务人一方的继承人则应当继受清偿被继承人应当负担的部分夫妻共同债务，但是，继承人根据《民法典》继承编中的第 1161 条之规定，仅以其所得实际遗产价值为限。并且，生存的债务人另一方与死亡的债务人一方的继承人须对夫妻共同债务负担连带清偿责任。然而，如果死亡的债务人一方应当负担的债务份额大于遗产实际价值的，其继承人不愿清偿超出遗产实际价值的部分债务，则应当由生存的债务人另一方清偿。

离婚后的债务人一方死亡之后，有数位继承人继承遗产，生存的债务人另一方应当按照离婚协议或者离婚判决清偿自己应当负担的部分夫妻共同债务；死亡的债务人一方的继承人则在其所得遗产实际价值内继受清偿被继承人应当负担的部分夫妻共同债务。并且，各继承人之间在其内部对被继承人的部分夫妻共同债务负担连带清偿责任，同时亦须与生存的债务人另一方对全部夫妻共同债务负担连带清偿责任。然而，如果死亡的债务人一方应当负担的债务份额大于遗产实际价值的，其数位继承人都不愿清偿超出遗产实际价值的部分债务，则应当由生存的债务人另一方清偿。

②债务人双方死亡的继受清偿之连带责任。在这种情况下，继受清偿因死亡的债务人双方的继承人多寡而不同。

离婚后的债务人双方死亡之后，仅有一个继承人继承遗产，则要区分继承人与死者的关系。如果继承人同为债务人双方的子女或者孙子女、外孙子女，由继承人按照《民法典》继承编中的第1161条之规定在其所得实际遗产价值内清偿死者的夫妻共同债务。如果继承人仅是其中一方的父母、兄弟姐妹及其子女、祖父母与外祖父母等近亲属或者其他亲属，或者债务人一方或双方属于再婚，子女仅是其中一方的子女，与另一方为姻亲关系，继承人在其所得遗产实际价值内继受清偿被继承人应当负担的部分夫妻共同债务。对于没有继承人的债务人另一方应当负担的夫妻共同债务，则取决于债权人的态度。如果债权人要求债务人一方的继承人清偿债务，继受清偿主体因继受夫妻共同债务的连带清偿责任而应当予以清偿。继承人清偿完毕之后，在有关单位处置死亡的债务人另一方的遗产时，有权要求从其遗产中得到补偿。如果债权人愿意从死亡的债务人另一方的遗产中获得清偿，则可以向处置其遗产的有关单位提出清偿请求，经该有关单位核实后，向债权人清偿死亡的债务人另一方的债务。

离婚后的债务人双方死亡之后，有数位继承人继承遗产，具体包括三种情形：各方仅有一个继承人；各方均有数位继承人；一方有一个继承人而另一方有数位继承人。这就需要针对不同具体情形予以妥善处理。

第一，各方仅有一个继承人的，各方继承人在其所得遗产实际价值内继受清偿被继承人应当负担的部分夫妻共同债务。并且，彼此在其所得遗产实际价值内对全部夫妻共同债务负连带清偿责任。

第二，各方均有数位继承人的，各方继承人在其所得遗产实际价值内继受清偿被继承人应当负担的部分夫妻共同债务，并且在其内部对被继承人的部分夫妻共同债务负担连带清偿责任，同时亦须与对方继承人对全部夫妻共同债务负担连带清偿责任。继承人因连带清偿责任清偿遗产债务超过其所应当负担的部分债务份额，可以向其他继承人追偿。

第三，一方有一位继承人而另一方有数位继承人的，则属于上述两种情形的综合，根据各方的具体情况适用上述相关继受清偿规则即可。

（2）继受清偿夫妻个人债务的连带责任。继受清偿夫妻个人债务较为简单。双方的继承人之间不发生连带责任关系。然而，债务人一方或者双方的个人债务清偿则因继承人多寡而适用不同的遗产债务清偿规则。

①债务人一方死亡的遗产债务继受清偿。在这种情况下，继受清偿因死亡的债务人一方的继承人多寡而不同。

离婚的债务人一方死亡之后，只有一个继承人继承遗产，继承人按照《民法典》继承编中的第 1161 条之规定在其所得实际遗产价值内清偿其所继受的遗产债务即可。然而，生存的另一方出于曾经的夫妻情分，在离婚之后仍然愿意为死亡一方清偿其个人债务的，不属于同其继承人负担连带清偿责任。

离婚的债务人一方死亡之后，有数位继承人继承遗产，各继承人按照《民法典》继承编中的第 1161 条之规定清偿其所继受的遗产债务份额，并对债务负有连带清偿责任。任一继承人因连带清偿责任清偿遗产债务超过其所应当负担的部分债务份额，可以向其他继承人追偿。

②债务人双方死亡的遗产债务继受清偿。在这种情况下，继受清偿因死亡的债务人双方的继承人多寡而不同。

离婚的债务人双方死亡之后，只有一个继承人继承遗产，需要区分各有一个继承人继承遗产与仅有一个继承人继承遗产的情形。如果死亡的债务人双方各有一个继承人继承遗产，彼此不存在连带清偿责任。各方继承人按照《民法典》继承编中的第 1161 条之规定继受清偿遗产债务即可。如果债务人双方死亡时，仅有一个继承人继承遗产，则要看该继承人与债务人双方的关系。如果该继承人是债务人双方的直系血亲，继承人按照《民法典》继承编中的第 1161 条之规定分别继受清偿债务人双方的个人遗产债务即可。如果该继承人是债务人一方的近亲属，适用《民法典》继承编中的第 1161 条之规定继受清偿遗产债务，另一方的债务清偿则按照没有继承人的有关规定处理。

离婚的债务人双方死亡之后，各有数位继承人继承遗产，各方继承人分别按照《民法典》继承编中的第 1161 条之规定清偿其所继受的遗产债务份额，并对债务负有连带清偿责任。

第四节　夫妻债务清偿分担模式的冲突应对

夫妻债务清偿冲突在外观上表现为数宗债权竞存，乃不同债权人之间的利益冲突。《民法典》婚姻家庭编并未规制这一冲突。但是，应当根据有关法律规定积极探讨夫妻债务清偿冲突的应对之策。

一、夫妻债务清偿冲突的基本含义

夫妻债务清偿冲突，是指夫妻负有数宗夫妻共同债务与夫妻个人债务时，应当优先清偿哪一宗债务的现象。

夫妻债务清偿冲突在视角上具有两面性。对于债务人而言，因其自身负有数宗债务而造成彼此之间发生清偿冲突。对于债权人而言，各债权人因债务清偿期限是否届至或者有无担保的不同而存在债权优先受偿。因此，债务清偿冲突与债权优先受偿是一个问题的两个方面。由于本研究立足于夫妻债务清偿问题，故主要使用债务清偿冲突的表述。但是，有时候出于债权人立场表述之需要，亦会使用债权优先受偿的表述。

夫妻债务清偿冲突具有以下几个方面含义：

第一，夫妻双方或者一方负有数宗债务。债务清偿冲突的前提必须存在至少两宗以上债务。然而，这仅为发生债务清偿冲突提供可能性。如果债权人免除债务或者经债权人免除后仅剩一宗债务，或者债务人清偿能力较强可以清偿全部债务，就不会发生清偿冲突。因此，即使债务人负有数宗债务，也并非必然发生债务清偿冲突。这就要求数宗债务须为至少两宗以上并经债权人请求而必须清偿的债务。在数宗夫妻债务并存中，因夫妻双方或者一方负债不同而有不同债务并存情形。一般而言，包括数宗夫妻共同债务并存、数宗夫妻个人债务并存、夫妻共同债务与夫妻个人债务并存三种基本情形。其中，夫妻共同债务与夫妻个人债务并存进而又包括单宗夫妻共同债务与单宗夫妻个人债务并存、数宗夫妻共同债务与单宗夫妻个人债务并存、数宗夫妻个人债务与单宗夫妻共同债务并存、数宗夫妻共同债与数宗夫妻个人债务并存等情形。可见，数宗债务并存较为复杂，需要债务人针对具体情况，审慎对待。

第二，数宗债务之间存在先后清偿顺位。债务清偿顺位是指在数宗债务并存的情况下，各宗债务因有无担保及其担保形式或者清偿期限的届至时间等方面的差异而有先后清偿之区别。也就是说，有的债务应当在先清偿，有的债务则只能在其他债务清偿之后方予清偿。对于债权人而言，基于债之相对性关系，债务人的义务即为债权人的权利。因此，换言之，债务清偿顺位即为债权优先受偿顺位。各债权人在其债权的清偿期限届至而向债务人主张清偿时，依照债权有无担保及其担保形式而享有优先受偿权，这就造成债务清偿冲突。对此，债务人需要根据具体情况确定优先清偿哪一宗债务。

第三，债务人须合理处置债务清偿冲突。债务人对于债务的清偿责任不因婚姻关系变动而改变，将由婚姻关系存续期间延续至离婚之后，直至全部清偿完毕。然而，由于债务人在婚姻关系存续期间与离婚之后用以清偿债务的财产来源不同，这就于客观上造成债务清偿冲突因债务人离婚与否而有婚姻关系存续期间的债务清偿冲突与离婚之后的债务清偿冲突的局面。因此，债务人应当根据婚姻状况合理处置债务清偿冲突事宜。

二、夫妻债务清偿冲突的成立要件

（一）夫妻共同生活期间负有共同债务与个人债务

在婚姻关系存续期间，出于家庭生活需要或者个人需要，夫妻以双方名义或者夫妻一方以其个人名义对外负债皆为正常现象。基于债务的具体用途不同，则有夫妻共同债务与夫妻个人债务之分。由于债权人在同债务人交易时，并不知道债务人之前是否已经负有其他债务或者不能阻止债务人再行同他人进行交易，债务人同时负有数宗夫妻共同债务或者同时负有夫妻共同债务与夫妻个人债务的现象也就在所难免。这些债务一经成立，便因有无担保及其担保形式的不同而在彼此之间面临发生清偿冲突的可能。然而，这里暂且不问债务人的清偿能力，仅是从外观上观察债务人的负债情况，确认债务人存在数宗夫妻债务的客观事实，判断发生债务清偿冲突的可能性。

（二）数宗不同夫妻债务存在优先清偿的竞存关系

在数宗夫妻共同债务与夫妻个人债务并存的情况下，数宗债务的清偿期限同时届至，便会发生清偿冲突。根据《民法典》婚姻家庭编中的第1089条规定，夫妻离婚时，双方应当共同偿还夫妻共同债务。这对于负有个人债务的夫妻一方来说，除了负担清偿夫妻共同债务，还要清偿夫妻个人债务。尽管夫妻共同债务与夫妻个人债务属于不同性质的债务，但是债务人身份的特殊性使它们牵连在一起。这种牵连结果造成债务人内部、债务人与债权人之间以及不同债权人之间的多重利益冲突。这种冲突在外观上表现为不同夫妻债务之间的清偿冲突。因此，在数宗夫妻债务发生清偿冲突时，债务人既要关注其外在形式，又要把握其内在实质，须对这些债务作出孰先清偿与孰后清偿的合理安排。

（三）债务人无法满足不同竞存债权人的清偿主张

债务清偿冲突是外在原因与根本原因共同作用的结果。其中，外在原因源于数宗债权竞存；根本原因在于债务人清偿能力较弱或者下降，这是债务清偿冲突的内在驱动，具有决定性作用。如果债务人的清偿能力较强，夫妻共同财产与夫妻个人财产能够分别足额清偿夫妻共同债务与夫妻个人债务，在债务总量不变的情况下，即使同时负有数宗夫妻共同债务或者夫妻一方同时负有夫妻共同债务与夫妻个人债务，也不会影响所有债权人利益。这只是债务清偿在外观上的形式冲突，而实际上并不会发生任何冲突。然而，一旦债务人无法满足竞存债权人的清偿主张，各竞存债权人面对责任财产总量与债权之和的失衡状态而在债权实现上竞争激烈，势必发生清偿冲突。对此，数宗夫妻共同债务的清偿期限在离婚之前届至，如果夫妻共同财产不足以清偿的，应当根据债务有无担保、担保形式以及是否登记等具体情况而定，剩余部分债务则由夫妻双方承担补充连带清偿责任。数宗夫妻共同债务的清偿期限在离婚之后届至，首先应看债务人在离婚分割夫妻共同财产时是否为清偿夫妻共同债务预留财产，如果没有预留或者预留较少而不足以清偿夫妻共同债务，则由债务人以其个人财产清偿，并承担连带清偿责任。

一般情况下，对于清偿期限尚未届至的债务，由于提前清偿债务将会牺牲债务人的期限利益，除非债务人愿意提前清偿，债权人无权请求债务人提前清偿，债务人有权拒绝债权人请求。并且，提前清偿对于债权人的意义也不相同。如果竞存债权的债权人为同一主体，提前清偿任一宗债务都不影响债权人利益；如果竞存债权的债权人为不同债权人，提前清偿某宗债务，则会进一步加大其他债权实现的风险，损害其他债权利益。因此，除非债务人对全部债务同时提前清偿或者经过其他债权人一致同意，债务人不得提前清偿某一种宗债务。在债务人提前清偿的情况下，应当将未到期的债务视为已到期。对于计算利息的债务，应当减去未到期的利息；因提前清偿给债务人增加费用的，应当由债权人负担。此外，债务人也可以主动提出提前清偿。对此，《民法典》合同编中的第530条规定：“债权人可以拒绝债务人提前履行债务，但是提前履行不损害债权人利益的除外。债务人提前履行债务给债权人增加的费用，由债务人负担。”

（四）不同竞存债权间存在优先清偿顺位上的差别

在现代社会，交易安全理念超过个人而立足于社会整体的立场。[①]它已经不单纯是基于个人利益的衡量，而是具有维护交易安全、维护社会整体利益的意义。[②]在数宗债权竞存的情况下，因各债权人追求己之债权优先受偿而加剧竞存债权之间优先受偿的激烈竞争。此时，债务清偿顺位对于债权人实现债权具有重要意义。这就需要针对不同夫妻债务之间的清偿冲突，合理确定不同债权的优先受偿顺位，保障债权人的优先受偿权，实现各债权人公平受偿。

影响债务清偿顺位最重要的因素就是债务担保。债权人为其债权设立担保，意在增强交易安全，防止债务人清偿能力下降而危及其实现债权。尤其是婚姻共同体解体后，离婚后的债务人的利益重心发生偏移，由原来共同关心婚姻利益变成各自关注自身利益，以致增大夫妻共同债务清偿风险。然而，在数宗债权竞存的情况下，哪一宗债权可以优先受偿，完全取决于该债权在数宗债权中的受偿顺位。由于同时存在的数宗同一形式担保或者不同形式担保的效力并非同等，而有强弱之分，谁之担保享有优先受偿权，其实现债权的可能性就更大。可见，债权受偿顺位就是先来后到的平等，它决定实现权利亦有先来后到之别。这就使得债权人的优先受偿权与债权受偿顺位一一对应，债权人基于在先受偿顺位而优先于其他债权得到受偿，在最大程度上保障债权人实现债权。这就体现为法律地位平等的债权人因其债权受偿顺位而享有不同优先受偿权，以致获得不同受偿机会。如果不能确定债权受偿顺位，本不该优先受偿的债权得到受偿，本该优先受偿的债权却没有得到受偿或者被排除出去，则完全有悖于法律公平价值。因此，债务清偿顺位的重要意义在于发挥担保的功能与价值，保障债权人实现优先受偿，彰显法律的公平价值。

---

① 孙鹏：《民法上信赖保护制度及其法的构成——在静的安全与交易安全之间》，载《西南民族大学学报（人文社科版）》2005 年第 7 期。

② 裴桦：《夫妻财产制与财产法规则的冲突与协调》，载《法学研究》2017 年第 4 期。

对于数宗不同夫妻债务竞存时，债务人应当整体考虑不同债权人之间的利益冲突，根据《民法典》物权编与合同编的相关规定，积极处理好不同夫妻债务竞存关系中的一般性问题与特殊问题。对于前者，债务人需要合理把握夫妻共同债务之间或者夫妻共同债务与夫妻个人债务之间的竞存关系，正确适用债务清偿规则清偿夫妻共同债务与夫妻个人债务。对于后者，债务人应当注意竞存债权人放弃优先受偿权和抵押权顺位让与。其中，所谓放弃优先受偿权，即债权人放弃优先受偿的机会，并未放弃债权。竞存债权人放弃优先受偿权的，并不影响其他债权人。但是，需要债权人与债务人对于债权人放弃优先受偿权的事实予以确认。所谓抵押权顺位让与，即为了在后顺序抵押权人的利益，同一抵押财产上顺位在先的抵押权人将其抵押权顺位让与该后顺位抵押权人。[①] 这种让与只能在顺位让与的当事人之间产生相对的效力，并不影响其他债权人利益。可见，不同夫妻债务之间的竞存关系及其清偿冲突较为复杂，应当注意各方当事人之间的利益衡平，妥善处理债务清偿冲突问题。

三、夫妻债务清偿冲突的具体表现

由于夫妻个人债务由负债的夫妻一方以其个人财产清偿，夫妻个人债务之间发生清偿冲突的问题相对简单，适用有关法律规定即可。这里仅探讨夫妻共同债务之间、夫妻共同债务与夫妻个人债务之间的清偿冲突。

（一）夫妻债务清偿冲突的类型区分

1. 夫妻共同债务与夫妻个人债务的清偿冲突

（1）冲突形态。夫妻共同债务与夫妻个人债务的清偿冲突因清偿对象不同而表现为两种情形，即清偿对象为同一债权人的债务清偿冲突与清偿对象为不同债权人的债务清偿冲突。

---

① 杨立新：《物权法》，中国人民大学出版社 2013 年版，第 202 页。

夫妻共同债务与夫妻个人债务的清偿对象为同一债权人的债务清偿冲突，源于夫妻双方与夫妻一方同时或者先后同同一债权人进行交易，以致发生债务清偿冲突。在这种债务清偿冲突中，一是夫妻双方以共同名义同债权人进行交易，二是夫妻一方以其个人名义又与同一债权人进行交易。后一种情形进而又有属于夫妻个人债务与名为夫妻个人债务而实为夫妻共同债务之分。因此，夫妻债务清偿出现两种冲突，即形式上的夫妻债务清偿冲突与实质上的夫妻债务清偿冲突。前者是指夫妻双方以共同名义同债权人交易所负夫妻共同债务与夫妻一方以其个人名义同债权人交易所负夫妻个人债务之间的清偿冲突，后者是指夫妻一方以其个人名义同债权人交易所负夫妻个人债务同夫妻一方以其个人名义同债权人交易实为夫妻共同债务之间的清偿冲突。然而，无论哪种冲突情形，归根结底都是夫妻共同债务与夫妻个人债务之间的清偿冲突，只是外观不同而已。

夫妻共同债务与夫妻个人债务的清偿对象为不同债权人的债务清偿冲突，源于夫妻双方与夫妻一方同时或者先后同不同债权人进行交易，以致发生债务清偿冲突。在这种债务清偿冲突中，夫妻双方以共同名义与夫妻一方以其个人名义分别同不同债权人进行交易。夫妻一方以其个人名义同债权人交易包括属于夫妻个人债务与名为夫妻个人债务而实为夫妻共同债务。因此，夫妻债务清偿出现两种冲突：夫妻双方以共同名义同某一债权人交易所负夫妻共同债务与夫妻一方以其个人名义同另一债权人交易所负夫妻个人债务之间的清偿冲突；夫妻一方同某一债权人交易所负夫妻个人债务与夫妻一方以其个人名义同另一债权人交易而实为夫妻共同债务之间的清偿冲突。然而，无论哪种冲突情形，归根结底都是夫妻共同债务与夫妻个人债务之间的清偿冲突。

（2）冲突特点。这两种夫妻共同债务清偿与夫妻个人债务的清偿冲突既有共同特点，又有不同特点。

①共同特点。二者的共同特点在于债之性质差异性与债之责任迥然性。

第一，债之性质差异性。无论哪一种债务清偿冲突，哪怕清偿对象为同一债权人，由于夫妻共同债务与夫妻个人债务的性质不同，二者属于不同法律关系。债务清偿在于消灭夫妻共同债务关系与夫妻个人债务关系。

第二，债之责任迥然性。夫妻双方以夫妻共同财产清偿夫妻共同债务，不足清偿的部分债务由各方以其个人财产继续清偿，故为补充连带责任。夫妻一方以其个人财产清偿个人债务，由其个人独立承担无限责任。这就使得债权人实现债权的风险因夫妻共同债务与夫妻个人债务的清偿责任的差异性而有所不同。除非债务人的个人财产充裕，否则夫妻个人债务的受偿风险要明显高于夫妻共同债务的受偿风险。

②不同特点。二者的不同特点在于债之主体同一性与复数性。

清偿对象为同一债权人的债务清偿冲突，债之主体具有同一性。相互冲突的夫妻共同债务与夫妻个人债务的债权人为同一主体，债务人具有夫妻关系。这两种债务清偿之所以会发生冲突，就在于债权人与债务人身份的特殊性。对于债权人而言，尽管处于不同的债之关系中，但是债权人身份却是同一的，始终没有发生变化。对于债务人而言，其夫妻身份并不因其在夫妻共同债务关系与夫妻个人债务关系中的债务人角色而发生变化，以致二者发生牵连。这就造成发生冲突的不同债之关系的债权人与债务人的身份重叠，具有同一性。

清偿对象为不同债权人的债务清偿冲突，债之主体则为复数性。尽管相互冲突的夫妻共同债务与夫妻个人债务中的债务人的夫妻身份不会发生变化，但是债权人不同，处于不同的夫妻共同债务关系与夫妻个人债务关系中的债之主体身份的本质差异性使得债权人与债务人在这两种债务中不会发生身份重叠，这就使得夫妻共同债务的两个主体与夫妻个人债务的两个主体之间不会发生关联与交叉。因此，夫妻双方分别处于不同债之关系时，债之主体呈现复数性。

2. 夫妻共同债务之间的清偿冲突

（1）冲突形态。夫妻共同债务之间发生清偿冲突的原因不外乎这样几种情形：夫妻双方基于共同意思表示负有数宗债务；夫妻一方行使日常家事代理权负有数宗债务；既有夫妻双方基于共同意思表示的负债，又有夫妻一方行使日常家事代理权的负债；名为夫妻个人债务而实为夫妻共同债务的数宗债务；名为夫妻个人债务而实为夫妻共同债务同夫妻双方基于共同意思表示或者夫妻一方行使日常家事代理权所负债务的数宗债务。

夫妻共同债务之间的清偿冲突因清偿对象不同而表现为两种情形，即不同夫妻共同债务的清偿对象为同一债权人的债务清偿冲突与不同夫妻共同债务的清偿对象为不同债权人的债务清偿冲突。前者是因夫妻双方或者夫妻一方先后同同一债权人进行交易，以致发生债务清偿冲突。后者则为夫妻双方或者夫妻一方同时或者先后同不同债权人进行交易，以致发生债务清偿冲突。

（2）冲突特点。这两种债务清偿冲突既有共同特点又有不同特点。

①共同特点。二者的共同特点在债之发生原因、负担主体、责任形式等方面。发生清偿冲突的数宗夫妻共同债务都用于夫妻共同生活需要，由夫妻双方共同清偿且承担连带清偿责任。

②不同特点。二者的不同特点在于债之清偿对象的同与不同。清偿对象为同一债权人的夫妻共同债务清偿冲突，债权人为同一人。清偿对象为不同债权人的夫妻共同债务清偿冲突，债权人为数人。

（二）夫妻债务清偿冲突的区分意义

无论夫妻共同债务与夫妻个人债务清偿冲突，还是夫妻共同债务清偿冲突，它们分别所包含的两种债务清偿冲突类型的法律关系在本质上并没有什么不同，仅在于清偿对象的差别。然而，将夫妻债务清偿冲突予以类型化并加以区分，具有重要意义。

1. 优先受偿意义不同

在债权竞存的情况下，由于夫妻债务清偿冲突类型的债权人不同，优先受偿的价值和意义则不同。

对于清偿对象为同一债权人的，尽管夫妻共同债务与夫妻个人债务属于不同债之关系，同一债权人为不同债之关系的债权人，但是债权人为同一主体，无论债务人怎么清偿债务，发生清偿冲突的债务始终在同一债权人与夫妻之间进行。在这种情况下，对于不同债务的同一债权人而言，无论实现哪一债权，最终归其一人，无非是各债权在实现时间上的先后差异。因此，存在债权优先受偿的情况下，即使在后实现的债权优先得到受偿，本应优先实现的债权在后得到受偿，对债权人实则没有太大影响。这就削弱了优先受偿权的价值和意义，也就没有必要特别强调哪一宗债权应当优先受偿，较容易解决债务清偿冲突。

对于清偿对象为不同债权人的，各竞存债权人基于债权法律地位之平等与保护自身利益之考量，均积极向债务人主张优先受偿权。对此，债务人则需要确定各债权优先受偿顺位，以保障各债权人优先实现债权利益。这就使得各债权人在数宗夫妻共同债务清偿以及夫妻共同债务与夫妻个人债务的清偿中出现差别，以致债权实现的风险亦不相同。债权受偿顺位越是靠前，债权实现的风险越小；反之，则风险越大。在这里，优先受偿权的价值和意义得到淋漓尽致的发挥，成为债权人实现债权的重要保障。

2. 适用清偿规则不同

夫妻债务冲突类型的清偿对象不同，适用不同债务清偿规则。

对于清偿对象为同一债权人的，一方面，因债权人为同一主体，在适用清偿规则时，可以忽略优先受偿权而采取一些灵活性措施，适当变通冲突债务的清偿顺位；另一方面，债务人可以适用清偿抵充。所谓清偿抵充，即债务人对同一债权人负担数宗债务的，其给付的种类相同，而其所提出的给付又不足以清偿全部债务时，决定其清偿抵充何种债务的制度。[①] 具体包括夫妻共同债务清偿抵充、夫妻个人债务清偿抵充、夫妻共同债务与夫妻个人债务清偿抵充。其中，数宗夫妻共同债务或者数宗夫妻个人债务的清偿抵充较易把握，届时由债务人决定清偿抵充何种债务即可。在夫妻共同债务与夫妻个人债务清偿抵充场合，则因二者性质不同，涉及利益主体不同，除非由债务人一人负担清偿二者，否则须以债权人向债务人请求清偿夫妻共同债务或

① 王利明、房绍坤、王轶：《合同法》，中国人民大学出版社 2013 年版，第 188 页。

者请求清偿夫妻个人债务或者同时请求清偿二者为前提，并由夫妻共同债务的双方当事人决定清偿抵充何种债务。

对于清偿对象为不同债权人的，因各债权人互不相干，在考察所涉债权有无担保及其具体担保形式的基础上，债权优先受偿问题则需要根据《民法典》物权编与合同编的有关规定，合理确定债权的优先受偿顺位。

3. 主体利益考量不同

在债权竞存的情况下，债务清偿关涉债权人与债务人之间以及不同债权人之间的利益。这就需要基于不同冲突类型的债权人不同，合理衡平债权人与债务人以及不同债权人之间的利益。

对于清偿对象为同一债权人的，基于债权人与债务人的同一性，仅考量债权人与债务人之间的利益，利益衡平适用空间较大，较易处理二者之间的关系，有利于债权人实现债权。

对于清偿对象为不同债权人的债务清偿冲突中，由于存在多个债权人，不仅需要衡平债权人与债务人之间的利益，而且需要衡平不同债权人之间的利益，以保障实现法律公平价值。然而，因各债权人之间在实现债权上竞争激烈，利益衡平适用空间较为有限，处理竞存债权关系时更容易产生债务清偿纠纷。

四、夫妻债务清偿冲突的适当处置

（一）夫妻债务清偿冲突协调的典型学说述评

1. 关于夫妻共同债务之间清偿冲突协调的学说述评

对于夫妻共同债务之间的清偿冲突，有学者主张采取比例清偿原则来协调纠纷。当夫妻共同财产不足以清偿数宗债务时，因各债权人的地位平等，应当按照一个标准尺度公平受偿，即采比例清偿规则。首先计算夫妻共同财产总额，再计算每个债权人享有的债权在夫妻共同财产总额中所占的比例，然后在债权人之间按比例清偿。这一清偿比例应当由当事人协议确定或者人民法院判决确定，且仅对婚姻当事人具有约束力，它并不产生对外效力。①

比例清偿原则基于兼顾各方当事人利益之考量，衡平债权人与债务人之间以及各债权人之间的利益，对于处理夫妻共同债务清偿冲突具有一定的积极作用。然而，夫妻共同债务有无担保、具体担保形式、是否需要登记等因素使得债务清偿冲突复杂化。如果在夫妻共同债务均无担保或者担保形式相同并成立时间相同且均未登记的情况下，尚可适用比例清偿原则解决清偿冲突。而数宗夫妻共同债务中的部分债务设定担保，其他债务未设担保，或者都设有担保而担保形式不同，或者虽然为同一担保形式但是又因是否登记亦存在效力差异，则无法适用比例清偿原则。因此，比例清偿原则只能在特定条件下适用，有其一定局限性。

不过，鉴于比例清偿原则具有一定科学性，建议可以在满足特定条件时适用该原则解决夫妻共同债务的清偿冲突，以扬长避短，充分发挥其价值与功能。

2. 关于夫妻共同债务与夫妻个人债务清偿冲突协调的学说述评

对于夫妻共同债务与夫妻个人债务之间的清偿冲突，学界普遍主张适用双重优先原则来协调纠纷。因夫妻共同债务与夫妻个人债务属于不同法律关系，夫妻共同债务清偿与夫妻个人债务清偿则分别反映不同法律价值。当夫妻共同债务与夫妻个人债务竞存时，两种价值便会发生冲突。个人财产用以偿还夫妻个人债务，共同财产用以偿还夫妻共同债务，能够分别体现两种财产的功能与价值。为平衡不同债权人利益同时实现不同财产的价值，应当采双重优先的清偿标准，② 即个人财产优先用于清偿夫妻个人债务，共同财产优先用于清偿夫妻共同债务，当两个清偿中有剩余财产时，才可用于另一债务的清偿，以此平衡不同债权人的利益，减少和防止准用连带清偿责任带来的

① 何萍：《夫妻共同债务问题论析》，载《福建政法管理干部学院学报》2006 年第 3 期；张瑞娟：《论夫妻财产制与交易安全保护》，大连海事大学 2009 年硕士学位论文，第 17 页；张小军：《浅析离婚案件夫妻共同债务承担》，载《理论界》2009 年第 2 期。

② 彭万林主编：《民法学》，中国政法大学出版社 2002 年版，第 103 页。

负面效应。[①]

双重优先原则的价值取向为平等与公平。其中，平等是程序正义，公平是结果正义。法律的公平性在于针对不同法律关系的法益而兼顾不同主体之间的利益，为不同主体提供平等参与竞争机会。《民法典》总则编中的第4条规定："民事主体在民事活动中的法律地位一律平等。"这不仅要求交易双方的地位平等，而且要求同一民事主体同时与其他多个民事主体交易时，各债权人地位平等。在解决夫妻债务清偿冲突时，基于双重优先原则对债权人利益的尊重与保障，通过兼顾夫妻各方利益以及夫妻共同债务与夫妻个人债务的债权人利益，平等对待不同债权人，为各债权人提供同等受偿机会。否则，如果仅优先于清偿夫妻共同债务，或者仅优先于清偿夫妻个人债务，它们的债权人都无法得到平等保护。因此，夫妻双方对夫妻共同债务承担补充连带责任，即应当先以其共同财产清偿夫妻共同债务，唯有共同财产不足以清偿夫妻共同债务时，方能扩张至夫妻个人财产，并且承担无限连带清偿责任。夫妻一方则以其个人财产清偿个人债务。这就可以保障夫妻共同债务与夫妻个人债务的债权人得以平等实现债权，有利于实现债权人之间的利益衡平，以满足不同债权人的利益诉求，使其利益实现最大化，保障不同利益的平等与公平。

笔者同意将双重优先原则作为夫妻共同债务与夫妻个人债务清偿冲突的协调原则。

（二）夫妻债务清偿冲突协调的主要影响因素

影响夫妻债务清偿冲突的因素主要包括债权平等与债务担保。

1. 债权平等的衡平价值

民事主体在民事活动中的法律地位一律平等是民事活动的本质要求。它反映民法的基本价值理念，即在确认一切民事主体具备同等人格的前提下，为一切民事主体享有法律所赋予的权利、承担法定义务提供相同的机会和基

① 张驰、翟冠慧：《我国夫妻共同债务的界定与清偿论》，载《政治与法律》2012年第6期。

本条件，并基于主体的差异性对主体进行分类，通过积极的作为（包括立法和执法），平衡不同主体间的利益分配，减少不合理的差异。[①]因此，债权受偿应当遵守债权平等原则，即当同一债务人有数个债权人时，全部债权人可以就债务人的总财产平等受偿。[②]它至少应当包括三个方面的内涵：一要提供债权人同等参与债务人财产分配的机会，不歧视任何债权人，即提供普遍适用的程序；二要提供普遍适用的规则；三要提升特定债权的受偿地位，以平衡债权人在债权形成时的议价机会的显著差异。[③]简言之，保障债权人的平等受偿机会与确定债权人的平等受偿顺序。这是因为债务人的财产足以清偿债务时，债权人各自的支取规则是既定的并且相安无事，[④]债权人受偿顺位并没有多少实际意义，而当债务人财产不足时，受偿顺位直接关系到债权能否实现及其实现程度。尤其是债务人的任意履行完全可能导致部分债权人无法获得清偿。所以，只有债务人的财产不足以清偿全部债权时，才是债权平等原则发挥作用的界限。

2. 债务担保的决定意义

在夫妻债务清偿冲突中，债务担保的重要意义在于决定债权受偿顺位。它要求债务人应当根据相关清偿规则保障享有优先受偿权的债权人优先实现债权。

第一，债权实现风险不同。债之关系成立后，债务人须以其全部财产承担债之清偿责任。然而，债务人清偿能力的有限性与竞存债权人地位的平等性则无法保障债权人完全实现债权，尤其是债务人的清偿能力降低或者违反诚实信用的，以致债权人不得不面对交易风险。但是，法律并未禁止且不能禁止清偿能力低者或者不诚信者进行交易。因此，债权人通过设定担保，一方面强化债务人的清偿能力，另一方面打破债权人平等原则，可以使特定债

---

① 王枫：《平等观与特殊债权的优先清偿》，载《武汉理工大学学报（社会科学版）》2013年第3期。

② 张义华、王海波：《论优先权性质的界定及其价值》，载《河南财经政法大学学报》2014年第2期。

③ 王枫：《平等观与特殊债权的优先清偿》，载《武汉理工大学学报（社会科学版）》2013年第3期。

④ 汪世虎：《论破产程序对担保物权优先性的限制》，载《河北法学》2006年第8期。

权人或者得以第三人的财产受偿，或者得从特定的财产价值中优先于其他债权人受偿，从而增强债的效力、降低交易风险、保障交易安全、保护债权利益，以保障实现债权。这是对交易善意无过失者利益的保护。它体现了利益保护平衡与道德正义的要求。[①] 因此，担保是保障债权的有力措施。那些未设立担保的债权获得受偿的机会明显偏少，风险自然便高。

第二，适用清偿规则不同。《民法典》物权编与合同编对于不同形式的担保作出明确规定，在竞存债权全部或者部分设立担保的情况下，竞存债权人根据法律规定的担保规则受偿（后文将详尽论述，这里暂不赘述）。对于那些未设立担保的债权，则无法适用担保规则，只能根据相关法律规定妥善处理。

第三，对债务人影响不同。债权是否设立担保，对债务人具有不同意义。在债权设定担保的情况下，如果该担保是由第三人为债务人提供的保证、抵押或者质押，在担保人向债权人履行担保义务之后，债务人对债权人的清偿义务在担保人清偿的范围内得以免除，同时在担保人与债务人之间产生新的债权债务关系。这是因为债权人在受领担保人的担保清偿后将债权转让给担保人，担保人取得债权人地位。因此，除非担保人免除或者放弃债务人对其清偿义务，其可以向债务人追偿。而对于那些未设定担保的债权，除第三人代为清偿外，一般不会发生第三人追偿问题。然而，代为清偿与担保的性质不同，不可混淆二者。

（三）夫妻债务清偿冲突协调的具体适用规则

妥善处置夫妻债务清偿冲突主要取决于债务有无担保。因此，基于发生清偿冲突的债务有无担保之不同，夫妻债务清偿冲突包括三种情形：未设担保的债务之间的清偿冲突、设立担保的债务之间的清偿冲突、设立担保的债务与未设担保的债务之间的清偿冲突。对此，应当以债权平等原则与双重优先原则为基础，针对数宗债权竞存情形，充分考虑债务有无担保与债务清偿

① 傅远佳：《论夫妻财产制与民事交易安全》，载《安徽大学学报（哲学社会科学版）》2003年第6期。

期限是否届至等影响因素，科学判断债权优先受偿顺位，以有效保护各债权人利益。

1. 未设担保的债务清偿冲突之协调规则

《民法典》总则编中的第 5 条规定："民事主体从事民事活动，应当遵循自愿原则，按照自己的意思设立、变更、终止民事法律关系。"因此，担保具有自愿性，债务是否设立担保，完全由当事人自行决定。对于未设立担保的债务发生清偿冲突的，债务人应当妥善对待对待竞存债权事宜，以满足各债权人的合理履行请求。

数宗夫妻债务均未设立担保的，无论债务性质及其成立时间，除非债务人主动提前清偿，否则债权人只有在债务清偿期限届至时才可以向债务人主张清偿。并且，除非清偿期限在先届至的债权之债权人放弃受偿机会，否则清偿期限在后届至的债权之债权人只能依其清偿期限届至时间顺次要求债务人予以清偿。这就意味着在确定各宗债权的优先受偿顺位时，债务成立时间的意义不大，债务清偿期限届至时间具有决定性作用。因此，确定债权优先受偿顺位应当以债务清偿期限届至为宜。这种"先来后到"的清偿顺序便是债权的优先受偿顺位。具体而言，清偿期限届至的债权优先于清偿期限尚未届至的债权受偿；清偿期限在先届至的债权优先于清偿期限在后届至的债权受偿；清偿期限同时届至，债务人的财产足以清偿的，则应当同时受偿；债务人的财产不足以清偿的，则应当按照债权比例予以受偿。这种考量基于常理性的先来后到的朴素认知，它在没有法律规定的情况下对于调整人们的行为发挥着自然法则的功效。这种"先来后到"的符合常识和社会一般认知的制度，既无损（形式）公平，又有助于提高效率，更能促进当事人积极维护权利，并无不妥。[①]

2. 设定担保的债务清偿冲突之协调规则

债权人为其债权设定担保，意在加上保险锁，顺利实现债权。作为财产权上的一种负担，这种权利负担的效力主要体现在赋予有担保的债权优先受

① 许德风：《破产法基本原则再认识》，载《法学》2009 年第 8 期。

偿。担保权人可优先于其他债权人就担保人的特定财产或者一般财产的作价、变卖或者拍卖所得价款受偿，担保人必须接受担保权人的这种决定，以及允许通过这个担保权来中断原来的财产权关系，并且还要允许这种做法有效。[①] 然而，由于担保形式及其设定要求不同，各种担保之间存在一定效力差异。因此，发生债务清偿冲突时，应当考察数宗债务是否设定担保及其优先受偿顺位问题。

夫妻债务的担保有两种情形：一是数宗债务中的部分债务设定担保，其他债务未设担保；二是数宗债务均设有担保。这就需要根据不同情形，确定债权的优先受偿顺位。

在第一种情形下，基于担保强化债的效力及其保障实现债权之效能，债权的优先受偿顺位较易确定，即设定担保的债权优先于未设定担保的债权受偿。否则，担保失去意义。

在第二种情形以及第一种情形中的部分债务设定担保的情形下，则较为复杂。根据《民法典》物权编与合同编的相关规定来看，债的担保包括人的担保与物的担保两种类型。人的担保，即保证，又称为信用担保，是指担保人以其信用所提供的担保，[②] 即主债务人以外的第三人以其信用为主债务履行提供的担保。其中，主债务人以外的第三人为保证人。物的担保是主债务人或者第三人以其特定的动产、不动产或者其他财产权利为主债务履行提供的担保，包括抵押、质押和留置。其中，为主债务履行提供抵押、质押等担保的第三人为物上保证人。为了强化债权，不少的债权人往往对同一债权同时设定人的担保与物的担保。这就出现相同种类担保形式的竞存与不同种类担保形式的竞存。对此，需要根据《民法典》物权编与合同编对抵押、质押、留置以及保证的规定，对不同担保形式加以区别对待，以妥善处置数宗夫妻债务发生清偿冲突的事宜。

（1）相同种类担保形式的竞存。在相同种类担保形式的竞存中，包括人

① 胡吕银：《担保权属性与各种担保方式的重新界定》，载《法学》2013 年第 8 期。
② 郭明瑞、房绍坤：《担保法》，中国政法大学出版社 2008 年版，第 11 页。

的担保的竞存与同一形式的物的担保竞存。具体而言，第三人同时为数宗债务提供人的担保或者以其财产同时为数宗债务提供同一形式的物的担保，以及债务人本人以其财产同时为数宗债务设立同一形式的物的担保。

①人的担保之间的竞存。保证人同时为数宗债务提供保证，如果当事人之间有约定的，债权人应当按照约定受偿；如果当事人之间没有约定或者约定不明确的，债权人应当按照《民法典》合同编之保证合同的相关规定受偿。

②物的担保之间的竞存。同一形式的物的担保之间能否竞存，需要根据不同的物之具体担保形式予以分别对待。

第一，就抵押来看，由于抵押物受控于抵押人，容易再次抵押。其中，既有以抵押物剩余价值继续抵押，又有以抵押物重复抵押。一旦债务人或者第三人以其财产同时为数宗债务设立抵押，就会出现抵押权竞存的现象。抵押权竞存包括三种具体情形：均已登记抵押权竞存、均未登记抵押权竞存以及登记的抵押权和未登记的抵押权竞存。对于均已登记抵押权竞存的，通常采用两个基本规则：一是“登记在先原则”，即依照抵押权登记的时间来确定抵押权的效力顺位；二是“同时同序原则”，即同时（一般以日为单位）登记的抵押权，处于同一顺位，则按债权比例受偿。对于登记的抵押权和未登记的抵押权竞存的，采“登记在先原则”，即已登记的抵押权优先于未登记的抵押权。对于均未登记的抵押权竞存的，理论及立法上有“成立在先”与“次序同等”两种不同主张。我国《民法典》物权编中的第414条第1款第（3）项采“次序同等”说。上述这些原则在《民法典》物权编中的第414条第1款中均有体现，即“同一财产向两个以上债权人抵押的，拍卖、变卖抵押财产所得的价款依照下列规定清偿：（一）抵押权已经登记的，按照登记的时间先后确定清偿顺序；（二）抵押权已经登记的先于未登记的受偿；（三）抵押权未登记的，按照债权比例清偿”。

第二，就质押来看，能否在同一动产上设定两个以上的竞存质权，学界对此普遍持否定态度。认为质权设定以移转标的物为要件，同一质物的权利人移转质物设定质权后就不能再为移转而设定两个以上的质权，故质权间不能存在竞存现象也无所谓竞存时的效力问题。[①]

第三，就留置来看，留置权为法定担保物权，它的成立和存续以债权人直接占有留置物为前提，并且这一占有与留置权的存续同步，在同一留置物之上，不能存在两个直接占有，故留置权不能竞存。《民法典》物权编中的第457条规定："留置权人对留置财产丧失占有或者留置权人接受债务人另行提供担保的，留置权消灭。"因此，不论基于什么原因，如果先成立的留置权人丧失对留置物的占有，其留置权便归于消灭而由后留置权人取得留置权；当前留置权人对留置物又失而复得时即可重新享有留置权，而同时后留置权人的留置权消灭。所以，我们认为，在同一标的物上不会产生两个留置权而发生竞存问题。[②]

（2）不同种类担保形式的竞存。不同种类担保形式的竞存包括同一债权上的人的担保与物的担保的竞存、不同债权上的人的担保与物的担保的竞存，以及同一财产为不同债权设立不同形式物的担保的竞存。

①同一债权上的人的担保与物的担保的竞存。对于同一债权上同时存在人的担保与物的担保，根据《民法典》物权编规定处理即可。第392条规定："被担保的债权既有物的担保又有人的担保的，债务人不履行到期债务或者发生当事人约定的实现担保物权的情形，债权人应当按照约定实现债权；没有约定或者约定不明确，债务人自己提供物的担保的，债权人应当先就该物的担保实现债权；第三人提供物的担保的，债权人可以就物的担保实现债权，也可以请求保证人承担保证责任。提供担保的第三人承担担保责任后，有权向债务人追偿。"

如果当事人对于债权担保的优先适用作出约定的，由于物的担保责任与人的担保责任之间的关系主要涉及债权人与保证人、物上保证人之间以及保证人与物上保证人之间的关系，并不涉及公益，宜由当事人自由约定。当事人约定物的担保责任或者人的担保责任优先抑或平等，则均无不可。因此，

---

① 倪江表：《民法物权论》，我国台湾地区中正书局1982年版，第329页。

② 刘芽男：《论担保物权的竞存》，载《公民与法（法学版）》2013年第9期。

债务人不清偿到期债务或者发生当事人约定的实现担保物权的情形，债权人应当按照约定实现债权。

如果当事人未对债权担保的优先适用作出约定的，物的担保与人的担保的竞存进而又可以分为两种情形。一种情形是同一债权既有人的担保又有债务人提供的物的担保。在该种情形下，物的担保责任绝对优先，保证人享有先诉抗辩权。债务人是本位上的债务承担者，保证人仅是代替其承担责任，在其替债务人承担担保责任后，仍然对债务人享有求偿权，可以在其替债务人清偿的债务范围内向债务人追偿。而在债务人自己提供的物的担保情况下，首先处理该担保物以清偿债务，可以避免保证人日后对其行使追偿权。另一种情形是同一债权既有人的担保又有第三人提供的物的担保。在该种情形下，保证人与物上保证人处于同一清偿顺序，债权人既可以要求保证人承担保证责任，又可以要求物上保证人承担保证责任。然而，尽管物上保证人与保证人处于担保人的平等地位，但是皆非本位上的债务承担者。债权人无论是先实现物的担保还是先实现人的担保，物上保证人或者保证人都会向债务人追偿。为保障债权得充分实现，法律应当尊重债权人的意愿，允许担保权人在这种情况下享有选择权。

②不同债权上的人的担保与物的担保的竞存。不同债权上分别存在人的担保与物的担保，因物的担保的提供者不同而有不同表现形式，即不同第三人分别为不同债务提供人的担保和物的担保、第三人与债务人分别为不同债务提供人的担保和物的担保。各债权之间因担保形式的差异性而相安无事，债权人按照约定以及法律规定要求担保人与债务人清偿即可。

③同一财产为不同债权设立不同物的担保的竞存。物的担保有抵押、质押与留置等形式，若三者竞存，则较为复杂。当动产质权、抵押权与留置权的权利人分别为不同债权人时，何者具有优势地位，应当予以分别对待。但是，由于质权与留置权的标的是动产，抵押与质押的竞存、抵押与留置的竞存、质押与留置的竞存三种情形只能发生在动产上。

第一，抵押与质押的竞存。这一竞存包括先抵后质与先质后抵两种情形。

所谓先抵后质，即先抵押后质押，抵押权成立在先，质权成立在后。由于抵押并不移转标的物的占有，在财产设定抵押后，抵押人可将该财产移转第三人占有而成立质权，此时发生抵押权与质权竞存。根据《民法典》物权编中的第402条规定："以本法第三百九十五条第一款第一项至第三项规定的财产或者第五项规定的正在建造的建筑物抵押的，应当办理抵押登记。抵押权自登记时设立。"第395条第1款规定："债务人或者第三人有权处分的下列财产可以抵押：（一）建筑物和其他土地附着物；（二）建设用地使用权；（三）海域使用权；（四）生产设备、原材料、半成品、产品；（五）正在建造的建筑物、船舶、航空器；（六）交通运输工具；（七）法律、行政法规未禁止抵押的其他财产。"由此可见，抵押物不同，抵押权的成立要件亦不同。有些财产设定抵押权必须办理抵押物登记，否则抵押权不成立，即属于登记生效要件。另有些财产是否办理抵押物登记可由当事人约定，但是登记与否而致抗辩效力不同，即属于登记对抗要件。通说认为，登记的抵押权的效力优先于质权，未经登记的抵押权，由于不具有对抗第三人的效力，即使成立在先，质权的效力亦优先于抵押权。① 这是因为动产质权的公示方法为转移占有，动产抵押权的公示方法为登记，转移占有的公示效果明显弱于登记公示的效果。若将动产质权和抵押权等同对待，则存在滥用动产质权损害动产抵押权的巨大风险。因此，动产质权劣后于登记的动产抵押权。在司法实践中，同一财产法定登记的抵押权与质权并存时，抵押权人优先于质权人受偿。然而，《民法典》物权编中的第403条规定："以动产抵押……未经登记，不得对抗善意第三人。"此时，质权的效力优先于抵押权。② 质权人因占有这种公示方法而享有优先于未经登记公示的抵押权人受偿。③

所谓先质后抵，即先质押后抵押，质权成立在先，抵押权成立在后。从各国民法例看，均未禁止财产设定质权后再以该财产设定抵押权。尽管法律

---

① 张义华：《论物上担保体系及其竞合》，载《河南政法管理干部学院学报》2002年第6期。

② 邹海林、常敏：《债权担保的理论与实务》，社会科学文献出版社2005年版，第278页。

③ 李国光主编：《担保法新释新解与适用》，新华出版社2001年版，第661页。

对先质后抵没有作出允许的积极规定，但是也无禁止的消极规定。从理论上讲，只要当事人自愿，仍可成立抵押权。当事人先质后抵的，应予承认。由于质权的公示方法和抵押权的公示方法具有同等效力，因此，抵押权和质权应当依照取得对抗效力的时间先后确定其优先顺位，故质权优先于抵押权。

第二，抵押与留置的竞存。这一竞存包括先抵后留与先留后抵两种情形。

所谓先抵后留，即先抵押后留置，抵押权成立在先，留置权成立在后。抵押物被他人依法留置，须有法定事由。例如，在某一动产上设定抵押后，当抵押人将该动产交与他人加工、维修、保管或者运送时，即可能因其未清偿与此相关的费用而于该动产上依法成立他人的留置权，从而发生抵押权与留置权的竞存。①《民法典》物权编承认抵押权与留置权竞存并肯定留置权的优先效力。第456条规定："同一动产上已经设立抵押权或者质权，该动产又被留置的，留置权人优先受偿。"

所谓先留后抵，即先留置后抵押，留置权成立在先，抵押权成立在后。在留置物上又设定抵押权，因设定人的不同而分为两种情形：一是动产所有人于留置权发生后又以留置物为他人设定抵押权。此时，无论依法定担保物权优先于约定担保物权，还是依"设定在先，权利在先"规则，留置权均应当优先于抵押权。二是留置权人以其占有的留置物向善意之他人设定抵押权，即当留置权发生后，留置权人为担保自己的债务而以该留置物向其债权人设定抵押权。如果这种抵押是经留置物所有权人同意的，抵押权有效，发生抵押权与留置权竞存，抵押权的效力应当优先于留置权的效力；如果这种抵押权未经留置物所有人同意，则只能是在第三人即接受设定抵押权的人是善意时，才能依善意取得制度取得抵押权，后成立的抵押权优先于留置权。②

第三，质押与留置的竞存。这一竞存包括先质后留与先留后质两种情形。

所谓先质后留，即先质押后留置，质权成立在先，留置权成立在后。质物上又成立留置权，因留置权人不同而有两种情形：一是债权人取得动产质

① 刘保玉：《论担保物权的竞存》，载《中国法学》1999年第2期。
② 刘芽男：《论担保物权的竞存》，载《公民与法（法学版）》2013年第9期。

权后，又因对质物加工、修理等原因而对该财产享有留置权。此种情况下，一般规则仍是留置权优先。但是，由于质权人与留置权人重合，不妨由权利人选择先实现哪一个权利或者在可能的情况下同时实现。二是质物上又成立他人的留置权。例如，质权人将质物交由第三人代为保管、运输而自己为间接占有时，第三人得对其保管、运输的质物依法取得留置权。此种情况下，留置权优先于质权。

所谓先留后质，即先留置后质押，留置权成立在先，质权成立在后。留置物上又设定质权，因设定人不同亦有两种情形：一是留置权成立后，动产所有人为担保同一债权人的其他债权又以该留置物为其设定质权。其处理规则与先质后留中的第一种情况相同。二是留置权人擅自以留置物向善意之他人出质。[①] 此种情况下，只有接受设定质权的他人是善意的，才获得质权，并优先于留置权。

① 刘保玉:《论担保物权的竞存》，载《中国法学》1999 年第 2 期。

第四章 夫妻债务清偿的运行机制

夫妻债务清偿是一个兼顾不同财产利益的衡平过程。它需要一个科学完善的运行机制，以保障债务人合理负担夫妻共同债务以及债权人顺利实现债权。这一夫妻债务清偿的运行机制至少应当包括清偿原则、清偿路径、清偿障碍、清偿通知、清偿费用、清偿追偿与清偿限制等具体制度。

第一节　清偿原则

一、清偿原则的基本含义

清偿原则，即夫妻债务清偿原则，是指夫妻双方清偿夫妻共同债务与夫妻个人债务所应当遵守的基本原则。

它有以下几个方面含义：

第一，在适用主体上，身份具有变化性。这主要体现在夫妻共同债务清偿上。债务产生于婚姻关系存续期间，债务人尚为夫妻。离婚之后，夫妻身份消灭。然而，债务人的身份关系变化并不影响夫妻共同债务的性质，其对于本应在婚姻关系存续期间清偿的夫妻共同债务依然负有清偿义务，并且负担连带清偿责任，以致债务人不得不在离婚之后依然存在牵连。夫妻个人债务则不然，其以个人财产清偿，婚姻关系变化对其影响不大。

第二，在适用对象上，债务具有区别性。夫妻债务因负债目的与具体用途的不同而有夫妻共同债务与夫妻个人债务之分。其中，夫妻共同债务基于夫妻双方共同供养家庭之义务，因双方共同意思表示与夫妻一方以个人名义为家庭日常生活需要所负的债务，都属于夫妻共同债务，应当由夫妻双方共同清偿。并且，这种共同清偿责任不因离婚而消除。夫妻个人债务与共同生活需要无关，由负债的夫妻一方独自负担。这就将性质不同的清偿义务区别开来。

第三，在适用时间上，清偿具有延续性。这种延续性突出表现为本应在婚姻关系存续期间清偿的夫妻共同债务因离婚而延续到离婚之后清偿。具体而言，一是清偿对象的延续，即夫妻共同债务不因离婚而消灭；二是清偿主体的延续，即离婚仅解除债务人的夫妻身份关系，并不改变共同债务人身份；三是清偿责任的延续，即离婚并不消灭债务人对于夫妻共同债务的共同清偿责任。这种债务清偿的延续性不以人的意志为转移，而是取决于夫妻共同债务之性质，即夫妻共同债务清偿之对象共同性、主体共同性与责任共同性。这种共同性使得夫妻共同债务清偿具有同一性，并使之在离婚之后得以继续清偿。婚内清偿夫妻共同债务与离婚后清偿夫妻共同债务的区别仅在于夫妻身份关系不同。但是，这恰是连接二者的关系纽带，实现夫妻共同债务婚内清偿的同一性与离婚之后清偿的延续性之有机统一，保证夫妻共同债务不因债务人解除夫妻身份关系而变化，以保障债权人利益。

第四，在适用结果上，责任具有差别性。尽管夫妻共同债务在外观上表现为夫妻双方或者夫妻一方为共同生活需要所负债务，但是实质上并非夫妻双方的债务，而是婚姻共同体的债务。清偿主体为婚姻共同体。作为婚姻共同体成员，共同命运使其对夫妻共同债务负有须以夫妻共同财产清偿之责任。即使在夫妻共同财产不足以清偿夫妻共同债务时，夫妻双方以其个人财产承担补充连带清偿责任。并且，因命运相系、同舟共济，顾念夫妻情分，基于婚姻家庭存续下的整体利益之考量，彼此之间一般不会发生追偿问题。然而，离婚之后，婚姻共同体的整体利益去之不存，夫妻双方分道扬镳，各以自身利益为重。如果夫妻共同财产不足以清偿夫妻共同债务，其中一方以其个人财产清偿后，则可以向另一方追偿。这就使得债务人在离婚前后的身份关系变化而适用不同清偿规则。

二、清偿原则的立法检视

（一）清偿原则之立法演变

我国婚姻立法关于夫妻债务清偿原则的规定经历了一个不断修正和发展的过程。

1. 夫妻债务清偿原则的确立

夫妻债务清偿原则确立于 1950 年《婚姻法》。其第 24 条规定："离婚时，原为夫妻共同生活所负担的债务，以共同生活时所得财产偿还；如无共同生活时所得财产或共同生活时所得财产不足清偿时，由男方清偿。男女一方单独所负的债务，由本人偿还。"这一规定确立了夫妻债务二元清偿原则，即包含夫妻共同债务清偿原则与夫妻个人债务清偿原则，夫妻共同债务采"共同负担 + 男方补充"原则、夫妻个人债务采独自负担原则。

这一负担原则不仅体现男女平等原则，而且突出对妇女的特殊保护。中华人民共和国成立后，尽管妇女得到解放，但是封建传统思想尚未彻底肃清，妇女解放并不彻底，尤其是许多妇女受缠足之累无法参加生产劳动，获得财产收益的机会要比男子少得多，依然处于弱势地位。因此，第 24 条具有浓重的时代色彩，立法立场具有十分强烈的倾向性，表现出对妇女的关爱、照顾和保护。特别是作为新中国的第一部法律，1950 年《婚姻法》承载着废旧立新（废除封建主义婚姻家庭制度，建立社会主义婚姻家庭制度）的历史使命，实现妇女解放与男女平等。正是由于 1950 年《婚姻法》更多地关注妇女的命运转折与社会地位，浓郁的政治色彩使得 1950 年《婚姻法》成为妇女权利的宣言书。[①] 在这一特定背景下，这种由男方补充清偿夫妻共同债务的立法安排符合当时的历史现实，应当理性看待这一立法安排。

2. 夫妻债务清偿原则的修正

夫妻债务清偿原则修正于 1980 年《婚姻法》。我国社会在 30 年间的发展中，社会主义婚姻家庭制度已经建立和巩固，社会主义婚姻家庭关系成为主流。[②] 尤其是恰逢改革开放伊始，全国上下呈现一派新气象，革新了人们的思想观念。在这一背景下，婚姻立法观念也发生较大变化。

1980 年《婚姻法》第 32 条规定："离婚时，原为夫妻共同生活所负的债务，以共同财产偿还。如该项财产不足清偿时，由双方协议清偿；协议不

① 卢文捷：《夫妻忠实义务制度研究》，中国政法大学出版社 2016 年版，第 82~83 页。
② 蒋月：《20 世纪婚姻家庭法：从传统到现代化》，中国社会科学出版社 2015 年版，第 316 页。

成时，由人民法院判决。男女一方单独所负债务，由本人偿还。”这一规定所确立的夫妻二元清偿原则是在继承1950年《婚姻法》第24条所确立的夫妻债务清偿原则基础上的重大修正结果。这主要体现在两个方面：一是将用以清偿夫妻共同债务的“共同生活时所得财产”改为“共同财产”；二是将“无共同生活时所得财产或共同生活时所得财产不足清偿时，由男方清偿”修改为“该项财产不足清偿时，由双方协议清偿；协议不成时，由人民法院判决”。由于这一规定明确债务人在夫妻共同财产不足以清偿夫妻共同债务的情形下协议清偿，不仅赋予婚姻当事人协商处理婚姻纠纷的权利，而且进一步扩大了清偿夫妻共同债务的财产范围，尤其是终结男方补充清偿剩余债务的立法规定，更加符合社会现实，真正实现男女平等。因此，它所确立的夫妻债务清偿原则适应了变化的社会关系，要比1950年《婚姻法》第24条所确立的夫妻债务清偿原则更具有科学性和合理性，有利于保障夫妻双方公平负担夫妻共同债务。然而，这一规定尚存明显立法不足。既然第13条允许夫妻双方约定婚姻关系存续期间所得的财产归各自所有，那么试问第32条所规定的用以偿还分别财产制下的夫妻共同债务的共同财产由何而来？事实上，第32条仅是针对共同财产制的夫妻债务清偿的规定，遗漏了分别财产制下的夫妻共同债务负担问题。这种立法结构上的逻辑矛盾使得制度内容不能前后照应，并将造成夫妻债务清偿原则在司法适用中的困窘。

3. 夫妻债务清偿原则的发展

夫妻债务清偿原则的发展体现在2001年《婚姻法》修正案的规定中，并通过司法解释使之不断完善。第41条规定：“离婚时，原为夫妻共同生活所负的债务，应当共同偿还。共同财产不足清偿的，或财产归各自所有的，由双方协议清偿；协议不成时，由人民法院判决。”《婚姻法解释（二）》第25条第1款规定：“当事人的离婚协议或者人民法院的判决书、裁定书、调解书已经对夫妻财产分割问题作出处理的，债权人仍有权就夫妻共同债务向男女双方主张权利。”《婚姻法解释（二）》第26条规定：“夫或妻一方死亡的，生存一方应当对婚姻关系存续期间的共同债务承担连带清偿责任。”在这1个法律规定与2个司法解释中，第41条确立夫妻共同债务清偿原则，即共同负担原则，为离婚清偿夫妻共同债务提供了基本法律依据。《婚姻法解释（二）》第25条第1款与第26条则基于司法实践需要，分别针对夫妻共同债务清偿的一般情形与特殊情形进一步丰富了共同负担原则的内涵，前者明确离婚后的男女双方对于夫妻共同债务的连带清偿责任，后者针对生存的夫妻一方同其死亡配偶对于夫妻共同债务的连带清偿责任。这就使得第41条所确立的共同负担的夫妻共同债务清偿原则更加符合现代社会发展需要。在现代社会中，夫或者妻个人、夫妻共同体乃至家庭，是民事活动的重要主体。[①] 夫妻财产关系不仅关系夫妻各方的切身利益，而且同样涉及与之发生各种民事关系的第三人的经济利益，对民事交易有极为重要的影响。[②] 这就需要《婚姻法》应当满足涉及夫妻财产的民事交易安全需要，以保障配偶的财产权益、保护第三人的财产安全和合法利益。[③] 因此，第41条以债权人与债务人之间的利益衡平为基点，在1980年《婚姻法》第32条的基础上进一步有了重大发展。它的进步性主要体现在两个方面：一是对于离婚时的夫妻共同债务，将“以共同财产偿还”修改为“共同偿还”，这就将夫妻共同债务的责任财产范围突破了夫妻共同财产，扩张至夫妻个人财产。在夫妻共同财产不足以清偿夫妻共同债务时，夫妻各方须以其个人财产负担清偿责任。实现由财产责任向主体责任的跨越，在最大程度上保障债权人利益。二是增加分别财产制下的夫妻共同债务负担，即“财产归各自所有的，由双方协议清偿；协议不成时，由人民法院判决”。这就弥补了1980年《婚姻法》第32条关于夫妻共同债务清偿的立法漏洞，进一步完善夫妻财产制度。

4. 夫妻债务清偿原则的延续

《民法典》婚姻家庭编中的第1089条改造并继承了2001年《婚姻法》修正案第41条关于夫妻共同债务清偿的规定。它将这一规定中的夫妻共同

① 蒋月：《夫妻财产制与民事交易安全若干问题研究》，载《法学》1999年第5期。

② 傅远佳：《论夫妻财产制与民事交易安全》，载《安徽大学学报（哲学社会科学版）》2003年第6期。

③ 蒋月：《夫妻财产制与民事交易安全若干问题研究》，载《法学》1999年第5期。

债务的界定标准与清偿原则分解成两个条款。一是《民法典》婚姻家庭编中的第 1064 条将夫妻共同债务的界定标准分离出去，建构专门的夫妻债务界定规则。这是夫妻债务立法的重大创新。二是《民法典》婚姻家庭编中的第 1089 条将关于夫妻共同债务清偿的规定迁移过来，延续夫妻共同债务清偿原则。尽管编纂《民法典》的立法格局以及立法层次要高于制定《婚姻法》，但是就婚姻制度演进而言，从《婚姻法》到《民法典》婚姻家庭编则是婚姻立法的内在发展过程，二者之间必然发生继承。然而，新法与旧法之间的立法继承，不是机械式立法迁移，而是需要考虑新法制定时的立法背景、旧法的科学性及其实施中存在的突出问题，然后对旧法的精神、内容予以合理选择，以建构新法内容。自 2001 年《婚姻法》修正案以来，最高人民法院出台多项涉及夫妻债务清偿的司法解释，这充分表明夫妻债务清偿纠纷较多且较复杂。《民法典》婚姻家庭编针对司法实践现状，吸收 2001 年《婚姻法》修正案以来的相关司法解释，进一步完善了夫妻债务清偿制度。

总之，我国婚姻立法对于夫妻债务清偿原则从最初确立以来，并非一成不变，而是不断地修正、发展。尽管在这个立法过程中也存在不足之处，但是关于夫妻共同债务清偿的立法精神始终没有改变，即夫妻双方共同清偿夫妻共同债务。

（二）清偿原则之立法不足

尽管《民法典》婚姻家庭编关于夫妻债务立法有一定的进步性，但是第 1089 条对于夫妻债务清偿原则的规定依然尚有需要完善之处。

1. 未明确清偿夫妻债务的财产来源

域外的一些民法典明确规定用以清偿夫妻共同债务与夫妻个人债务的财产来源。对于夫妻共同债务，有的规定以夫妻共同财产清偿，有的规定以夫妻共同财产和夫妻个人财产清偿。例如，前者有《法国民法典》第 1409 条，《意大利民法典》第 186 条；后者有《瑞士民法典》第 233 条，《埃塞俄比亚民法典》第 659 条第（2）项。对于夫妻个人债务，有的规定以夫妻个人财产清偿，有的规定以夫妻个人财产与其在夫妻共同财产中的财产份额清偿。例如，前者有《巴西民法典》第1666条，《葡萄牙民法典》第1696条；后者有《瑞士民法典》第234条，《意大利民法典》第187条与第189条。相比之下，我国《民法典》婚姻家庭编中的第1089条并未明确用以清偿夫妻共同债务的责任财产。对此，有学者认为，从债的相对性角度讲，夫妻债务的责任财产必然包括举债方的个人财产。[①] 有的学者则主张，认为不同类型夫妻债务的责任财产不同，即因家庭日常生活所负之债，责任财产为两人所有财产；对于单方经营行为的负债，责任财产为夫妻共同财产和经营一方的个人财产。[②] 这就容易造成夫妻债务清偿纠纷。因此，有必要明确清偿夫妻共同债务与夫妻个人债务的责任财产。

2. 没有明确夫妻个人债务清偿原则

基于夫妻共同债务与夫妻个人债务的不同性质，应当分别适用不同清偿原则。对此，法国、瑞士、意大利、葡萄牙、巴西等国民法典都有相关规定。然而，我国关于夫妻个人债务清偿的规定却经历了一个从有到无的过程。1950年《婚姻法》第24条确立的夫妻债务清偿原则包含夫妻个人债务清偿的内容，1980年《婚姻法》第32条继承这一规定。按照立法的一般演进逻辑，2001年《婚姻法》修正案第41条本应当继承1980年《婚姻法》第32条的相关规定。然而，它却对1980年《婚姻法》第32条采选择性继承，仅规定夫妻共同债务清偿。这就使夫妻债务二元清偿原则自此成为夫妻债务单一清偿原则。尽管2001年《婚姻法》修正案对约定财产制下的夫妻个人债务清偿有所规定，但是缺少关于夫妻个人债务清偿的一般规定。及至《民法典》婚姻家庭编中的第1089条，亦仅有夫妻共同债务清偿的规定。虽然婚姻立法的重心固然在于调整夫妻的人身关系与财产关系，但是男女结婚以后依然各有一定的个人生活空间。我们并不否认，基于夫妻共同债务与夫

① 李竞丝：《夫妻债务的认定与清偿研究》，华东政法大学2016年硕士学位论文，第38页。

② 杨晓蓉、吴艳：《论夫妻共同债务的认定标准和责任范围——以夫妻单方的经营性负债为研究重点》，载《法律适用》2015年第9期。

妻个人债务的非此即彼关系，以及个人债务应当由其个人负担属于常理认知，只要明确夫妻共同债务清偿原则，即可以通过排除方法得出夫妻个人债务清偿原则。这就意味着《民法典》婚姻家庭编中的第 1089 条蕴含着夫妻个人债务清偿的内容，只是在立法技术上进行了不同处理。可是，受夫妻关系的特殊性影响，负债的夫妻一方在婚姻关系存续期间动用夫妻共同财产清偿个人债务的现象屡见不鲜，并且不乏夫妻一方的债权人向其配偶主张清偿债务的情形。如果负债的夫妻一方配偶不能隐忍，则会造成夫妻矛盾。更有甚者，离婚之后，尚有夫妻一方的债权人依然因其个人债务而对其原配偶纠缠不清。因此，为了保护婚姻当事人的婚姻权益不受损害，婚姻立法规制夫妻关系时，有必要对夫妻个人行为予以适当规制。法律不仅要明确夫妻共同债务清偿规则，而且应当明确夫妻个人债务清偿规则。只有立法泾渭分明，不同利益主体各得其所，才能避免发生债务清偿纠纷。

3. 不能有效应对夫妻债务清偿纠纷

在婚姻当事人变成离婚后的债务人之后，尽管夫妻情分已尽，但是双方因清偿夫妻债务而在离婚之后依然存在利益牵连。对此，婚姻立法必须考量夫妻债务清偿所涉债务人之间及其同债权人之间的利益衡平，科学建构夫妻债务清偿制度。虽然《民法典》婚姻家庭编中的第 1089 条蕴含保护债权人实现债权的逻辑内涵，但是该条款为义务性规则，在立法技术处理上，法律条款的表述选择以债务人为切入点，以致整个条款过分强调债务人义务而并未明确债权人权利。特别是《民法典》婚姻家庭编仅就夫妻共同债务清偿确立一项共同负担原则，过于单一。因此，为了妥善应对夫妻债务清偿纠纷，婚姻立法应当考量多重利益，确立多项夫妻债务清偿原则，以利于婚姻当事人合理负担夫妻债务，在最大程度上保障各方当事人的合法权益，减少发生夫妻债务清偿纠纷。

三、清偿原则的合理建构

（一）清偿原则之基础因素

科学建构夫妻债务清偿原则，应当考虑相关基础元素。

1. 债务性质

夫妻债务清偿原则是夫妻双方合理负担清偿夫妻债务的基本指引规范。夫妻债务性质不明，则容易造成债务人之间以及债权人与债务人之间的纠纷。因此，债务性质是科学设计夫妻债务清偿原则的核心要素，并且是首要要素。既然夫妻共同债务与夫妻个人债务的性质不同，那么势必适用不同的清偿规则。然而，由于夫妻在婚姻关系存续期间所负债务多为夫妻共同债务，在设计夫妻债务清偿原则时，应当坚持“以夫妻共同债务清偿为主，兼顾夫妻个人债务清偿”的基本立场，科学处理夫妻共同债务清偿原则与夫妻个人债务清偿原则之间的关系。

2. 清偿主体

夫妻债务清偿主体即夫妻。通常情况下，夫妻自行清偿债务。但是，在某些特殊情形下，债务人无法亲自清偿债务的，需要他人协助清偿债务。这些特殊情形包括：清偿主体死亡、失踪以及民事行为能力的减弱或者丧失。因不同情形而适用不同制度。

第一，债务人死亡。此种情况下，由继承人根据《民法典》继承编的相关规定继受清偿。

第二，债务人失踪。在债务人一方失踪的情况下，夫妻双方无法协议离婚，失踪方配偶只能诉讼离婚。根据《民法典》婚姻家庭编中的第 1079 条第 4 款规定：“一方被宣告失踪，另一方提起离婚诉讼的，应当准予离婚。”因此，在失踪方配偶提出离婚诉讼之前，首先应当申请宣告失踪方为失踪人。《民法典》总则编中的第 40 条规定：“自然人下落不明满二年的，利害关系人可以向人民法院申请宣告该自然人为失踪人。”其中，申请宣告失踪的利害关系人包括被申请宣告失踪人的配偶、父母、子女、兄弟姐妹、祖父母、外祖父母、孙子女、外孙子女以及其他与被申请人具有民事权利义务关系的人。《民法典》总则编中的第 42 条第 1 款、第 43 条第 2 款规定，失踪人的财产由其配偶、成年子女、父母或者其他愿意担任财产代管人的人代管。失踪人所欠税款、债务和应付的其他费用，由财产代管人从其财产中支付。

在失踪方配偶向人民法院提起离婚诉讼期间，夫妻共同债务清偿期限届至的，由失踪方配偶以夫妻共同财产清偿夫妻共同债务。如果夫妻共同财产不足以清偿的，出于清偿夫妻共同债务之便利，鉴于此时尚未解除夫妻关系，可以暂由失踪方配偶担任失踪方的财产代管人，待清偿完夫妻共同债务之后再行变更财产代管人。如果失踪方配偶不愿意担任失踪方的财产代管人或者需要在离婚后清偿债务的，可由失踪人的其他财产代管人代为处理债务清偿事宜。如果失踪人没有个人财产的，则按照有关法律规定处理。

第三，债务人的民事行为能力减弱或者丧失。《民法典》总则编中的第 28 条规定："无民事行为能力或者限制民事行为能力的成年人，由下列有监护能力的人按顺序担任监护人：（一）配偶；（二）父母、子女；（三）其他近亲属；（四）其他愿意担任监护人的个人或者组织，但是须经被监护人住所地的居民委员会、村民委员会或者民政部门同意。"由于无民事行为能力或者限制民事行为能力的债务人配偶即将同其离婚或者已经同其离婚，只能根据第 28 条规定从除第（1）项之外的其他有监护资格、监护能力和监护意愿的人当中产生监护人。根据《民法典》总则编中的第 35 条第 1 款规定："监护人应当按照最有利于被监护人的原则履行监护职责。监护人除为维护被监护人利益外，不得处分被监护人的财产。"由于清偿债务关涉被监护人的切身利益，在债务人的民事行为能力减弱或者丧失的情况下，由监护人代其清偿债务属于维护被监护人利益之行为，可以处分其财产。因此，应当由监护人代其同其原配偶以夫妻共同财产清偿夫妻共同债务、以其个人财产清偿其个人债务。

3. 责任形式

法律责任是法律运行的重要保障机制。法律通过确立责任，督促义务人积极履行义务，以保障权利人利益。对于夫妻共同债务与夫妻个人债务而言，因债务人身份关系的特殊性、夫妻共同债务目的的同一性、夫妻共同债务与夫妻个人债务的牵连性，如何合理分配夫妻债务负担，关涉各方利益。法律必须根据夫妻共同债务与夫妻个人债务的不同性质，分别确立不同的清偿责任形式。其中，夫妻双方以共同财产清偿共同债务，并以各方个人财产承担补充连带清偿责任。夫妻一方以其个人财产清偿个人债务，并负担无限清偿责任。

4. 责任财产

债务清偿是通过转移财产以恢复债权人的原来财产状况。债务人须有足够的财产保障债权人恢复财产状况。这一用以清偿债务的财产即为责任财产。基于常理，债务人应当以夫妻共同财产与夫妻个人财产分别清偿夫妻共同债务与夫妻个人债务。然而，在法律未对夫妻共同债务与夫妻个人债务的责任财产作出明确规定的情况下，则会发生夫妻一方以其配偶个人财产清偿夫妻共同债务，或者以夫妻共同财产或者以其配偶的个人财产清偿其个人债务等情形，也会发生债权人要求以夫妻个人财产清偿夫妻共同债务或者以夫妻共同财产清偿夫妻个人债务的情形。这就引发债务人内部以及债权人与债务人之间的债务清偿纠纷。因此，《民法典》婚姻家庭编应对清偿夫妻共同债务与夫妻个人债务的责任财产作出规定，以明确债务清偿责任。不过，即使在法律作出明确规定的情况下，夫妻之间愿意以夫妻共同财产清偿夫妻个人债务或者以夫妻个人财产清偿夫妻共同债务的，法律不应禁止。

（二）清偿原则之具体内容

笔者认为，婚姻立法应当规定共同负担、平等负担、区别对待、利益衡平、保障债权与继受清偿等夫妻债务清偿原则。但是，需要针对夫妻共同债务与夫妻个人债务而选择适用具体清偿原则。

1. 共同负担

共同负担是指夫妻双方共同负担清偿夫妻共同债务。这一原则适用于清偿夫妻共同债务。

共同负担原则是《民法典》婚姻家庭编中的第1089条确立的夫妻共同债务清偿原则。它包括夫妻共同财产清偿与夫妻个人财产补充清偿两项具体原则。其中，夫妻共同财产清偿针对通常情形，即一般应当以夫妻共同财产清偿夫妻共同债务。夫妻个人财产补充清偿是在夫妻共同财产不足以清偿夫妻共同债务或者财产归各自所有的情况下，应当以夫妻各方的个人财产继续清偿剩余的部分夫妻共同债务或者以夫妻各方的个人财产直接清偿夫妻共同债务。这种共同负担的责任效果有二：一是夫妻双方以其共同财产与个人财产清偿夫妻共同债务；二是债务人离婚后对夫妻共同债务负担连带清偿责任。它意在保障债权人利益，防止债务人之间相互推诿或者逃避清偿夫妻共同债务。这两项具体原则共同构成共同负担原则的内涵，前者是基本要义，后者属派生要义。在适用这一原则时，首先应当考虑以夫妻共同财产清偿夫妻共同债务，只有在夫妻共同财产不足以清偿夫妻共同债务或者财产归各自所有时，才能考虑以夫妻个人财产补充清偿剩余的部分夫妻共同债务或者直接清偿夫妻共同债务。

《民法典》婚姻家庭编确立这一原则在于以下几个方面的原因：

第一，婚姻共同体的整体利益将婚姻当事人命运紧紧绑缚在一起，夫妻双方共同担负养育家庭以及维持家庭稳定的义务。无论出于夫妻双方的共同意思表示，还是夫妻一方将其个人名义的债务所得利益用于家庭日常生活需要，皆为夫妻共同债务，须由夫妻双方共同清偿。

第二，夫妻行使日常家事代理权的必然结果。在婚姻家庭生活中，日常事务包括衣、食、住、行、医疗、雇工、接受馈赠等诸多必要事项。对于这类繁杂琐碎的家庭事务，不可能全由夫妻双方共同处理，只能由夫妻一方处理，必然有夫妻相互代理的需要。并且，夫妻间均有代理权。家事代理权应当以配偶双方名义为之。但是，配偶一方以自己的名义为之者，仍为有效。[①] 这种代理基于配偶身份而生，它与一般民事代理不同，不以明示为必要，其后果是配偶一方代表家庭所为的行为，对方配偶须承担后果责任，配偶双方应当对该行为承担共同连带责任。[②] 我国、法国、瑞士、日本、巴西、秘鲁等国民法典都有相关立法规定。只要夫妻一方发生日常家事代理的事实，另一方就不能否认其配偶的家事代理行为。

第三，权利与义务相一致的具体体现。法律不仅授予人们一定权利，而且同时为人们设定相应义务。权利与义务互为前提且相对等，权利人在享有权利的同时必须负担相应义务。夫妻双方享用债务所得利益，不能只由负债的夫妻一方负担清偿债务。否则，有失公平。

2. 平等负担

平等负担是指夫妻双方共同负担清偿夫妻共同债务时，应当平等分割且公平分担债务。这一原则适用于清偿夫妻共同债务。

平等负担夫妻共同债务反映男女平等价值，是贯彻男女平等原则的具体体现。男女平等体现为男女人格尊严和价值平等，男女权利、机会和责任平等。[③] 它要求男女两性在婚姻家庭中的地位平等，平等地享有权利、承担义务，禁止对女性的任何形式的歧视、虐待和压迫。[④] 因此，坚持这一原则可以保障夫妻双方合理分担夫妻共同债务，防止损害双方利益。

平等负担债务不得附加任何不合理条件。尽管“一日夫妻百日恩”，但是离婚之后，顾念曾经夫妻情分的人并不太多。有些为了争夺财产和未成年子女的抚养权，各不相让。特别是有的离婚当事人以多负担债务作为对方获得离婚利益的不平等交换条件。最为常见的情形就是为了使孩子随其一起生活，即使明知多承担债务并不公平，也会忍痛接受。然而，抚养未成年子女是父母的法定义务，与父母离婚无关，与负担夫妻共同债务无关。

---

① 杨立新:《亲属法专论》，高等教育出版社 2005 年版，第 236 页。
② 杨立新:《亲属法专论》，高等教育出版社 2005 年版，第 235 页。
③ 蒋月:《20 世纪婚姻家庭法：从传统到现代化》，中国社会科学出版社 2015 年版，第 508 页。
④ 余延满:《亲属法原论》，法律出版社 2007 年版，第 65 页。

平等负担不是绝对平均分割夫妻共同债务，而是在债务分担中体现公平性与合理性，注意事实与结果的实质平等。一般来说，债务负担同财产分割成正比，所得财产越多，债务负担越多；反之，越少。然而，尚需考量个人的清偿能力、身体健康状况以及未成年子女是否随其共同生活等因素。特别是应予适当照顾弱势一方。第一，由于男女的生理差别，女性在生理期、怀孕、哺育婴儿等方面的特殊性，需要对其予以特殊保护。对此，《妇女权益保障法》第2条第3款规定："国家保护妇女依法享有的特殊权益。"第二，传统的"男主外，女主内"的社会分工模式延续至今，现代社会的家庭依然以女性操持家务为主，女性被束缚在繁杂的日常家务中而无暇顾及自身发展，很难获得同男子的同等发展机会。第三，尽管现代社会基本实现法律形式上的男女平等，但是法律在规制一个问题或者进行一项利益分配时，应当有性别平等视角的事先审视，关注到男女两性在现实生活中各方面的不同——妇女的弱势地位，传统生活方式对妇女的影响。① 只有综合考量上述诸项因素，才能保障夫妻双方合理分担夫妻共同债务，实现公平。

3. 区别对待

区别对待，也可以称为分别清偿，是指应当将夫妻共同债务与夫妻个人债务区别开来，予以分别清偿。这一原则适用于清偿夫妻共同债务与夫妻个人债务。

区别对待是责任自负原则在婚姻家庭领域的具体体现。尽管男女因结婚而构成婚姻共同体，双方命运系于婚姻家庭共同利益，但是依然有为个人谋取利益之权利。切忌将夫妻共同债务与夫妻个人债务混为一谈，而是各自有其相应的清偿责任主体。

区别对待原则在《民法典》总则编中有所体现。第56条规定："个体工商户的债务，个人经营的，以个人财产承担；家庭经营的，以家庭财产承担；无法区分的，以家庭财产承担。农村承包经营户的债务，以从事农村土地承包经营的农户财产承担；事实上由农户部分成员经营的，以该部分成员

① 蒋月：《20世纪婚姻家庭法：从传统到现代化》，中国社会科学出版社2015年版，第506页。

的财产承担。”据此规定，夫妻在婚姻关系存续期间从事个体工商业经营与农村土地承包经营，因实质经营主体不同而致夫妻共同债务与夫妻个人债务的清偿责任主体有所不同。其中，以家庭名义经营，或者虽然以夫妻一方名义经营，但是实质属于家庭经营，应当将债务认定为夫妻共同债务或者家庭债务，夫妻或者所有家庭成员为债务清偿主体，应当以夫妻共同财产或者家庭财产清偿；否则，应当将债务认定为夫妻一方或者个别家庭成员的个人债务，夫妻一方或者相关家庭成员为债务清偿主体，以其个人财产清偿。

区别对待原则的价值在于明确界分夫妻共同债务与夫妻个人债务的清偿责任，保护夫妻个人权益不受损害，同时兼顾夫妻共同债务与夫妻个人债务的债权人利益。对于夫妻双方而言，这一原则可以保障其无须清偿与己无关的债务，从而使婚姻整体利益与夫妻个体利益都能得到较好保护。对于债权人而言，这一原则有利于其在同夫妻双方或者夫妻一方交易时合理评估交易风险，把握顺利实现债权的时机。

4. 利益衡平

利益衡平是指清偿夫妻债务应当兼顾债权人与债务人之间、不同债权人之间以及债务人之间的利益，合理保护各方利益，以实现法律公平。这一原则适用于清偿夫妻共同债务与夫妻个人债务。

任何权利的实现并不仅限于满足权利人的利益需求，尚要兼顾义务人、社会和国家等不同层次主体的利益期许。其中，在清偿夫妻共同债务与夫妻个人债务中，债权人与债务人之间是利益对立主体，不同债权人之间是利益竞争主体，债务人之间是利益共同主体。如果过于突出保护债权人利益而忽视债务人利益，或者过于突出保护其中某一债权人利益而忽视其他债权人利益，或者过于突出保护债务人利益而忽视债权人利益，或者过于突出保护债务人双方共同利益而忽视个人利益以及过于突出保护债务人个人利益而忽视双方共同利益，本身就是侵害债务人和其他债权人的利益。这就需要兼顾多方利益主体，注意债权人与债务人之间、债权人之间以及债务人之间的利益衡平，以保障不同利益主体的合法权益得到应有保护。因此，利益衡平原则应运而生。这一原则具有丰富内涵。

第一，保障不同当事人法律地位平等。法律地位平等是民事主体进行民事活动的根本保障。每一个人都有权利要求其他任何人尊重他的人格、不侵害他的权益；而相应的，每一个人对其他任何人也都必须负有这种尊重他人人格以及不侵害他人权利的义务。[①] 因此，在不同当事人之间进行利益衡平，首先应当保障各当事人之间的法律地位平等。在夫妻债务清偿中，夫妻共同债务的债权人与债务人之间、夫妻个人债务的债权人与债务人之间的法律地位平等，夫妻共同债务的债权人之间、夫妻个人债务的债权人之间以及夫妻共同债务与夫妻个人债务的债权人之间的法律地位平等，彼此享有平等受偿的权利。

第二，保证不同当事人权利平等。权利平等是指民事主体的权利受法律平等保护。《民法典》总则编中的第 113 条规定："民事主体的财产权利受法律平等保护。"这意味着民事主体的财产权具有平等性，不允许单纯因为财产权利主体的不同而实行歧视，或者在权利能力或者权利效力上实行差别待遇，也不允许一方财产权主体凌驾于另一方财产权主体之上。这是民法平等原则的基本要求。[②] 因此，在夫妻债务清偿中，必须保障债权人与债务人之间、债权人之间享有平等权利。不过，需要指出的是，利害关系人法律地位平等是其权利平等的前提，若法律地位得不到保障，则无从谈及权利平等。

第三，禁止滥用权利。罗马法格言说："极端的权利，乃最大的非正义。"其中，滥用权利乃极端的权利之表现。在民事活动中，滥用民事权利导致他人的合法权益受到损害或者面临威胁，法律规定禁止滥用民事权利是对民事主体享有的民事权利划定边界，保护他人的合法权益，避免权利冲突与民事主体之间的矛盾，维护社会的和谐稳定。[③] 因此，《民法典》总则编中的第 132 条规定："民事主体不得滥用民事权利损害国家利益、社会公共利

① ［德］卡尔·拉伦茨：《德国民法通论》（上册），王晓晔等译，法律出版社 2003 年版，第 46~47 页。

② 张新宝：《〈中华人民共和国民法总则〉释义》，中国人民大学出版社 2017 年版，第 223 页。

③ 张新宝：《〈中华人民共和国民法总则〉释义》，中国人民大学出版社 2017 年版，第 260 页。

益或者他人合法权益。”在清偿夫妻共同债务与夫妻个人债务中，无论债务人，还是债权人，都应当依法正确行使权利，不得损害其他当事人权益，不得妨害社会整体利益和国家根本利益。

5. 保障债权

保障债权是指清偿夫妻债务应当对债权人予以适当倾斜保护，防止债务人损害债权人利益，尤其是要注重保障债权人在债务人离婚中实现债权。这一原则主要适用于清偿夫妻共同债务。

现代婚姻属于个体本位婚姻，男女享有婚姻自由，夫妻双方可以自主自愿地安排婚姻生活内容。在现代社会，夫或者妻之个人、夫妻共同体乃至家庭，都是民事活动的重要主体。市场经济条件下，个人与家庭越来越多地投身各种经济活动之中，民事交易活跃。[①] 在民事活动中，交易相对人有权了解与自己做交易的对方，实行的是何种夫妻财产制，是否有资格进行交易，会否受到来自交易一方配偶的干预，[②] 以保障交易安全。然而，夫妻双方恶意串通、假借离婚逃避债务的现象屡见不鲜。而婚姻关系之外的债权人却无法判断夫妻感情破裂的真伪。出于保护国家、社会与他人的合法权益不受损害之考量，法律在尊重和保护婚姻当事人的婚姻自由时，对其予以必要限制。为此，《民法典》婚姻家庭编中的第 1089 条确立夫妻共同债务的共同负担原则，要求债务人离婚后共同清偿夫妻共同债务并承担连带清偿，在最大程度上保障债权人实现债权。不过，退一步讲，即使夫妻双方并未恶意串通逃避债务，离婚债务人能否积极清偿债务也不得而知。尤其是离婚后的债务人一旦相互推诿，债权人实现债权则变得遥遥无期，只能加剧债权人与债务人之间的纠纷。这就需要加强保障债权人利益能够在债务人的离婚中得以实现。

笔者认为，法律应当允许债权人适时地介入债务人的离婚之中。具体介入形式因离婚程序而异。在协议离婚中，离婚协议仅用于满足办理离婚登记

---

① 蒋月：《夫妻财产制与民事交易安全若干问题研究》，载《法学》1999 年第 5 期。

② 傅远佳：《论夫妻财产制与民事交易安全》，载《安徽大学学报（哲学社会科学版）》2003 年第 6 期。

需要，即使婚姻登记机关审查离婚协议中关于处理债务的约定，但是因其无法预料夫妻双方是否在离婚之后按照离婚协议清偿债务，也无法确保债权人利益。这就需要申请离婚登记的夫妻双方提供没有债务的声明或者债务清偿完毕的证明，或者提供债权人同意其于离婚之后清偿债务的相关证明，否则不予办理离婚登记。在诉讼离婚中，法律应当允许债权人作为有独立请求权的第三人参与夫妻共同财产分割与夫妻共同债务负担的离婚诉讼，并应当在离婚判决中明确债务人在离婚判决生效之后清偿夫妻债务的具体期限。

6. 继受清偿

这一原则适用于清偿夫妻共同债务与夫妻个人债务。具体详见前述继受清偿的相关内容，这里不再赘述。

第二节　清偿路径

离婚的夫妻债务清偿较为复杂。根据《民法典》婚姻家庭编关于离婚与夫妻债务清偿的规定来看，第 1076 条、第 1077 条、第 1078 条与第 1079 条分别是关于协议离婚与诉讼离婚的规定，第 1089 条是关于离婚时的夫妻共同债务清偿的规定。这就使得离婚的夫妻债务清偿具有协议离婚清偿与诉讼离婚清偿两个路径。并且，因夫妻财产制有法定财产制与约定财产制而不同。因此，在不同财产制下，基于离婚程序之不同，夫妻债务清偿路径则有法定财产制下的夫妻债务清偿路径与约定财产制下的夫妻债务清偿路径之分。

一、法定财产制下的夫妻债务清偿路径

法定财产制是依法律规定而直接适用的夫妻财产制。[①]《民法典》婚姻家

① 王洪:《婚姻家庭法》，法律出版社 2003 年版，第 119 页。

庭编以婚后所得共同制为法定财产制，习惯上称之为共同财产制。

这一财产制下的夫妻债务清偿路径包括协议清偿夫妻债务与诉讼清偿夫妻债务。

（一）协议清偿夫妻债务

协议清偿夫妻债务，即在协议离婚中协商清偿夫妻债务，是指夫妻双方在协议离婚中通过协商分担夫妻共同债务与确定夫妻个人债务的清偿责任。

协议离婚是婚姻当事人意思自治的合意结果，充分体现离婚自由。根据《民法典》婚姻家庭编中的第 1078 条规定，查明夫妻双方对于债务处理的协商一致意见是婚姻登记机关为夫妻双方办理离婚登记的条件之一。然而，这一查明行为属于形式审查，婚姻登记机关仅查明离婚协议的内容，确认解除婚姻关系的客观事实，离婚所涉及的夫妻财产分割与债务负担问题完全由夫妻双方自行处理。如果夫妻双方未能妥善处理这一问题，婚姻登记机关则不予办理离婚登记。这就使得确定夫妻共同债务与夫妻个人债务的具体范围是协议离婚的必要前提。根据《民法典》婚姻家庭编中的第 1076 条规定，男女双方自愿离婚的，应当订立书面离婚协议，载明双方自愿离婚的意思表示和对子女抚养、财产及债务处理等事项协商一致的意见。其中，对于债务处理而言，即为协议离婚中的夫妻债务清偿。它包括协议清偿夫妻共同债务与协议清偿夫妻个人债务。

1. 协议清偿夫妻共同债务

夫妻双方在协议离婚中清偿夫妻共同债务的具体程序包括清理债务、协议负担债务、通知债权人、离婚登记与清偿债务五个阶段。

（1）清理债务。清理债务是夫妻双方管理夫妻财产的行为。它是指夫妻双方为了合理分担夫妻共同债务而对夫妻共同债务与夫妻个人债务进行彻底清理的行为。但是，《民法典》婚姻家庭编没有相关规定。

夫妻双方既是债务所得利益的享用者，又是债务清偿的负担者，均有权了解夫妻负债情况。尤其是在离婚之际，夫妻双方应当对婚姻关系存续期间的夫妻财产进行彻底清算，确定夫妻共同债务的具体范围，以便于双方合理分担夫妻共同债务。

夫妻双方决定协议离婚后，应当本着共同、及时、客观的基本要求积极清理夫妻债务。

共同清理夫妻债务是男女平等在处理家庭事务中的具体体现。《民法典》婚姻家庭编中的第 1041 条第 2 款与第 1055 条为夫妻双方共同清理夫妻债务提供基本法律依据，保障夫妻双方对于夫妻负债状况的知情权并平等参与夫妻债务清理，实现债务清理与债务分担的公平性。即使夫妻双方行将离婚，毕竟婚姻关系尚存，也不得违反这些规定，而应当平等对待。

及时清理在于追求效率。除非遇有阻碍清理工作的特殊情形，夫妻双方应当主动、积极、快速地清理债务，不得消极待之而久拖不清。这不仅能够节约清算成本，而且可以尽早解决夫妻共同债务分担问题，以便于双方妥善安排离婚后的个人生活。

客观清理要求夫妻双方实事求是，不因离婚而损害对方利益。互相不得遗漏、隐瞒债务，不得借以伪造债务或者恶意举债的方式欺诈、瞒哄对方，更不得胁迫对方。《民法典》总则编中的第 7 条规定："民事主体从事民事活动，应当遵循诚信原则，秉持诚实，恪守承诺。"因此，夫妻双方所清理的债务须为已经发生和正在发生的客观债务。对于即将发生的债务应当视具体情况而定。除非属于当事人与其他家庭成员的生活、医疗以及子女就学等方面的必要支出。否则，不得计入其中。这就需要夫妻双方在清理债务时，合理判断夫妻债务的性质，将夫妻共同债务与夫妻个人债务区别开来。此即债务识别。首先，查明债务状况，即查明以夫妻双方名义与以夫妻一方名义的所有负债，确定债务的债权人、种类、数量、产生时间、债务清偿期限是否已经届至及其清偿情况等内容。其次，判断债务性质，即合理界分已经查清的债务，哪些债务属于夫妻共同债务、哪些债务属于夫妻个人债务，明确二者的具体范围。最后，统计债务数量，即夫妻双方应当书面确认已经查清的夫妻共同债务与夫妻个人债务。实际上，识别债务就是确认债务的过程。这不仅需要夫妻双方确认夫妻共同债务的意思表示一致，而且还应当具有表明夫妻双方确认夫妻共同债务的客观证明。因此，夫妻双方清理完毕夫妻债务后，应当将经其确认的夫妻共同债务做成债务清单，明确夫妻共同债务的范围、种类、数量以及负债时间与清偿时间等内容，以便于确定夫妻双方应当负担清偿的夫妻共同债务总额以及各方应当分担的具体份额。

（2）协议负担债务。夫妻双方共同签署的离婚协议是其合意解除婚姻关系的契约，既是办理离婚登记应当出具的证明材料之一，也是协议清偿夫妻债务的重要法律文件。夫妻双方应当在离婚协议中明确分担夫妻共同债务与承担夫妻个人债务的具体事宜，以便于婚姻登记机关审查双方的离婚申请。

离婚是解除婚姻关系的民事法律行为。离婚协议必须符合《民法典》总则编中的第 143 条规定的民事法律行为生效要件，即行为人具有相应的民事行为能力；意思表示真实；不违反法律、行政法规的强制性规定，不违背公序良俗。具体而言，离婚协议必须符合如下条件：

第一，在主体资格上，夫妻双方均须具有完全民事行为能力。如果夫妻一方为限制民事行为能力人或者无民事行为能力人，无法正确表达离婚的意思表示，即使达成离婚协议，也属无效，婚姻登记部门不予受理，必须依照诉讼程序离婚。

第二，在意思表示上，夫妻双方必须达成离婚合意。这种合意是夫妻双方自行协商的结果，它要求双方的离婚意愿必须自愿、真实、一致，而非虚假，不是一方胁迫另一方离婚，也不是第三人非法干涉离婚。《民法典》婚姻家庭编中的第 1076 条强调双方自愿离婚，就是要求离婚合意。然而，有时候，双方的意思表示往往是不真实的。因双方一时的气愤、感情冲动或者一方的欺诈、胁迫、哄骗而达成离婚协议，或者双方为了达到某一目的而恶意串通达成离婚协议，都不是双方的真正离婚合意。需要根据具体情况予以区别对待。

第三，在协议内容上，应当载明《民法典》婚姻家庭编中的第 1076 条所规定的有关事项。其中，对于夫妻债务负担，夫妻双方应当本着自愿与平和的态度进行平等协商，并根据具体情况合理分担夫妻共同债务。具体包括对于夫妻共同债务与夫妻个人债务的清偿安排，以及夫妻共同债务的数额、双方分担的部分夫妻共同债务份额、清偿方式、清偿期限及清偿责任等内容。原则上，夫妻双方应当均等负担夫妻共同债务。但是，绝非平均分配。如果夫妻双方协商不均等的，应当尊重其意愿。

由于离婚协议涉及解除身份关系，应当由当事人亲自为之，不得委托他人代理。如果夫妻双方由于特殊原因不便亲自书写的，可以委托他人将双方已经达成协议的内容记录下来。记录人必须客观地记录双方所达成的协议内容，并将记录内容交由委托人阅读或者向委托人宣读，经委托人确认后签字。

（3）通知债权人。离婚协议关于分担夫妻共同债务的约定是夫妻双方因离婚而在债务人内部的自行分担。由于债务清偿主体并未变化，只是夫妻共同债务负担方式发生变化，即由婚姻关系存续期间的婚姻共同体以夫妻共同财产清偿夫妻共同债务变成离婚后的债务人对夫妻共同债务承担连带清偿责任，故无须征得债权人同意。并且，离婚协议仅具有内部效力，对债权人没有任何约束力。然而，债务负担涉及债权人利益，债权人有权知悉债务清理结果以及债务人对于债务清偿的具体安排。这就需要夫妻双方在办理离婚登记之前应当将夫妻共同债务负担的变化情况通知债权人，以便其合理安排债务清偿事宜。

通知至少应当包括这些内容：第一，离婚事实。离婚是引起分担夫妻共同债务的直接原因。在夫妻共同财产不足以清偿夫妻共同债务的情况下，尽管夫妻双方负担连带清偿责任，但是双方离婚之后各奔东西，债务清偿的物质基础不复存在，以致增大债权实现的风险。债权人需要根据债务人的离婚事实而对实现债权作出合理安排。第二，债务数额。夫妻双方将夫妻共同债务与夫妻个人债务的清理结果通知债权人，由债权人核对确认债务数额。第三，清偿时间。夫妻个人债务清偿不受婚姻关系变动影响，夫妻共同债务清偿却因离婚而异。债务人为了不影响离婚之后重新安排生活，夫妻共同债务清偿期限在离婚之时尚未届至而愿意提前清偿债务的，应当将提前清偿债务的时间通知债权人，并获得债权人同意。如果夫妻共同债务清偿期限在离婚之时已经届至，夫妻共同财产不足以清偿债务且双方均无个人财产或者双方个人财产也不足以清偿债务的，则需要延期清偿，并确定离婚之后的债务清偿时间。

债权人接到债务人的通知后，须对债务数额、清偿主体与清偿期限等内容予以确认。它包括审查债务与确定数额。债权人与债务人共同就债权是否存在、有无担保、有无差错等问题逐一核查，谨防债务出现遗漏、错误或者伪造等情形。对此，双方须就确认的夫妻共同债务或者夫妻个人债务的债务数额做成书面确认书，并以此作为清偿的事实依据。

在此需要指出的是，鉴于司法实践中存在夫妻双方恶意串通而假借离婚逃避债务的现象，债权人有权质疑夫妻双方关于夫妻共同债务负担约定的合理性和正当性。根据《民法典》总则编中的第 154 条规定："行为人与相对人恶意串通，损害他人合法权益的民事法律行为无效。"如果夫妻双方恶意串通以假借离婚逃避债务，债权人可以向人民法院起诉，由人民法院确认离婚协议所涉夫妻共同债务负担内容无效，并判决债务人清偿夫妻共同债务。

此外，债务人应当根据具体情况选择适当的通知方式。《民法典》总则编中的第 135 条规定，民事法律行为可以采用书面形式、口头形式或者其他形式；法律、行政法规规定或者当事人约定采用特定形式的，应当采用特定形式。其中，书面形式是指以文字有形地表示所载内容的形式。书面形式的核心在于文字，至于文字的具体载体，则在所不同。[①] 这就使得书面形式十分广泛，只要能够再现当事人意思表示的形式即属书面形式，既包括传统书写形式，又包括现代电子形式。根据《民法典》合同编中的第 469 条第 2 款、第 3 款规定，书面形式主要是指合同书、信件和数据电文（包括电报、电传、传真、电子数据交换和电子邮件）等可以有形地表现所载内容的形式。还应当包括微信、QQ 等网络通信工具中的文字内容属于数据电文。并

① 张新宝：《〈中华人民共和国民法总则〉释义》，中国人民大学出版社 2017 年版，第 268 页。

且，微信语音内容经过转换之后的文字内容亦应当属于书面形式。相比书面形式，口头形式缺乏文字依据，一旦发生纠纷，也可能使当事人面临不能就法律关系的存在以及法律关系的内容作出举证的危险。[①] 如果债务数额较少，也不妨采取口头形式。但是，为了防止或者减少发生纠纷，通知应当以书面形式为宜。

（4）离婚登记。婚姻登记机关根据《民法典》婚姻家庭编中的第 1076 条规定，查明双方确实自愿离婚，并已对子女抚养、财产及债务处理等事项协商一致的，予以登记，发给离婚证。

（5）清偿债务。夫妻双方离婚后，应当按照《民法典》婚姻家庭编中的第 1089 条规定与离婚协议的约定清偿夫妻共同债务。

离婚协议仅具有内部效力，任何一方不得以协议内容对抗债权人。债权人可以向离婚后的债务人双方或者其中一方主张债权。并且，债权人可以根据债务人的夫妻共同财产与夫妻个人财产状况，评估其在离婚之后的清偿能力，同其就离婚后的夫妻共同债务的清偿方式与清偿期限签订一个协议。这一协议与离婚协议对于夫妻共同债务负担的法律关系并未变化，二者的不同之处在于两个方面：一是离婚协议是内部协议，仅对债务人有效；新签订的清偿协议属外部协议，效力及于债权人与债务人；二是债务清偿的方式与期限有所改变，新签订的清偿协议并不影响离婚协议的效力。

2. 协议清偿夫妻个人债务

夫妻双方应当在离婚协议中对夫妻个人债务清偿作出约定。具体包括三种情形：一是由夫妻一方以其个人财产清偿个人债务；二是经过双方协商，可以用夫妻共同财产清偿夫妻个人债务；三是未负债一方愿意以其个人财产帮助负债一方清偿个人债务。其中，在外观与结果上来看，第一种约定情形同未约定而直接适用相关法律规定没有任何不同。然而，它的真正意义在于体现婚姻自治，在于表明婚姻当事人对于婚姻关系的处理态度。并且，它与后两种约定情形共同构成通过协议清偿夫妻个人债务的必然内涵。

① 王利明：《民法总则》，中国人民大学出版社 2017 年版，第 298 页。

对于第一种约定，夫妻一方以其财产清偿其个人债务即可，债权人无权向另一方主张债权。对于后两种约定，出于对债权人与债务人之间的利益考量，则较为复杂。

在第二种约定中，可以进而再分为两种情形：一是直接清偿，即以夫妻共同财产清偿夫妻个人债务。在该种情形下，一种是不问夫妻共同债务与夫妻个人债务的先后清偿顺序，直接以夫妻共同财产清偿夫妻个人债务，一般多为夫妻共同财产充裕的情形。另一种则是清偿完夫妻共同债务后再行清偿夫妻个人债务。这是评估夫妻共同财产之后的合理安排。二是补充清偿，即夫妻个人财产不足以清偿其个人债务时，以夫妻共同财产补充清偿部分剩余债务。然而，在补充清偿之前，夫妻共同财产首先用于清偿夫妻共同债务，只有夫妻共同财产尚有剩余，才可以剩余的夫妻共同财产清偿夫妻个人债务。

在第三种约定中，进而再可以分为两种情形：一是直接清偿，即未负债一方以其个人财产清偿负债一方的个人债务；二是补充清偿，即当负债一方的夫妻个人财产不足以清偿其个人债务的，未负债一方以其个人财产补充清偿负债一方的部分剩余债务。

这里需要指出的是，夫妻双方对于清偿夫妻个人债务的约定仅具有内部效力，债权人不得要求未负债一方清偿债务，负债一方也不能因约定未负债一方为其清偿个人债务而免除清偿责任。并且，未负债一方同意用夫妻共同财产或者个人财产清偿负债一方的个人债务，并非对负债一方的个人债务承担连带清偿责任，而是顾念曾经的夫妻情分而帮助其清偿债务。

此外，如果夫妻双方未在离婚协议中约定个人债务清偿，则表明只能由负债一方独自负担清偿个人债务。债务人应当按照相关法律规定或者依其与债权人的约定清偿其个人债务。

（二）诉讼清偿夫妻债务

诉讼清偿夫妻债务，即在诉讼离婚中清偿夫妻债务，是指人民法院在诉讼离婚中通过离婚判决为当事人分配夫妻共同债务与确定夫妻个人债务的清偿责任。

诉讼离婚是夫妻双方不能达成离婚合意，或者双方虽然同意离婚但是对子女抚养、财产分割及债务分担等事项无法达成合意，而向人民法院提起离婚诉讼。由人民法院对夫妻债务负担作出合理判决。此即为诉讼离婚中的夫妻债务清偿。它包括诉讼清偿夫妻共同债务与诉讼清偿夫妻个人债务。

1. 诉讼清偿夫妻共同债务

夫妻双方在诉讼离婚中清偿夫妻共同债务的具体程序包括提起离婚诉讼、清理债务、通知债权人、判决离婚与清偿债务五个阶段。

（1）提起离婚诉讼。根据《民法典》婚姻家庭编中的第 1079 条第 1 款规定，夫妻双方不能达成离婚合意，任何一方要求离婚的，可以直接向人民法院提起离婚诉讼。这就启动诉讼清偿夫妻共同债务程序。

（2）清理债务。在诉讼离婚中，人民法院作出判决之前，夫妻双方应当事先清理债务，明确夫妻共同债务及其具体数额。它同于协议清偿夫妻共同债务的清理债务，这里不再赘述。

为了防止夫妻双方恶意串通而假借离婚逃避债务，婚姻立法应当建立诉讼离婚的债权申报制度。在诉讼离婚中，人民法院应当在案件开庭审理之前或者之后，根据案件审理进展情况通知债权人申报债权，或者发出债权申报公告，催告债权人在一定期限内向人民法院申报债权，由债权人与债务人共同确认债务数额。并且，应当准予债权人参与债务人关于夫妻财产分割与夫妻债务负担的诉讼活动。这不仅有助于人民法院查清案件事实，而且有利于保护债权人利益。从而避免债权人与债务人在债务人离婚之后因债务数额发生争议，可以减少因再行诉讼而浪费司法资源。

（3）通知债权人。夫妻双方应当在提起离婚诉讼之前或者人民法院判决离婚之前，将夫妻共同债务负担的变化情况通知债权人。通知内容包括离婚事实、债务数额、清偿时间。债权人须确认债务数额、清偿主体与清偿期限等内容。具体可参见“协议清偿夫妻共同债务”的有关内容，这里不再赘述。

（4）判决离婚。人民法院在审理离婚案件时，应当根据《民法典》婚姻家庭编中的第 1079 条第 2 款、第 3 款、第 5 款的规定进行调解。如果感情确已破裂，调解无效的，或者经人民法院判决不准离婚后，双方又分居满 1 年，一方再次提起离婚诉讼的，应当准予离婚。如果夫妻双方经人民法院调解而和好或者人民法院认为夫妻感情尚未破裂而驳回离婚诉讼的，则无夫妻共同债务清偿。

人民法院应当根据具体情况对离婚、子女抚养、财产分割以及债务分担等相关事项作出离婚判决。其中，人民法院既需为当事人合理分配夫妻共同债务，又要明确夫妻个人债务由负债一方独自承担清偿。如果当事人经人民法院调解愿意协商分担夫妻共同债务的，协议应当载明各方的债务负担份额、清偿方式、清偿期限及清偿责任等内容，并经人民法院审核后，由双方予以签字确认。

（5）清偿债务。离婚判决生效之后，债务人应当按照《民法典》婚姻家庭编中的第 1089 条的规定与离婚判决清偿夫妻共同债务。但是，离婚判决关于债务人分担夫妻共同债务的判决仅是为双方分配清偿责任，对于债权人没有约束力。债权人可以向离婚后的债务人双方或者其中一方主张债权。

2. 诉讼清偿夫妻个人债务

由于引发诉讼离婚的原因较为复杂，夫妻个人债务清偿亦需区别对待。

如果夫妻双方不能达成离婚合意，或者双方虽然同意离婚但是对子女抚养、财产分割及债务分担等事项无法达成合意，负债一方也就不可能与另一方协商以夫妻共同财产清偿其个人债务，未负债一方更不可能以其个人财产为负债一方清偿其个人债务。负有个人债务的一方以其个人财产清偿夫妻个人债务即可。

如果夫妻双方就离婚、财产分割与债务负担等问题达成合意而就子女抚养存在争议的，经过双方协商，未负债一方同意用夫妻共同财产或者愿意以个人财产帮助负债一方清偿其个人债务，具体情形同于“协议清偿夫妻债务”之“协议清偿夫妻个人债务”中的第二种与第三种约定情形。这里不再赘述。

二、约定财产制下的夫妻债务清偿路径

约定财产制是夫妻双方以契约形式决定婚姻关系存续期间所得的财产所有关系的夫妻财产制度，是夫妻法定财产制的对称。[①]它是夫妻以契约依法选择或者创设的夫妻财产制，充分体现私法自治的契约自由精神，当事人自由灵活约定可以因应婚姻的个别性与特殊性，[②]在适用上具有优先于法定财产制的效力。《民法典》婚姻家庭编中的第1065条第1款规定：“男女双方可以约定婚姻关系存续期间所得的财产以及婚前财产归各自所有、共同所有或者部分各自所有、部分共同所有……”根据这一规定，约定财产制包括约定各自所有、约定共同所有与约定部分各自所有、部分共同所有三种具体形式。对此，夫妻双方既可以一并约定婚姻关系存续期间所得的财产与婚前财产适用哪一种具体的约定财产制，又可以约定婚姻关系存续期间所得的财产或者婚前财产适用哪一种具体的约定财产制。

夫妻双方约定适用各自所有制的，习惯上称之为分别财产制，仅约定婚姻关系存续期间所得的财产归各自所有即可。未约定的婚前个人财产则直接适用《民法典》婚姻家庭编中的第1063条第（1）项关于夫妻一方的婚前财产为其个人财产的规定即可。

夫妻双方约定适用共同所有制的，可以约定婚姻关系存续期间所得的财产与婚前财产归夫妻共同所有。如果仅约定婚姻关系存续期间所得的财产归夫妻共同所有，未约定的婚前财产应当适用《民法典》婚姻家庭编中的第1063条规定，属于个人所有。如果仅约定婚前财产归夫妻共同所有，未约定的婚姻关系存续期间所得的财产应当适用《民法典》婚姻家庭编中的第

① 杨立新：《亲属法专论》，高等教育出版社2005年版，第327页。
② 王洪：《婚姻家庭法》，法律出版社2003年版，第135页。

1062 条规定，归夫妻共同所有。这就同约定婚姻关系存续期间所得的财产与婚前财产归共同所有具有相同效果。

夫妻双方约定部分各自所有、部分共同所有制的，既可以约定婚姻关系存续期间所得的财产与婚前财产的各一部分归各自所有、另一部分归共同所有，又可以仅约定婚姻关系存续期间所得的财产或者婚前财产的一部分归各自所有、另一部分归共同所有。对于未约定部分的婚姻关系存续期间所得的财产与婚前财产应当适用《民法典》婚姻家庭编中的第 1062 条与第 1063 条的规定，属于个人所有或者归夫妻共同所有。

这一财产制下的夫妻债务清偿路径包括协议清偿夫妻债务与诉讼清偿夫妻债务。

（一）协议清偿夫妻债务

1. 协议清偿夫妻共同债务

在约定财产制下，夫妻双方通过协议离婚程序清偿夫妻共同债务，同其在法定财产制下通过协议离婚程序清偿夫妻共同债务在清偿的路径、债务、主体、责任等几个方面具有共同性，并且具体程序也包括清理债务、协议负担债务、离婚登记、通知债权人与清偿债务五个阶段。二者的区别仅在于用以清偿夫妻共同债务的责任财产不同。

（1）约定各自所有制下的协议清偿夫妻共同债务。在法定财产制下协议清偿夫妻共同债务时，涉及分割夫妻共同财产。一般情况下，夫妻双方负担债务同其分得财产成相应比例。而在约定各自所有制下，夫妻双方约定婚姻关系存续期间所得的财产归各自所有，离婚时仅涉及分担夫妻共同债务。用以清偿夫妻共同债务的责任财产为离婚后的债务人个人财产。

（2）约定共同所有制下的协议清偿夫妻共同债务。在外观上，貌似约定共同所有制与法定共同财产制相同，实则二者差之甚远。

第一，发生根据不同。约定共同所有制是夫妻双方依法约定而选择的夫妻财产制度，体现当事人意思自治。法定共同财产制是在夫妻双方未对夫妻财产制作出约定或者约定无效的情况下，依法直接适用的夫妻财产制度，是国家意志介入的结果。

第二，财产范围不同。约定共同所有制的夫妻共有财产，既可以是夫妻双方在婚姻关系存续期间所得的财产，也可以是夫妻双方的婚前财产，甚至兼有二者。法定共同财产制的夫妻共有财产仅限于夫妻双方在婚姻关系存续期间所得的财产，婚前财产属于夫妻个人财产。

第三，具体内容不同。约定共同所有制是夫妻双方意思表示一致的结果，夫妻财产关系内容完全取决于双方约定，具有自主性之特征。法定共同财产制的夫妻财产关系内容则按照法律规定执行，具有法定化之特征。

第四，适用规则不同。依照约定优先于法定之原则，应当尊重夫妻双方意愿，优先适用约定处理夫妻财产关系。法定共同财产制与当事人意志无关，是法律针对夫妻双方未对夫妻财产制度作出约定或者约定无效时所提供的适用方案，不具有优先适用效力，夫妻双方只能根据法律规定处理夫妻财产关系。

在约定共同所有制下，用以清偿夫妻共同债务的责任财产为夫妻共同财产。如果夫妻共同财产不足以清偿夫妻共同债务的，则由离婚后的债务人以其个人财产清偿。

（3）约定部分各自所有、部分共同所有制下的协议清偿夫妻共同债务。在这种夫妻财产制下，清偿夫妻共同债务同约定共同所有制下的协议清偿夫妻共同债务的程序相同。这里不再赘述。

2. 协议清偿夫妻个人债务

在约定财产制下，无论适用哪一具体财产制形式，夫妻双方都应当在离婚协议中对夫妻个人债务清偿作出约定。原则上，负债的夫妻一方应当以其个人财产清偿夫妻个人债务。如果未负债一方同意以夫妻共同财产或者愿意以其个人财产帮助负债一方清偿债务，法律不应禁止。具体可按照法定财产制下的协议离婚程序清偿夫妻个人债务。

（二）诉讼清偿夫妻债务

在约定财产制下，通过诉讼离婚清偿夫妻共同债务、夫妻个人债务的适用程序与法定财产制下的诉讼清偿夫妻共同债务、夫妻个人债务的适用程序相同，这里不再赘述。但是，需要注意不同约定财产制下用以清偿夫妻共同债务的责任财产。

在约定各自所有制下，责任财产为夫妻双方的个人财产。在约定共同所有制与约定部分各自所有、部分共同所有制下，责任财产为夫妻共同财产，并根据具体情况由离婚后的债务人以其个人财产承担补充清偿责任。

三、夫妻债务清偿的不同清偿路径比较

（一）不同财产制下的夫妻债务清偿路径之异同

1. 相同之处

法定财产制与约定财产制的夫妻债务清偿路径在清偿主体、清偿对象、清偿责任与清偿程序等方面具有相同之处。二者的清偿主体皆为离婚后的债务人，需要共同负担清偿夫妻共同债务，且负连带清偿责任。夫妻个人债务则由负债一方单独负担清偿，且为无限清偿责任。并且，根据夫妻双方的离婚态度而选择适用协议离婚程序或者诉讼离婚程序。

2. 主要区别

法定财产制与约定财产制的夫妻债务清偿路径的区别主要体现在责任财产不同。在法定财产制下，以夫妻共同财产清偿夫妻共同债务。在约定财产制下，因适用不同的具体约定财产制而致清偿夫妻共同债务的财产来源不同。

（二）不同离婚程序的夫妻债务清偿路径之异同

1. 相同之处

协议清偿夫妻债务与诉讼清偿夫妻债务的相同之处主要体现在清偿主

体、清偿对象与清偿责任等几个方面，即债务人在离婚后共同负担清偿夫妻共同债务，且负连带清偿责任。

2. 主要区别

协议清偿夫妻债务与诉讼清偿夫妻债务的主要区别在于债务分担的适用程序与反映意志两个方面。

就债务分担适用程序而言，协议清偿夫妻债务是夫妻双方在协议离婚中分担债务，具有时间短、成本低、效率高等特点。诉讼清偿夫妻债务是在诉讼离婚中分担债务，具有时间长、成本高、效率低等特点。二者相比，协议清偿更为便利、快捷，有利于减少当事人之间的敌对情绪，避免发生不必要的婚姻纠纷。

就债务负担反映意志来看，协议清偿夫妻债务由夫妻双方自行协商分担夫妻共同债务与承担夫妻个人债务，是当事人意思自治的结果。诉讼清偿夫妻债务则由人民法院通过离婚判决明确当事人对于夫妻共同债务与夫妻个人债务的清偿责任，反映国家对公民个人婚姻生活的必要干预。

第三节　清偿障碍

一、清偿障碍的一般内涵

债的履行是债的最主要的效力。只有债务人履行了自己的义务，债权人才能实现债权，债权人的利益才能得到满足。[①]然而，一旦遇有特殊情况而导致债务人无法及时清偿债务，债权人实现债权则受到阻碍。我们将这种情形称为清偿障碍。

---

① 王利明主编：《民法》，中国人民大学出版社 2010 年版，第 315 页。

（一）清偿障碍的基本含义

清偿障碍，亦即履行障碍，是指在清偿债务中，因发生特殊情况而导致债务人不能清偿债务的客观事实。构成债务清偿障碍的事实必须符合具体要求。

第一，客观性，即构成债务清偿障碍的事实须为客观事实。它表现为三种具体情形：已经发生的事实、正在发生的事实与即将发生的事实。前两种事实要么恰好发生于债务人清偿债务中，要么发生于债务人清偿债务之前而事态或者结果延续至清偿债务之时，并且已经或者即将产生相应结果。对于后一种事实，根据当时的发展态势来看，已经具备发生条件，随时都有发生的可能性。它是一种可以预知的、确定发生的必然事实。例如，患有重大疾病需要就医，天气预报有大暴雨等。这一客观事实须是根据债务人的现状或者现有技术条件可以预测确定发生的客观事实，并得到债务人与债权人的确认。否则，不能构成债务清偿障碍。

第二，正当性，即构成债务清偿障碍的事实须为正当理由。债务人在清偿债务中，一旦遇有阻碍清偿债务的正当事由时，可依此抗辩债权人的债务履行请求。这种抗辩是对债之双方当事人利益的衡平与保护。尽管保障债权人实现债权固然重要，但是债务人并不因负有债务而卑微，更不得被漠视。因此，出于保护债务人正当权益之需要，法律赋予其抗辩权以限制债权人请求权。然而，由于债务清偿障碍严重影响债权人利益，法律须对造成债务清偿障碍的事实作出明确规定。

第三，特定性，即构成债务清偿障碍的事实须为特殊情形。构成清偿障碍的特殊情形为债务人无法抗拒的客观事实。其中，既有源于债之当事人自身的事实，也有来自债之当事人以外的事实。对于前者，例如，债务人患有重大疾病，成为无民事行为能力人或者限制民事行为能力人，债之当事人死亡等。尽管这些情形出自债之当事人自身，但是与其意志无关，并非为其意志所控。如果债务人故意造成有害于自身身体健康或者其他虚假事实以逃避债务的，则不能构成债务清偿障碍。对于后者，如不可抗力，债务人失业且没有经济收入等。这些外在原因均为债务人不能避免且不能克服的事实。由于现代科技为人们预测自然灾害提供了便利条件，如果债务人为了逃避债务，在其已经知道自然灾害即将发生的确切信息后并不采取积极预防措施而导致损失的，则不构成债务清偿障碍；或者债务人虽然不知道自然灾害发生的信息但是在自然灾害发生后并不采取积极抢救措施而任损失扩大的，该损失扩大部分不能构成清偿障碍。失业属于当今社会的正常现象，如果债务人为了逃避债务，在其失业后并不积极求职，超过合理失业期后的持续失业状态，亦不构成债务清偿障碍。

需要指出的是，用于满足家庭日常生活需要的必要支出不属于夫妻债务清偿障碍。它是债务人用以维持生存的基本生活需要，表现为衣食住行等家庭必要的开支，包括日常生活消费、养老育幼、医疗费用等。尽管保障债权人实现债权固然重要，但是满足债务人的基本生活需求是关乎生命个体的生存与发展的人权问题。如果债务人难以获取满足生存目的的基本生活需求时，其将陷入无法兼顾生活与清偿债务的两难境地。因此，出于保障债务人的人格尊严与保有债务人的清偿能力之必要，即使因满足债务人的基本生活需求而影响清偿债务，这种必要支出也不构成债务清偿障碍。

第四，阻却性，即构成债务清偿障碍的事实须已阻碍清偿。债务人因受这些事实阻碍无法向债权人清偿债务而不得不停止下来。构成夫妻债务清偿障碍的事实具有多样性与复杂性，造成的结果亦不相同。具体包括构成暂时性债务清偿障碍与永久性债务清偿障碍。前者又可以称为可恢复的债务清偿障碍，是指债务人暂时遇到债务清偿障碍，待障碍事实消失后便可恢复清偿债务。这种债务清偿障碍构成债务清偿中止。例如，债务人成为无民事行为能力人或者限制民事行为能力人，为其设定监护人后便可以由监护人从其财产中清偿债务；失业债务人重新就业恢复清偿能力；或者不可抗力消失后可以恢复清偿。但是，债务人为了逃避债务，在该暂时性清偿障碍的合理持续期结束后，并不积极采取措施恢复到正常状态，自合理持续期结束以后的状态不能构成债务清偿障碍。后者又可以称为不可恢复的债务清偿障碍，是指债务人遇到债务清偿障碍后，因障碍事实无法消失而不能恢复清偿债务，以致不得不宣告终止清偿债务。这种债务清偿障碍构成债务清偿终止。例如，债务人死亡后未留有遗产且无继承人或者虽然有继承人但是不愿代为清偿。对于债务清偿障碍结果，债权人应当予以审慎对待，科学分析债权实现风险，根据具体事实情况作出不同的合理应对。

（二）清偿障碍的成立要件

一般来说，债务清偿障碍的成立至少需要满足以下四个要件。

1. 债务清偿期限届至

成立债务清偿障碍的前提是债务人负有债务，并且债务清偿期限届至。通常情况下，债务人应当依照法律规定或者合同约定向债权人清偿债务。

2. 债权人未免除债务

免除债务是基于债权人的单方意思而消灭债务的一种单方行为。只要债权人向债务人作出免除债务的单方意思表示，即可发生免除债务的效力。并且，免除债务是一种不要式行为，意思表示无须特定方式，书面、口头及其他形式均可。由于免除债务关涉债务人的切身利益，免除债务的意思表示须以明示方式作出，且须送达债务人。如果债权人未向债务人作出免除债务的明确表示，也未积极请求债务人履行债务，则不能推定债权人免除债务。

3. 清偿债务遇到障碍

影响债务清偿的特殊情形既可以发生在债务清偿期限届至之前，也可以发生在债务清偿期限届至之时。在债务清偿期限到来之前，任何一方都不得请求对方实际地履行债务，即使此时出现影响债务清偿的特殊情形，也不构成债务清偿障碍。只有在债务清偿期限届至之前的合理时间内或者债务清偿期限届至之时已经存在或者正在发生影响债务清偿的特殊情形，才构成债务清偿障碍。因此，应当注意区分债务人对于债务清偿期限尚未届至与出现债务清偿障碍而抗辩债权人的本质差异，不可将二者混为一谈。前者的抗辩人为债务人，针对债权人在债务清偿期限尚未届至时而向其主张提前清偿债务的请求予以抗辩，以维护期限利益。后者的抗辩人因债务人是否死亡或者是否丧失民事行为能力的不同而可能是债务人、监护人或者继承人，针对清偿期限到来之后出现影响债务清偿的特殊情形，请求暂时停止清偿债务。

4. 暂时停止清偿债务

发生债务清偿障碍非债务人所能掌控，完全因其意志以外的因素影响而不得不停止清偿债务。只能待该障碍消失后，再根据具体情况恢复清偿或者依照有关规定处理。因此，一旦发生债务清偿障碍，暂时停止清偿债务，债权人不能要求债务人承担违约责任。

（三）清偿障碍的法律效力

民事主体双方的法律地位平等，一方不能恃权自傲而凌驾于另一方之上，必须保有基本的善意与对方开展民事活动，尊重对方并尊重其合理善意。[①]一旦发生债务清偿障碍的事实，无论来自双方的原因，还是超乎双方之外的其他原因，债权人与债务人，或者债权人同债务人的其他利害关系人，或者债权人的利害关系人同债务人，都应当基于诚信原则履行附随义务，积极地将相关情况及时告知对方。被告知方接到通知后，双方应当对相关事实是否构成债务清偿障碍进行客观评估，并予以确认。如果双方当事人无法就此达成一致意见，可申请人民法院予以认定。经双方确认或者人民法院认定后，债务清偿障碍成立的，则债务人中止清偿债务。当构成债务清偿障碍的情形消失后，债务人应当及时恢复清偿，并通知债权人，以便于债权人做好受领准备。然而，如果构成债务清偿障碍的情形导致债务无法恢复清偿的，则构成债务清偿终止，只能由债权人宣告终止债务清偿，并根据具体情况适用有关法律处理相关事宜。

需要注意的是，由于夫妻双方对夫妻共同债务承担连带清偿责任，债务清偿障碍必须同时来自债务人双方，仅有债务人一方发生影响债务清偿的特殊情形的，不能构成夫妻债务清偿障碍，债权人可以向未发生债务清偿障碍

---

① 张新宝：《〈中华人民共和国民法总则〉释义》，中国人民大学出版社 2017 年版，第 15 页。

的另一方主张清偿全部债务。另一方清偿后，可以向发生债务清偿障碍的一方追偿。然而，如果发生债务清偿障碍的债务人一方经债权人同意可以中止清偿其所负担的部分夫妻共同债务，仅构成部分债务清偿中止，另一方应当继续清偿其所负担的部分夫妻共同债务，且债权人不得要求另一方清偿全部债务。如果债务人双方均发生债务清偿障碍，则因造成债务清偿障碍的事实不同而构成债务清偿中止或者清偿终止。具体包括三种情形：均构成清偿中止；均构成清偿终止；一方构成清偿中止、另一方构成清偿终止。对此，应当根据具体情形与有关法律予以妥善处理。

二、清偿障碍的具体形态

清偿障碍形态是债务清偿障碍所导致的客观结果。它具体表现为债务清偿中止与债务清偿终止两种形态。

（一）债务清偿中止

1. 债务清偿中止的基本含义

债务清偿中止，是指债务人在清偿债务时，因出现某种特殊情形造成清偿障碍而需要暂时停止清偿，待该特殊情形消失后，再行恢复清偿债务。

它有以下几个方面含义：

第一，需要清偿的债务具有可履行性。这是债务清偿中止的前提。债务的可履行性至少需要符合产生合法性与履行可能性的要求。其中，债的合法性，即债须为合法之债，它是按照合同约定或者依照法律规定在当事人之间产生的特定的权利与义务关系。然而，对于债权人而言，由于债权并非现实利益，债的本质是法律上可期待的信用。[①] 它仅是一种可能性，经由债务人积极配合履行债务才能得以实现的权利。这就要求债务具有履行的可能性。

第二，发生阻碍债务清偿的特殊情形。这是债务清偿中止的原因。它表

① 江平主编：《民法学》，中国政法大学出版社 2011 年版，第 385 页。

现为障碍性与阻却性的特点。债务清偿期限届至时，债务人着手向债权人清偿债务。具体包括债务人已经为清偿债务做好相关准备工作，或者债务人已经开始清偿债务，或者部分债务已经得到清偿。这表明债务人清偿态度的诚实性与积极性，即债务人信守承诺，及时主动地如期清偿债务。然而，债务人在清偿债务中遇到影响其清偿债务的特殊情形，使其悖离清偿债务的真实意愿，阻止其继续清偿债务，以致在客观上构成债务清偿障碍。如果这些特殊情形未对债务人造成影响或者虽然有一定影响但是后果并不严重，则不构成债务清偿障碍。

第三，迫于特殊情形影响而停止清偿。这是债务清偿中止的结果。因受特殊情形影响，债务清偿处于中止状态。在客观上呈停顿性与暂时性的特点，即债务人迫于特殊情形影响无法继续向债权人清偿夫妻债务而不得不暂时停止下来，只有待这些特殊情形消失之后，才能再行恢复清偿债务。

2. 债务清偿中止的具体情形

《民法典》没有规定债务清偿中止的具体情形。参照有关法律规定，造成债务清偿中止的原因至少应当包括以下几种情形。

（1）债权人同意延期履行。一般而言，债务人应当积极清偿债务，以满足债权人实现债权。但是，在某些情况下，债权人基于一些特殊考量而同意债务人延期履行债务。

（2）不可抗力。不可抗力是指不能预见、不能避免且不能克服的客观情况，属法定免责事由。根据《民法典》总则编中的第 180 条第 1 款规定，因不可抗力不能履行民事义务的，不承担民事责任。但是，不管不可抗力发生于债务人一方或者债权人一方，即使债务人与债权人属于同一地域，不可抗力发生之后，双方都应当及时将因受不可抗力影响而暂时无法履行的事实告知对方，以便对方采取积极措施减少损失。并且，受不可抗力影响的当事人应当在合理期限内提供相关证明。

（3）债务人遇有影响清偿债务的重大困难。构成债务清偿中止情形的困难必须符合两个基本条件：一是债务人遇有重大困难。通常情况下，尽管一般困难为人们的生活与生产带来不便，但是并不影响人们的正常生活与生产。这里的重大困难是指严重影响债务人的生活与生产，使债务人及其家庭陷入艰困之中。例如，债务人经济条件较差，债务人及其家庭成员发生重大疾病后，急于治疗或者造成一时经济紧张；债务人处于失业状态且没有其他经济来源，暂时没有收入；债务人生产陷入困顿，入不敷出等。对于前两种情形构成清偿障碍的考量，在于给予债务人以特殊的人文情怀与伦理关爱。二是重大困难必须导致债务人无法及时清偿债务。如果债务人虽然遇有重大困难，但是并不影响其清偿债务，则不属于影响债务清偿的重大困难。例如，债务人经济实力雄厚，即使暂时处于失业之中，也不会对其正常生活带来任何不利影响。

（4）债务人丧失民事行为能力尚未确定监护人。债务人丧失民事行为能力的，应当为其确定监护人。如果有监护资格的近亲属不便或者不愿为丧失民事行为能力的债务人担任监护人的，则需要为其指定监护人。此时，只能待无民事行为能力或者限制民事行为能力的债务人确定监护人之后，由监护人从债务人的财产中支出相应财产代其清偿债务。

（5）债务人失踪尚未确定财产代管人。债务人失踪后，债权人无法请求其履行债务，只能待其失踪满两年，作为利害关系人向人民法院申请宣告其失踪。经人民法院宣告债务人为失踪人后，债权人方可请求其财产代管人从其财产中支出财产清偿债务。如果债权人有确切证据证明债务人为逃避债务而故意制造失踪假象，则不能构成失踪。债权人可以直接向人民法院起诉要求债务人清偿债务。

（6）作为自然人的债权人死亡，需要等待继承人表明是否继承。尽管《民法典》继承编没有规定继承选择权，但是第 1124 条第 1 款蕴含着这一权利。作为自然人的债权人死亡后，继承人尚未就继承或者放弃继承遗产予以明确表态的，除非有遗产管理人，否则债务人只得暂时停止清偿债务，等待继承人表明继承遗产后再行继续清偿。

（7）作为法人或者非法人组织的债权人终止，尚未成立清算组。根据

《民法典》总则编中的第70条、第72条第1款、第107条与第108条的规定，法人与非法人组织解散，应当依法进行清算。清算组是法人与非法人组织在清算期间的意思机关与执行机构，其职权之一是对外代表法人与非法人组织了结债权债务。如果法人与非法人组织解散后，尚未成立清算组的，债务人只得中止清偿债务。

（8）其他应当中止的情形。这一兜底性情形是针对法律的滞后性，为法官自由裁量提供法律依据，以便于适应日新月异的社会变迁，妥善应对司法实践中的新情况。

3. 清偿中止的恢复履行

通常情况下，影响清偿债务的特殊情形消失后，债务人应当恢复清偿债务。然而，由于影响债务清偿的特殊情形并非为人所能控制，消失时间是未知的、不确定的。对此，债权人与债务人不能消极等待，应当采取积极措施排除特殊情形带来的不利影响，尽快恢复清偿债务。如果特殊情形进一步发展成为债务清偿终止情形的，则无须再恢复履行，适用债务清偿终止即可。

根据债务人对于恢复清偿债务的态度，可以分为主动恢复清偿与被动恢复清偿。其中，主动恢复清偿，也称为积极恢复清偿，即债务人在影响债务清偿的特殊情形消失后，未经债权人催促而主动恢复清偿债务。被动恢复清偿，也称为消极恢复清偿，即债务人在影响债务清偿的特殊情形消失后，未能积极恢复清偿债务，而是应债权人催促才恢复清偿债务。如果经债权人请求后，债务人有清偿能力而不予恢复清偿债务的，应当自其可予恢复清偿之日起承担违约责任。

（二）债务清偿终止

1. 债务清偿终止的基本含义

债务清偿终止，是指债务人在清偿债务时，因发生法定事由而造成清偿障碍，没有必要或者无法继续清偿债务，依法终止债权债务关系。

它有以下几个方面含义：

第一，需要清偿的债务具有可履行性。道理同于债务清偿中止之相关内容，这里不再赘述。

第二，终止事由构成永久性履行障碍。这是债务清偿终止的客观要求。终止清偿债务的事由发生以后，导致清偿债务陷入履行不能的困窘，并且具有不可逆转性，无法恢复清偿而不得不终止清偿，构成永久性的债务清偿障碍。例如，债权人与债务人死亡且无继承人或者继承人放弃继承，债务人经济困难且既丧失劳动能力又无其他经济来源。由于造成债务清偿终止的这种事由带给债之当事人消极后果，影响债权人的重大利益，须对其予以合理限制，即须符合客观性、正当性与法定性等要求。也就是说，终止清偿债务的事由须为法律所认可的已经发生的客观事实，必须符合人们的一般认知水准和符合法律的公平价值取向。那些预测有可能发生而尚未发生或者主观猜测的事由都不属于客观事实。

第三，当事人应当依法终止清偿债务。这是债务清偿终止的必然结果。经过确认，终止事由构成债务清偿的永久性清偿障碍，债便消灭。然而，基于债之合法化的本质要求，债之发生有其合法原因，消灭也须有其正当理由，必须依法终止债务清偿。尤其是构成永久性清偿障碍的终止事由势必损害债权人利益，这就要求终止事由须为法律所认可，应当保有严肃性与庄重性，而非随意性与任意性。《民法典》合同编与《民事诉讼法》等法律中都有债之消灭原因的规定，当事人或者相关利害关系人届时根据这些法律规定终止清偿债务即可。

2. 债务清偿终止的具体情形

《民法典》没有规定债务清偿终止的具体情形。参照有关法律规定，造成债务清偿终止的事由至少应当包括以下几种情形。

（1）作为自然人的债权人死亡，无继承人或者继承人放弃继承。债权人无继承人的，在其死亡之后因缺乏承受权利与义务的相对人，以致实现债权陷入窘境。继承人放弃继承的原因较为复杂，有的出于自愿，有的发现遗产明显少于遗产债务等。无论如何，结果都将导致终止清偿债务。这貌似十分有利于债务人。但是，就债之清偿而言，债务人因失去受领人而无法正常清偿债务，显属不正常现象。

（2）债务人因经济困难无力清偿债务，既丧失劳动能力又无其他经济来源。通常情况下，债务人因不可抗力、重度残疾等原因造成重大经济困难后，既丧失劳动能力又无其他经济来源，多依靠政府救济或者社会救助生活。事实上，债务人处于这种境况下，表明其已经丧失清偿能力。出于人道主义关怀，应当终止清偿债务。

（3）债务人死亡，无遗产可供执行，又无义务承担人。在这种情况下，债务陷入履行不能之中，债之目的于客观上无法实现，因而导致债务消灭，债权人则无法请求继续履行。[①] 迫于无奈而不得不终止清偿债务。

（4）其他应当终止的情形。道理与“其他应当中止的情形”相同，这里不再赘述。

3. 债务清偿终止的必要声明

债务的清偿终止声明是指因法定事由而终止清偿债务的，债权人或者有关主体应当发表声明，宣告消灭债之关系，以保护未能清偿债务或者未完全清偿债务的债务人合法权益。其中，作为自然人的债权人，声明人为其本人。如果债权人为限制民事行为能力人或者无民事行为能力人，声明人为其监护人。债权人死亡后，声明人为其继承人。如果死亡的债权人无继承人或者继承人不愿意发表声明的，则应当由其所在的村民委员会或者居民委员会发表声明。声明一经发表，债便彻底消灭。

债权人或者其监护人或者其继承人，以及村民委员会或者居民委员会发表终止清偿债务的声明后，有确切证据证明债务人的经济困难属于伪造的虚假事实或者债务人在其死亡之前转移财产的，终止清偿债务的声明自行废止。债权人或者其继承人有权要求债务人或者其继承人继续清偿债务。

① 卢文捷：《论遗产债务的合理界定》，载《天津法学》2015 年第 3 期。

第四节　清偿通知

在婚姻关系存续期间，基于利益共同性，夫妻一方以共同财产清偿夫妻共同债务属于婚内事务，为夫妻双方协商或者夫妻一方行使日常家事代理权之结果，不需要通知。然而，离婚之后，夫妻共同利益瓦解，清偿夫妻共同债务关涉离婚后的债务人各方利益，一方清偿夫妻共同债务之后，应当通知另一方。

一、清偿通知的基本含义

清偿通知，是指离婚后的债务人一方清偿夫妻共同债务或者帮助另一方清偿个人债务之后，将债务清偿结果告知另一方的行为。

它有以下几个方面含义：

第一，通知主体是清偿夫妻共同债务或者帮助另一方清偿个人债务的离婚后的债务人一方。本着“谁清偿，谁通知”的原则，一般情况下，清偿方应当亲自通知另一方为宜。如果清偿方因特殊原因不便亲自通知的，可以委托他人代为通知。受托人应当按照清偿方委托，如实将清偿结果告知另一方。如果债务数额较大或者事关重大事项的，清偿方应当同受托人签订委托协议或者向受托人出具授权委托书。

第二，通知内容为夫妻共同债务或者夫妻个人债务的具体清偿结果。清偿方为另一方清偿的夫妻个人债务以其实际清偿债务份额为准，易于判断。对于夫妻共同债务，清偿方既可以清偿全部债务，也可以清偿部分债务。其中，清偿部分债务包括三种情形：一是清偿自己所应当负担的夫妻共同债务份额；二是清偿包含自己所应当负担的夫妻共同债务份额在内的部分夫妻共同债务；三是清偿自己所应当负担的夫妻共同债务份额的部分债务。具体而言，对于单宗债务，可以一次性清偿完毕，也可能需要多次（分为几部分）清偿完毕。对于数宗债务，应当将数宗债务总和作为一个整体对待，可以一次性清偿所有债务，也可以清偿某一宗或者某几宗债务，或者就每一宗债务分数次清偿。对此，清偿方均须将具体清偿结果通知另一方。至于每清偿完一宗债务或者每清偿一次债务即行通知另一方，还是待清偿完所有债务后一并通知另一方，由清偿方自行决定。对此，清偿方应当保证通知内容的真实性与完整性，不得伪造债务清偿数额，以便被通知方准确了解债务清偿情况，避免发生错误或者纠纷。

第三，通知对象为利益关联的离婚后的债务人另一方。清偿方向离婚后的债务人另一方发出债务清偿情况的通知，被通知方应当亲自受领债务清偿通知。如果因特殊原因不便亲自受领清偿通知的，可以委托他人代为受领清偿通知。受托人应当及时将受领的债务清偿通知送交委托人。

二、清偿通知的价值意蕴

（一）债务人对债务清偿情况的知情权

作为夫妻共同债务的共同清偿主体，基于共同利益，离婚后的债务人各方都有权了解夫妻共同债务的清偿情况。无论哪一方清偿债务，不管清偿全部债务或者部分债务，都有义务让另一方及时了解债务清偿状况。这种知情权受制于共同利益与个体利益的不可分割性而使共同体成员有权了解其他成员的行为对共同利益及其个体利益的影响，可以防止债权人对另一方的欺诈或者清偿方与债权人恶意串通损害另一方合法权益等不良行为，以保障整体利益和个体利益不受损害。因此，清偿方在清偿夫妻共同债务后，须将债务清偿结果及时通知另一方，以便另一方了解债务清偿情况，并根据具体情况作出下一步清偿安排或者向另一方追偿。对于夫妻个人债务，尽管另一方因清偿方帮助其清偿而免于对债权人的清偿义务，但是同时与清偿方产生新的债权债务关系，其亦有权知道清偿方为其清偿个人债务情况。

（二）防止发生不必要的重复清偿债务

离婚之后，债务人分道扬镳。如果双方就夫妻债务清偿事宜未能及时沟通，债务人一方在不知另一方已经清偿的情况下而对同一债权人清偿，便会发生重复清偿。对于债权人而言，因接受债务人重复清偿债务，对后一清偿行为构成不当得利。这不仅增加债务人的清偿成本，而且让债权人支出不必要的返还成本，甚至双方因返还不当得利利益而诉至法院，尚有诉讼成本。因此，清偿方在清偿完债务后应当及时将清偿结果通知债务人另一方，以防止因重复清偿而造成债权人与债务人的不必要负担。

（三）清偿方向另一方追偿的重要依据

离婚清偿夫妻共同债务，就债务人内部而言，根据离婚协议约定或者离婚判决分配，任何一方仅负责清偿自己所应当负担的部分夫妻共同债务份额。然而，对于债权人来说，有权要求债务人任何一方基于双方对夫妻共同债务的连带清偿责任而清偿全部债务。实际上，清偿方源于其对夫妻共同债务的连带清偿责任而清偿全部夫妻共同债务时，则是替另一方清偿原本应当由其承担的部分债务。对此，清偿方有权就其所清偿的超过其所应当负担的夫妻共同债务份额向债务人另一方追偿。如果清偿方清偿部分夫妻共同债务的，则要根据其所清偿部分夫妻共同债务是否超过其所应当负担的夫妻共同债务份额，作出向另一方追偿或者继续清偿的安排。相比之下，清偿方帮助另一方清偿个人债务而发生的追偿较为简单。因此，清偿方将清偿结果告知债务人另一方，被通知方可以及时了解夫妻共同债务或者个人债务清偿情况，并确认清偿结果，以作为清偿方向其追偿的相关证据，便于双方商议追偿事宜。

三、清偿通知的适当方式

离婚后的债务人一方清偿夫妻共同债务或者帮助另一方清偿个人债务

后，可以选择适合的通知方式通知另一方。具体参见本章第二节“清偿路径”中的通知债权人的通知方式。

四、清偿通知的及时回复

（一）清偿通知的回复之概念

清偿通知的回复，是指负有清偿夫妻共同债务或者个人债务的债务人另一方接到清偿方的债务清偿通知后就其收到通知及其了解通知内容的情况回复给清偿方的行为。

离婚后的债务人一方向另一方发出债务清偿通知后，需要确认被通知方是否收到该通知及其是否了解通知内容。对此，被通知方收到债务清偿通知后应当予以及时回复，就其收到通知并就已经了解通知内容予以确认。尽管现代通信极为发达，但是受被通知方的生活状态、工作性质以及其他一些不确定因素的影响，除即时通话外，应当允许被通知方自接到清偿通知的合理时间内作出回复即可。如果遇有不可抗力的，被通知方应当自不可抗力消失之后并恢复正常生活与生产秩序的合理时间内作出回复。

原则上，被通知方应当亲自回复。若有特殊原因不能亲自回复的，可以委托他人代为回复。并且，除清偿方指定代为受领人外，被通知方须向清偿方为回复，不得向其他人为回复，即使这些人为清偿方的近亲属，亦不例外。否则，视为未回复。

（二）清偿通知的回复之意义

1. 确认被通知方收到债务清偿通知

被通知方收到债务清偿通知后，应当将其确已收到通知的事实告知清偿方。这里仅是确认被通知方是否收到债务清偿通知，至于其是否已经知晓通知内容暂予不问。当然，被通知方也可以暂且不予回复，待其了解债务清偿通知内容之后，一并回复，以便于双方合理利用时间资源，提高办事效率，节省交易成本。

2. 表明被通知方了解债务清偿结果

被通知方接到债务清偿通知后，应当尽快了解清偿方清偿夫妻共同债务或者帮助其清偿个人债务情况，并向通知方及时反馈其了解状况，以便双方妥善处理债务清偿的相关事宜。

3. 作为通知方合理催告的判断依据

清偿方在发出债务清偿通知的合理期限内未收到被通知方的回复，可以催告被通知方予以回复。经催告之后，被通知方依然不予回复，应视具体情况作出妥善处理。如果被通知方确已收到债务清偿通知，无正当理由而不回复的，视为其在收到债务清偿通知后已经了解通知内容。如果被通知方因受某些因素影响而确未收到债务清偿通知的，清偿方应当补发通知。

（三）清偿通知的回复之方式

离婚后的债务人一方选择的具体通知方式不同，债务清偿通知到达被通知方的时间则会存在一定差异。因此，被通知方应当根据具体情况选择对话、信件与数据电文等回复方式。其中，对于对话方式，需要注意当面、电话、QQ 与微信等不同对话方式的合理回复。清偿方当面或者通过电话通知的，被通知方应当即时作出回复。清偿方以 QQ 与微信等网络通信手段通知的，被通知方应当即时作出回复；如果清偿方在线留言，被通知方可以留言回复，清偿方收到回复后应当亦须及时予以回复确认。此外，被通知方也可以通过电话回复。

五、清偿通知的例外情形

清偿通知的例外情形主要是指离婚后的债务人一方在清偿夫妻共同债务或者帮助另一方清偿个人债务之后，无法向另一方通知清偿结果的客观事实。

一般而言，造成清偿方无法通知的主要原因不外乎被通知方失去联系、不可抗力等情形。其中，被通知方失去联系较为复杂，有其主观原因及其意志以外的其他原因。例如，前者有被通知方故意躲避清偿方或者更换住址、工作、联系电话后尚未来得及告知清偿方等情形，后者有被通知方被限制人身自由、鉴于工作性质需要暂时与外界中断联系、失踪、死亡等情形。在这些原因中，有的持续时间较短，清偿方只是短期内受阻，待其一经消失，清偿方便可以恢复联系被通知方。有的则持续时间较长，很难在短期内消失，甚至是永远不会消失，清偿方无法通知被通知方。清偿方应当根据无法通知债务清偿的具体情形予以合理应对。

对于发生不可抗力，清偿方依照相关法律规定处理即可。对于被通知方失去联系的，清偿方可以选择两条路径处理：一是清偿方选择公告方式通知另一方；二是清偿方可以利害关系人身份向人民法院申请宣告被通知方失踪或者死亡，然后向被宣告失踪人的财产代管人或者被宣告死亡人的继承人通知债务清偿结果。

第五节　清偿费用

一、清偿费用的必要构成

清偿费用，是指离婚后的债务人清偿夫妻共同债务或者债务人一方帮助另一方清偿个人债务所需要支出的必要费用。

离婚后的债务人清偿个人债务的清偿费用由其个人负担。这里仅限于探讨离婚后的债务人清偿夫妻共同债务或者债务人一方帮助另一方清偿个人债务所产生的清偿费用负担问题。

夫妻债务清偿费用是夫妻债务清偿活动的衍生物。它必须是同清偿夫妻债务相关联且合理的必要支出。

第一，关联性。所谓关联性，即夫妻债务清偿中支出的各项费用必须与清偿债务活动存在一定的联系。这种联系又呈客观性、直接性与必然性等特征。也就是说，清偿费用必须源于清偿债务的客观事实，这些支出同清偿债务活动具有直接关联。并且，清偿方须就清偿费用的关联性负有证明责任。那些无法证明与清偿债务活动有关的支出不得计入清偿费用。任何一方不得伪造或者篡改相关费用票证。

第二，必要性。所谓必要性，即夫妻债务清偿中支出的各项费用必须以用于清偿债务活动为必要。这些支出当且仅当用以开展正常清偿债务活动，属于不可避免的必要支出。例如，异地清偿债务的住宿费用和往返交通费用，因债权人起诉而花费的诉讼费用以及律师费用。那些可有可无的无关紧要支出则不具有必要性。

第三，合理性。所谓合理性，即夫妻债务清偿中支出的各项费用须有合理限度，包括支出项目的合理性与支出额度的合理性。这种合理性应当符合一般人的理性判断，应当以该种支出的市场价格为参照标准，每一项支出都应当处于合理区间。例如，能够保障安全与卫生的宾馆住宿价格较低或者略高一些的，显属合理。对于超出合理住宿价格的部分支出应当由住宿者自己承担。当然，这种合理性还需要考虑经济发展水平、交通状况、气候条件等其他影响因素。严格限定债务清偿费用，意在防止离婚后的债务人一方利用清偿夫妻共同债务之机损害另一方的合法权益。

根据上述三个基本属性，并结合夫妻债务清偿的具体情况，清偿费用的合理范围应当包括交通、住宿、复印、诉讼以及其他方面的必要花费。

二、清偿费用的正当基础

离婚后的债务人应当共同负担清偿费用。它源于男女平等以及权利与义务相一致等制度。同前述“夫妻债务清偿原则”之共同清偿、平等负担等原则的道理相同，这里不再赘述。

三、清偿费用的公平负担

离婚后的债务人应当公平负担债务清偿费用。这种公平性主要通过债务清偿费用的负担原则体现出来。具体包括共同负担、平等负担、公平负担与适当照顾等原则。其中，共同负担、平等负担、公平负担同前述“夫妻债务清偿原则”之共同负担、平等负担、利益衡平等原则道理相同，这里不再赘述。下面仅对适当照顾原则予以阐释。

（一）适当照顾原则的基本含义

适当照顾原则，是指在债务清偿费用负担上，应当根据具体情况对生活困难的债务人一方予以适当照顾。

清偿费用构成夫妻债务清偿成本之一种。它取决于债务数量以及清偿过程的必要支出项目。对于生活困难的债务人一方而言，这些支出都会增加其经济重负，有必要对其予以适当照顾。如果债务清偿费用较少的，可以忽略不计。因这种照顾的适当性受制于债务清偿费用的数额与债务人双方的具体经济状况，故需要合理判断被照顾方的生活困难及其困难程度，以便确定可以免除其所应当负担的全部费用或者部分费用。

基于当事人意思自治，可由债务人双方本着互谅互让的友好态度自行协商负担清偿费用；协商不成的，由人民法院判决。人民法院应当考察债务人双方的具体经济状况，以保证债务清偿费用适当照顾的科学性与合理性。

（二）适当照顾原则的影响因素

在夫妻债务清偿费用负担中适用适当照顾原则时，应当考虑多重影响因素。

1. 身体健康状况

自然人的身体及其生理机能的健康关系到劳动能力的状况。[①]一旦人的身体健康水平下降，将会减少劳动机会，影响经济收入。尤其是需要负担高额医疗费用，常会陷入困境。因此，应当适当减轻身体健康状况欠佳的债务人一方对于债务清偿费用的负担。

2. 个人收入水平

收入较低的债务人一方维持基本生活已经勉为其难，债务清偿费用可能会加重其生活负担。收入较高的一方应该适当多负担一些，以减轻收入较低一方的经济压力。

3. 抚养子女状况

未成年子女随债务人一方生活的，不仅支付抚养费，而且照料子女的日常生活起居，要比仅支付抚养费的另一方更为辛苦。作为一种补偿，未与子女一起生活的债务人另一方应当多负担一些债务清偿费用，于情、于理、于法都不为过。

4. 债务负担份额

无论债务人协议分担债务，还是人民法院判决债务人分担债务，都已经综合考量多方面因素给予需要照顾的一方以必要照顾。在债务人一方已经分担较多债务的情况下，应该适当减少其负担债务清偿费用，否则有失公允。

（三）适当照顾原则的合理限度

这种照顾是以牺牲债务人一方利益为代价而减少被照顾方的负担份额，如果反复要求照顾，势必加重损害债务人一方利益。因此，债务清偿费用负担的照顾仅只一次。

① 王利明主编：《民法》，中国人民大学出版社2010年版，第513页。

第六节　清偿追偿

在婚姻关系存续期间，鉴于我国民众几乎采夫妻共同财产制，以共同财产清偿夫妻共同债务属于婚内事务，夫妻之间不存在追偿问题。离婚之后，债务人一方清偿夫妻共同债务超过其所应当负担的债务份额或者帮助另一方清偿其个人债务的，则应当向另一方追偿。[①]

一、清偿追偿的基本含义

清偿追偿，是指离婚后的债务人一方清偿的夫妻共同债务超过其所应当负担的债务份额或者帮助另一方清偿其个人债务后，向另一方追偿的行为。

它有以下几个方面含义：

第一，在主体上，追偿人为离婚后的债务人。根据“谁清偿，谁追偿”的原则，通常情况下，追偿人为清偿债务的债务人。然而，追偿人具有扩展性。如果清偿人尚有其他法律关系，凡是有合法依据证明其为清偿人的权利与义务上的利害关系人，都可以成为追偿人。对于自然人而言，债务人一方的继承人、债权受让人可依继承与债权受让的客观事实向债务人另一方追偿。对于同债务人一方有利害关系的法人或者非法人组织而言，除其自身是债务人一方的债权人及其债权受让人外，合并或者分立后的法人、终止法人的权利与义务实际承受人依相关合法证明向债务人另一方追偿；合并或者分立后的法人的债权受让人、终止法人的权利与义务实际承受人的债权受让人都可以依债权受让的合法证明向债务人另一方追偿。

第二，在客体上，追偿范围具有确定性。清偿追偿应当以“清偿多少，追偿多少”为原则。并且，追偿不以全部清偿完毕为条件。只要债务人一方

---

① 如果第三人为夫妻债务提供担保或者代为清偿的，担保人与代为清偿人亦会向债务人追偿。因本研究主题限于夫妻债务清偿问题，故夫妻债务清偿的追偿不涉及担保人与代为清偿人的追偿问题。

清偿夫妻共同债务超过其所应当负担的债务份额或者帮助另一方清偿其个人债务，就可以向另一方追偿。追偿的债务份额是债务人一方为另一方所实际清偿的全部债务份额或者部分债务份额。在追偿全部债务份额场合，如果被追偿人向追偿人偿还全部债务，二者之间的债之关系消灭。在追偿部分债务份额场合，由于被追偿人仅向追偿人偿还部分债务，二者之间的债之关系尚存。原则上，被追偿人尚需继续向追偿人偿还剩余的部分债务。实际上，被追偿人是否需要继续向追偿人偿还剩余债务，则取决于追偿人的态度。如果债务人之间另有约定的，则从其约定。

第三，在时间上，追偿发生于清偿之后。债的消灭是清偿债务的债务人一方发生和行使追偿权的法律事实。债务人一方清偿债务之后，应当根据具体清偿情况对追偿作出合理安排。如果清偿债务是分多次进行的，既可以在每次清偿之后追偿，也可以在最后一次清偿完毕一并追偿。但是，应当注意诉讼时效。《民法典》总则编中的第 188 条规定：向人民法院请求保护民事权利的诉讼时效期间为三年，自权利人知道或者应当知道权利受到损害以及义务人之日起计算。据此规定，追偿的诉讼时效应当从债务人一方清偿债务之日起计算。其中，对于单宗债务分多次清偿的，应当以最后一次清偿日期作为诉讼时效的起算日期较为妥当，需要掌握好每次的清偿日期，以便于科学计算诉讼时效。

二、清偿追偿的立法比较

（一）我国关于夫妻债务清偿追偿的立法现状

我国《民法典》婚姻家庭编没有关于债务清偿追偿的规定。在《民法典》编纂之前，根据《婚姻法解释（二）》第 25 条第 2 款规定，人民法院应当支持债务人一方就共同债务承担连带清偿责任后，基于离婚协议或者人民法院的法律文书向另一方追偿。这是债务人的合理诉求在司法实践中的具体折射。它为解决夫妻债务清偿的追偿问题提供了直接依据，有利于保护清偿夫妻共同债务的债务人一方的合法权益。此外，就我国目前关于债法的整体立法情况来看，并不存在追偿障碍。债务人一方可以就其清偿夫妻共同债务超过其所应当负担的份额或者帮助另一方清偿的个人债务，依照相关法律规定向另一方追偿即可。然而，毕竟债务人曾经的夫妻身份使得清偿债务具有一定的特殊性，婚姻立法应当将夫妻债务清偿的追偿问题予以明确化，以便于实现法律适用上的规范与便捷。

（二）域外关于夫妻债务清偿追偿的立法考察

在域外的一些民法典中，有关于夫妻债务清偿追偿的立法规定。

1. 立法介绍

（1）《法国民法典》。在法定的共同财产制中，《法国民法典》第 1412 条规定：共同财产偿付夫妻一方的个人债务后，该方应对共同财产给予补偿。第 1416 条规定：可以依据以上条款（第 1415 条）的规定就夫妻共同财产请求清偿的债务，只要其是为夫妻一方的个人利益而缔结，以及是为取得、保管或改善夫妻一方的自有财产，用共同财产清偿之后，应当对共同财产给予补偿。第 1417 条第 1 款规定：夫妻一方因刑事犯罪被判处罚金，或者因民事侵权行为或准侵权行为被判处损害赔偿与支付诉讼费用，在用共同财产支付之后，共同财产有权得到补偿；相应情况下，应给予的补偿可以从共同财产从此种行为获得利益中扣减。夫妻一方不顾婚姻强制其应当履行的义务而缔结债务，并用共同财产清偿此种债务后，应对共同财产给予补偿。第 1487 条规定：夫妻一方已清偿的债务数额超过依前条（第 1486 条）规定应由其负担之部分时，就此超过部分，对另一方配偶有求偿权。

（2）《智利民法典》。在关于夫妻共同财产解散的规定中，《智利民法典》第 1779 条规定：配偶一方在分割共同财产中分得的物件已被设定抵押或质押的，如该配偶为此等负担的效力而清偿共同财产的债务，则享有请求配偶他方偿还他所谓的清偿的半数的诉权；如清偿了配偶他方的债务，他享有请求该配偶偿还他所为的全部清偿的诉权。

（3）《意大利民法典》。在关于法定共有财产的规定中，《意大利民法典》第 192 条第 1 款、第 3 款、第 4 款规定：为清偿第 186 条（夫妻共同债务）规定之外的债务而从共有财产中支取款项的任何一方配偶，均应当承担偿还责任。任何一方配偶均有权请求返还从个人财产（第 179 条）中支付的、用于管理共有财产的费用以及用共有财产名义进行投资的费用。偿还和返还行为应当在夫妻共有关系终止时进行；但是家庭利益需要或者允许的，法官可以在夫妻共有关系终止之前准许实施偿还和返还行为。

（4）《葡萄牙民法典》。在关于夫妻债务的规定中，《葡萄牙民法典》第 1697 条规定：（1）夫妻双方负责之债务，如已单由其中一方之财产支付，该方就其已清偿而超出应清偿之部分成为他方之债权人，但该债权仅在夫妻财产分割时方可要求，但分别财产制除外。（2）仅由夫妻一方独自负责之债务而以共同财产支付时，分割时共同财产享有对相关款项之债权。

（5）《路易斯安那民法典》。在财产增值共有法定财产制中，《路易斯安那民法典》第 2364 条规定：若共有财产制存续期间的共有财产或共有财产制终止后的先前共有财产，被用于清偿配偶一方的分别财产之债，则另一方配偶有权获得共有财产被使用时的数额或价值的一半作为补偿。第 2365 条第 1 款规定：若在财产共有制存续期间或之后，配偶一方的分别财产被用于清偿共有财产之债，该方配偶有权按照财产被使用时的数额或价值的一半作为补偿。第 2365 条第 3 款规定：若共有财产之债是为了婚姻期间的日常花费，或为了扶养或教育任一方配偶的子女，且花费符合该方配偶的经济状况，则该配偶有权从另一方配偶处获得补偿，而不考虑另一方配偶在全部共有财产中的份额。第 2366 条规定：若为了配偶一方分别财产的取得、使用、改良或利益，在共有财产制存续期间使用了共有财产，或使用了先前的共有财产，另一方配偶有权按照共有财产被使用时的数额或价值的一半获得补偿。

2. 立法特征

综观这些民法典关于夫妻债务清偿追偿的立法规定，主要呈现如下特征：

第一，立法立场完全一致而各有偏倚。法律关系以法律规范的存在为前提，以法律上的权利和义务为内容。这就需要婚姻立法对夫妻债务清偿追偿作出明确规定。对此，这些民法典对夫妻债务清偿追偿的立法立场具有一致性，并将其予以明确化。只因各国立法背景不同，在制度内容的设计上各有偏倚。这主要体现为《法国民法典》与《路易斯安那民法典》的内容较为详细，其他民法典的内容则较为简略。

第二，本质内涵基本相同而表述各异。这些规定中并未出现“追偿”或者类似于“追偿”的表述，而是使用“补偿”“请求”“补救”“成为他方债权人”等概念。这些各不相同的表述并不妨碍它们在立法意图与立法内容上的相同内涵，即权利人因受益人而致利益受损的，其便成为受益人的债权人，有权要求因其受损而获利的受益人予以偿还。债权人既可以直接要求受益人偿还，也可以请求司法救济，此即谓追偿。

第三，追偿时间较为明确而各不相同。在这些规定中，夫妻债务清偿追偿时间大致分为三种情形：一是婚姻关系存续期间追偿。《法国民法典》对于夫妻债务清偿追偿时间的规定较为模糊，根据其第1441条规定，共同财产制因以下原因而解除：（1）夫妻一方死亡；（2）宣告失踪；（3）离婚；（4）分居；（5）分别财产；（6）夫妻财产制的改变。在第（1）项与第（3）项情形下，共同财产制随着夫妻关系解体而解除。在第（2）项、第（4）项、第（5）项与第（6）项情形下，共同财产制解除而夫妻关系依然尚存。因此，在夫妻共同财产制解除的情况下，不可能用夫妻共同财产偿付夫妻一方个人债务。这就意味着《法国民法典》有关规定应当属于婚姻关系存续期间的夫妻债务清偿追偿。二是婚姻关系终止时追偿。《葡萄牙民法典》严格限制共同财产制下的夫妻债务清偿的追偿。其第1688条规定：夫妻之人身关系及财产关系因婚姻解销或结婚被撤销而终止。这就使得夫妻债务清偿追偿受制于婚姻关系终止，仅可在分割夫妻财产时要求偿还债权。三是无论是否离婚皆可追偿。《路易斯安那民法典》关于夫妻债务清偿追偿的规定中特别强调“共有财产制存续期间的共有财产”与“共有财产制终止后的先前共有财产”，这反映出共有财产制终止前后都存在夫妻债务清偿追偿的现象。其第 2356 条规定：法定的夫妻共有财产制的终止原因：配偶一方死亡或宣告死亡的判决，婚姻无效的宣告，离婚判决或分别财产判决，以及终止共有的婚姻协议。这一规定使得夫妻债务清偿追偿不受离婚影响，而是取决于夫妻共有财产制变化。《智利民法典》第 1779 条虽然未明确追偿时间，但根据第 1764 条规定，夫妻共同财产因下列事由解散：（1）解除婚姻；（2）依人的生存开始和终止一题中的规定推定夫妻一方死亡；（3）判决永久离婚或者分别全部财产；如为部分财产的分割，共同财产就未包括于该分别财产中的财产继续存在；（4）宣告婚姻无效；（5）依相应法律和第 1723 条规定，约定所得参与制或全部财产分别制。可见，凡是这一规定中引发分割共同财产的情形都发生夫妻债务清偿追偿。尽管《意大利民法典》特别强调追偿须在夫妻共有关系终止之时进行，但是第 191 条规定：在配偶一方被宣告失踪或被宣告死亡的情况下，以及在婚姻被撤销、解除、丧失民法效力、分居、由判决宣告财产分离、协议改变夫妻财产制、配偶一方破产的情况下，夫妻共有关系终止。这一规定表明夫妻债务清偿追偿随夫妻共有关系在婚姻关系存续期间与离婚终止而进行。

由这些立法规定可见，虽然夫妻具有特殊人身关系，但是基于夫妻人格的独立性，不应混淆夫妻共同债务与夫妻个人债务。债务人应当使用夫妻共同财产或者夫妻个人财产分别清偿夫妻共同债务或者夫妻个人债务。即使因特殊情况而以夫妻共同财产清偿夫妻个人债务或者用夫妻个人财产清偿夫妻共同债务，也不能因为夫妻之间的特殊身份关系而免除追偿或者补偿责任。债务人应当及时以夫妻个人财产补偿夫妻共同财产的损失或者以夫妻共同财产补偿夫妻一方财产的损失。否则，债权人可以向另一方追偿。对此，法律应当允许债权人自主选择具体的追偿时间，不受离婚与否之限制，以更加有利于保护婚姻当事人的合法权益。因此，笔者比较赞同智利、意大利、美国路易斯安那州的立法。我国的婚姻立法可以借鉴这些立法规定，确立我国的夫妻债务清偿的追偿制度。

三、清偿追偿的一般要件

夫妻债务清偿追偿须符合下列要件，方得成立。

（一）前提要件：债务人一方清偿夫妻共同债务或者帮助另一方清偿个人债务

离婚后的债务人本为夫妻共同债务的债务人，清偿夫妻共同债务是其本来义务。并且，债务人双方须在其内部根据离婚协议或者离婚判决书，各自负担部分夫妻共同债务。其中一方向另一方追偿的前提，须为其源于对夫妻共同债务的连带清偿责任所清偿的债务超过其所应当负担的份额，或者顾念曾经的夫妻情分而帮助另一方清偿个人债务。

（二）效果要件：债权人因债务人一方清偿而免除另一方对其的债务清偿义务

债因清偿而消灭。经离婚后的债务人一方清偿，必须达到全部或者部分消灭另一方所应当负担的夫妻共同债务份额或者夫妻个人债务的效果。另一方对债权人的清偿义务得以全部免除或者部分免除。为此，清偿须符合这些要求：第一，债务人一方应当依照法律规定或者合同约定正确地、适当地清偿夫妻共同债务或者帮助另一方清偿夫妻个人债务，不得出现任何有害于债权人和债务人的行为。第二，债权人及其他权利与义务的承受者及时受领清偿。第三，夫妻共同债务或者夫妻个人债务的债权人因清偿而实现债权。第四，清偿消灭债权人与债务人之间的债权债务关系。这是判断债务人一方清偿夫妻共同债务或者帮助另一方清偿夫妻个人债务的事实及其效果的客观标准。债务人一方的清偿行为只有符合这些要求，才能保证清偿效果。

（三）原因要件：债务人一方清偿夫妻债务后与另一方形成新的债权债务关系

债务人一方清偿夫妻共同债务超过其所应当负担的债务份额或者帮助另一方清偿其个人债务之后，另一方在该债务清偿范围内得以免除对债权人的清偿义务。与此同时，债权人在其受偿范围内将债权移转给债务人一方。这种债权移转同债权让与不同。债权让与不仅需要让与人与受让人之间的合意，订立债权转让合同，而且尚需通知债务人，否则对债务人不发生效力。而这种债权移转是法定移转，无须债权人与债务人一方之间的合意，也不需要通知债务人另一方，债权于债务人一方清偿之后便自动移转于其而对债务人另一方发生效力。因此，债务人一方为另一方清偿债务后，债权人免除另一方的清偿责任仅是表象，它只是以债务人一方与另一方产生新的债权债务关系换得原债权人免责，并将债权由债权人处移转到债务人一方那里而使其取代债权人地位。事实上，债务人另一方的债务并未真正消灭，只是清偿义务发生转移，受偿对象变成清偿债务的债务人一方。除非债务人一方明确表示免除另一方的偿还义务，否则可向其追偿。另一方必须向追偿方偿还其为自己清偿的债务份额。

（四）公平要件：债务人另一方须向清偿方偿还其所应当负担的相应债务份额

离婚后的债务人一方因连带清偿责任清偿夫妻共同债务超过自己所应当负担的份额或者帮助另一方清偿个人债务而使其利益受损，便取得代位追偿权，有权要求另一方偿还自己为其清偿债务所受到的利益损失，债务人负有弥补其损失之义务。对此，双方应当协议偿还债务事宜并达成偿还协议。然而，主动偿还属于道德调控范畴，追偿则属于法律规制范畴。道德的本质特征是自律，法律的本质特征是他律，并且是以强制力量作为保证的他律。[①] 如果债务人另一方未能主动偿还的，或者双方就偿还债务事宜协商不

① 梁治平：《寻求自然秩序中的和谐》，商务印书馆 2013 年版，第 265 页。

成，债务人一方可以向人民法院起诉，或者直接向人民法院起诉，要求另一方偿还。

四、清偿追偿的债务抵销

（一）清偿追偿的抵销之概念

清偿追偿的抵销，是指离婚后的债务人一方清偿夫妻共同债务超过其所应当负担的债务份额或者帮助另一方清偿夫妻个人债务后向另一方追偿时，如果被追偿人对债务人一方负有给付义务，可以将两项债务相互充抵，使其相互在同等数额内消灭。

在民法上，抵销有法定抵销与合意抵销之分。法定抵销是指具备法律所规定的条件时，依当事人一方的意思表示所为的抵销。《民法典》合同编中的第 568 条第 1 款规定："当事人互负债务，该债务的标的物种类、品质相同的，任何一方可以将自己的债务与对方的到期债务抵销；但是，根据债务性质、按照当事人约定或者依照法律规定不得抵销的除外。"合意抵销是指依当事人双方的合意所为的抵销。《民法典》合同编中的第 569 条规定："当事人互负债务，标的物种类、品质不相同的，经协商一致，也可以抵销。"然而，出于保障债务人一方得以顺利实现债权以及提高追偿效率之考量，不对抵销刻意作法定抵销与合意抵销之区分。因此，对于用以抵销的债务，既不问具体产生原因，也无须考虑标的物种类、品质是否相同。也就是说，不仅限于合同债务，而且可以包括可抵销的其他债务。例如，无因管理、不当得利等债务。凡是符合法定抵销条件的，任何一方可直接主张抵销；否则，经双方协商一致，可以抵销。并且，用以抵销的债务既可以是业已存在的债务，也可以是正在发生的债务。

（二）清偿追偿的抵销之要求

1. 抵销当事人之间互负可以抵销的债务

当事人之间互负债务是抵销的前提。它具有双向性与平等性。如果当事人一方对另一方仅享有债权而不负债务，或者仅负有债务而不享有债权，则不可能抵销。并且，任何一方当事人都不能对这一抵销前提设置任何不合理的限制。它只要求抵销当事人双方用以抵销的债权等额，而不能要求抵销当事人相互享有等额债权。否则，损害被限制一方利益。并且，因抵销涉及双方当事人的财产利益，不得随意抵销债务，仅只限于允许抵销的债务。这就须对抵销予以合理限制。一般来说，以下几种债务不得抵销：（1）法律规定不得抵销的债务。例如，侵权之债不得主张抵销。如果允许抵销，就意味着债权人可以任意侵害债务人的人身和财产权利，有违公序良俗。（2）性质上不能抵销的债务。例如，与人身不可分离的抚恤金、退休金、抚养费等。这几种费用是用来维系处于弱势的受抚人员、退休人员与被抚养人的基本生存需要，一旦抵销将会影响他们的基本生活。（3）当事人约定不得抵销的债务。由于抵销权属于形成权，此种意思表示一经抵销权人作出即发生法律效力，不得撤回。[①] 此外，用于抵销的债务均须合法，其中一方债务为不法债务时，不得主张抵销。例如，赌博或者买卖毒品之债。

2. 用以抵销的债务原则上均已届清偿期

抵销具有清偿的效力。双方债务均已届清偿期时，始得为抵销。债务清偿期限尚未届至的，债权人不能主张请求。如果将清偿期限尚未届至的债务用于抵销，等于请求债务人提前清偿，主张抵销的一方将损害被抵销一方的期限利益。因此，一般情况下，清偿期限尚未届至的债务不得用于抵销。然而，如果抵销权人放弃期限利益，并未损害他人的利益也不妨害交易安全，法律上自然不应予以限制或者禁止。[②] 那么，若一项债务已届清偿期限，而另一项债务尚未届清偿期的，则未到期的债务人主张抵销或者同意抵销的，

---

① 江平：《民法》，中国政法大学出版社 2011 年第 2 版，第 460 页。

② 王利明：《合同法研究》（第二卷），中国人民大学出版社 2003 年版，第 365 页。

可以抵销。此外，以下两种情形也可以抵销：（1）若一项债务已届清偿期，另一项债务没有规定清偿期的，则两项债务可以抵销；（2）若两项债务均未规定清偿期，则可以抵销。

3. 抵销须符合法律规定或者经双方同意

抵销需要符合相关要求。用于抵销的债务符合相关法律规定的，任何一方皆可主张抵销。用于抵销的债务不符合法定抵销情形的，需经过抵销当事人双方的抵销合意。否则，不得抵销。并且，在合意抵销场合，任何一方当事人均不得胁迫、欺诈另一方。否则，抵销因其违反《民法典》总则编中的第 143 条关于民事法律行为生效的条件而无效。

（三）清偿追偿的抵销之通知

1. 清偿追偿的抵销之通知的概念

清偿追偿的抵销之通知，是指清偿债务的债务人一方主张抵销的，应当通知另一方，或者另一方主张抵销的，应当通知清偿债务的债务人一方。

法定抵销是单方民事法律行为，依抵销权人的单方意思表示即可发生效力，即只要抵销权人作出抵销债权的意思表示到达被抵销人处即生效。根据《民法典》合同编中的第 568 条第 2 款前段规定："当事人主张抵销的，应当通知对方。"合意抵销是双方协商一致的结果，不需要通知。因此，这里的通知仅指法定抵销的通知。

2. 清偿追偿的抵销之通知的意义

（1）通知是抵销意思表示表现方式。抵销的意思表示是以消灭债权为目的的处分行为，同时也是一种旨在以发生权利关系的变动为目的的形成行为，[①] 依抵销权人的单方意思表示即可发生效力。抵销人抵销债权的，须以通知方式向相对方作出抵销债权的意思表示。

（2）被抵销人受领抵销债权的通知。根据《民法典》合同编中的第 568 条第 2 款中段规定："通知自到达对方时生效。"然而，抵销债权的通知必须

① 王利明：《合同法研究》（第二卷），中国人民大学出版社 2003 年版，第 369 页。

符合《民法典》总则编中的第143条关于民事法律行为生效的规定。尽管抵销属于单方民事法律行为，但是关涉相对方利益，需要被抵销人作出受领抵销债权通知的意思表示。对于被抵销人而言，抵销权人一经作出抵销债权的意思表示并到达被抵销人处，即产生这几个方面的效果：一是被抵销人作出受领抵销债权通知的意思表示；二是被抵销人知道抵销权人主张抵销债权的意思表示；三是被抵销人了解抵销债权之意思表示的具体内容。这就要求抵销债权的意思表示必须合法、明确、具体。

（3）通知具有宣示债权消灭的功效。抵销在于消灭债权。如果主张抵销的一方不通知对方，相对人便无法知道其抵销债权的意思表示，则无法发生消灭债权的结果。这就需要抵销权人明确作出抵销债权的意思表示，并通知被抵销人，以消灭债权。因此，抵销通知具有宣示债权因抵销而消灭之功效。

3. 清偿追偿的抵销之通知的形式

抵销当事人主张抵销的通知采何种形式，法律没有明确规定。主张抵销的一方当事人应当选择适当的通知形式，视具体情况而选择采用书面、口头或其他形式等皆可。

（四）清偿追偿的抵销之禁止

1. 抵销不得附条件或者附期限

根据《民法典》总则编中的第158条与第160条的规定，民事法律行为可以附条件和附期限。附生效条件的民事法律行为，自条件成就时生效。附生效期限的民事法律行为，自期限届至时生效。如果允许抵销附条件，附条件的抵销只有在条件成就时才能实行，而条件是将来发生的不确定的客观事实，其是否必然发生并不确定，故具有不确定性。这就使得对方当事人陷入不安状态。如果允许抵销附期限，因抵销具有溯及力，即溯及得为抵销之时，发生消灭民事法律行为的效力，而附期限的抵销在期限尚未到来时不能实现，则与抵销之溯及力相抵触。由于抵销附条件和附期限并不符合设立抵销制度的目的，并可能损害一方当事人的权利，应当予以禁止。因此，《民法典》合同编中的第568条第2款后段规定："抵销不得附条件或者附期限。"

2. 不得抵销用于特定需要的费用

用于满足特定需要的费用是指夫妻离婚时的子女抚养费与离婚经济帮助费用，具有特定性与保障性的法律属性。由于未成年子女或者不能独立生活的成年子女与生活困难的一方离婚当事人皆属弱势群体，应当予以特别保护，以保障他们的基本生活需要。

（1）子女抚养费用的禁止抵销。父母抚养子女，一方面基于子女生存的需要，另一方面基于父母的本能以及实现自己价值使然。[①] 抚养子女不因父母离婚而终止，也不因子女随父母一方生活而另一方停止抚养。根据《民法典》婚姻家庭编中的第1058条规定，夫妻双方共同承担对未成年子女抚养的义务。第1067条第1款规定："父母不履行抚养义务的，未成年子女或者不能独立生活的成年子女，有要求父母给付抚养费的权利。"第1084条第1款、第2款规定："父母与子女间的关系，不因父母离婚而消除。离婚后，子女无论由父或者母直接抚养，仍是父母双方的子女。离婚后，父母对于子女仍有抚养、教育、保护的权利和义务。"第1085条规定："离婚后，子女由一方直接抚养的，另一方应当负担部分或者全部抚养费。"根据这些规定，抚养费用用于子女的生活、教育等必要需求，未与子女一起生活的父母应当负担一定数额的必要生活费和教育费。债务人一方清偿夫妻共同债务或者帮助另一方清偿夫妻个人债务后向另一方追偿时，任何一方不得将子女抚养费用用以抵销债务。

（2）离婚经济帮助费用的禁止抵销。离婚经济帮助是基于婚姻关系解除而派生出来的一种社会道义责任，属于婚姻立法对离婚生活困难的一方予以经济保障的救助措施。这是源于婚姻关系内部客观存在弱者，离婚救济措施是对离婚纠纷中的弱势一方（通常是女性）适用的，是解决婚内弱者与强者

① 王丽萍：《亲子法研究》，法律出版社2004年版，第115页。

间权利冲突的最后途径，[①] 是民法上弱者保护原则在婚姻立法上的具体体现。它是法律保护个人权利与社会公平、正义，并使两者趋于平衡的有效方式，[②] 有助于经济困难一方度过暂时困难。债务人一方清偿夫妻共同债务或者帮助另一方清偿其夫妻个人债务后向另一方追偿的，任何一方不得将离婚经济帮助费用用以抵销债务。

（五）清偿追偿的抵销之效力

在清偿追偿中，抵销效力表现在外观、期限与后果等几个方面。

1. 外观效力：双方互负的债务在抵销数额内消灭

抵销是通过充抵当事人之间的债务，而使双方的债权在同等数额内消灭。[③] 双方债务数额相同时，互负债务均归消灭。双方债务数额不等时，抵销债务原则上须以数额较小的债务为抵销基数。债务数额较小一方的债务消灭，债务数额较大一方的债务仅在与对方债务相同额度内消灭。对于未被抵销的债务数额，除债权人免除外，债务数额较小一方债务人仍然对剩余部分债务负有清偿义务。然而，基于当事人意思自治，即使双方用于抵销的债务数额并不相等，只要不为法律所禁止，经双方协商一致，愿意不等额抵销的，全额抵销也未尝不可。

2. 期限效力：债权消灭效力溯至抵销权发生之时

抵销生效时，即抵销权发生之时，发生消灭债务的效力。双方债务的清偿期限同时届至的，抵销使之同时消灭。双方债务的清偿期限有先后的，以在后的清偿期限届至时为准。如果债务人以其未届清偿期限的债务主张抵销的，应当认为清偿期限未届至的债务人放弃期限利益。在此情形下，以抛弃期限利益之时为准，即以主张抵销的一方当事人发生抵销权的时间为适于抵销的时间，债的关系归于消灭。

---

① 李俊：《离婚救济制度研究》，法律出版社 2008 年版，第 25 页。

② 叶英萍：《婚姻法学新探》，法律出版社 2004 年版，第 405 页。

③ 王利明、房绍坤、王轶：《合同法》，中国人民大学出版社 2013 年版，第 192 页。

3. 后果效力：抵销使得用以抵销的债务绝对消灭

自抵销之时起，债务及其利息支付归于消灭，债务人得以免责。除法律另有规定外，任何人不得主张撤回抵销。已抵销的债务再为清偿时，则发生不当得利。

五、清偿追偿的债务免除

（一）清偿追偿的免除之含义

清偿追偿的免除，是指离婚后的债务人一方清偿夫妻共同债务超过其所应当负担的债务份额或者帮助另一方清偿其个人债务后，免除另一方偿还而消灭债权的行为。

免除债务是债权人处分债权的行为。由于涉及债务人利益，债务人一方须向另一方明确作出免除偿还的意思表示。并且，免除债务的意思表示无需特定方式，书面、口头及其他形式均可。

免除的债务份额是债务人另一方应当向清偿方偿还的全部债务份额或者部分债务份额。在免除全部债务份额场合，清偿方免除被追偿方的全部债务后，二者之间的债之关系消灭。在免除部分债务份额场合，清偿方仅免除被追偿方的部分债务，二者之间的债之关系尚存，被追偿方尚需继续向清偿方偿还剩余的部分债务。

（二）清偿追偿的免除之特征

免除为民事法律行为。清偿追偿的免除具有如下特征：

1. 无因性

引发免除债务的原因具有多样性。例如，赠与、和解、情谊、同情等，不一而足。这些原因仅是引发债权人决定免除债务的内因，对于免除债务并不具有决定性意义，均非免除债务之成立要件。对于债务人来说，仅在于追求免除带来的具体结果，无须知道免除的具体原因。因此，从外观上来看，债务免除属于无因行为。

2. 无偿性

免除是债权人消灭债务人的债务负担的行为，不以债权人取得相应对价为条件，债务人无须向其支付任何对价。债务人一方免除另一方的偿还义务，不得附有任何条件，不得以其负担某种义务为前提。否则，不属于免除债务。

3. 相对性

基于债之相对性，债的当事人之间的权利与义务具有对应性。债务人一方只能向另一方或者向其代理人为免除偿还的意思表示。

4. 单方性

免除是形成权。它是以消灭债权为内容的意思表示。债权人以其单方意思表示即可免除债务人的偿还义务，不以债务人承诺为要件。债务人一方一经向另一方作出免除偿还的意思表示，即可发生免除效力，并且不得撤销该意思表示。

（三）清偿追偿的免除之要件

作为一种民事法律行为，清偿追偿的免除除需要满足民事法律行为生效的一般要件外，还需要符合下列条件。

1. 债务免除人须具有处分能力

免除债务是债权人的处分行为，其须有处分能力。具体而言，第一，债权人须为完全民事行为能力人。行为人具有相应的民事行为能力是民事法律行为生效的前提要件。尽管根据《民法典》总则编中的第 19 条、第 22 条规定，限制民事行为能力人可以独立实施与其年龄、智力、精神健康状况相适应的民事法律行为，但主要是指日常生活必需的行为。[①] 因处分债权将直接发生财产权得丧的效力，依限制民事行为能力人的认知能力和判断能力尚不足以独立实施这一民事法律行为。因此，债权处分人须为完全民事行为能力

① 王利明：《民法总则》，中国人民大学出版社 2017 年版，第 106 页。

人。第二，债权人须对债权有处分权。处分行为是对某一权利进行处分的法律行为，[①] 它是以变更或者消灭既存权利为内容的法律行为，[②] 处分人必须享有处分权方得实施处分行为。因此，处分债权的人须为债权人。如果债权人因受特殊情形影响而不便行使处分权，可以授权他人代为免除行为。然而，对于法律禁止抛弃的债权，债权人的免除行为无效。

2. 免除须向债务人为意思表示

免除消灭债务人的清偿责任，其法律效力规定在意思表示之中。债权人免除债务的意思表示须向债务人或者其代理人为之。免除是一种单方行为，免除的意思表示到达债务人或者其代理人时生效。但是，当事人订立免除协议，则免除自双方达成协议时生效。

3. 免除不得损害第三人的利益

尽管免除债务是债权人的权利，但是行使该权利关涉第三人的，不得损害第三人利益。根据《民法典》物权编中的第 440 条第（6）项规定，债务人或者第三人可以有权处分的现有的以及将有的应收账款出质。如果债权人已就债权设定质权，除其另行提供相应的担保外，不得免除债务。否则，有损质权人利益。因此，债权人不得擅自免除已设定质权的债权。

4. 免除意思表示被债务人受领

尽管免除只需要债权人一方的意思表示即可成立，且对债务人无约束力，但是对于有相对人的单方法律行为，意思表示应当待债务人受领，只有其中包含免除的意思表示到达作为接受方的特定人，始能生效。[③] 因此，债权人免除债务，债务人须受领免除债务的意思表示。

（四）清偿追偿的免除之效力

免除具有消灭债之关系的功效。根据《民法典》合同编中的第 575 条规

---

① ［德］维尔纳·弗卢梅：《法律行为论》，迟颖译，法律出版社 2013 年版，第 165 页。

② 龙卫球：《民法总论》，中国法制出版社 2011 年版，第 437 页。

③ 朱庆育：《民法总论》，北京大学出版社 2013 年版，第 132 页。

定，债权人免除债务人部分或者全部债务的，债权债务部分或者全部终止。如果免除全部债务份额的，债之关系得以全部消灭，债务人不再负担偿还责任。如果免除部分债务份额的，债之关系不能全部消灭，尚存部分债权。对于债务人而言，其在债务免除范围内免除偿还责任。对于债权人而言，其在债务免除范围内的债权得以消灭。

第七节　清偿限制

一、清偿限制的基本含义

清偿限制，是指人民法院应债权人申请而对债务人采取执行措施时，应当为债务人及其所扶养的人保留必需的生活用品和生活费用，以保障其基本生活需要。

它有以下几个方面含义：

第一，清偿限制发生于对债务人采取执行措施中。如果债务人无正当理由拒不清偿债务或者无故拖延清偿债务，人民法院应债权人请求，应当对债务人采取相关执行措施，强制其履行业已生效的判决，向债权人清偿债务。但是，在执行过程中，应当注意保障债务人及其所扶养的人的基本权益。

第二，清偿限制的保护对象为债务人及受其扶养人。尽管债务人无正当理由拒不清偿债务或者无故拖延清偿债务业已损害债权人利益，但是仍应当保障债务人及其所扶养的人的基本生活需要。这就需要确定债务人所扶养的人的合理范围，通常以受其扶养的近亲属为限。

第三，清偿限制体现为保留必需的生活用品和生活费用。人民法院在对债务人的财产采取执行措施时，应当为债务人及其所扶养的人保留必需的生活用品和生活费用。其中，必需生活用品是用以满足日常生活需要的物品，包括衣服、基本生活用具与住房等。必需生活费用是用以保障满足日常生活开支。例如，水、电、天然气、有线电视等产生的相关费用，还应当包括子女教育费用等。

二、清偿限制的价值伦理

（一）保障基本人权之需要

《宪法》第33条第3款规定："国家尊重和保障人权。"其中，生存是人权的首要权利，它是维持个体正常生活所必需的基本条件，有赖于满足基本生活需要的物质保障。在夫妻债务清偿中，须为债务人及其所扶养的人保留必要的生活用品和生活费用，以保障其基本人权，满足其基本生存需要。

（二）获得生产动力之条件

劳动是获得财产的重要渠道。为债务人保留必需的生活用品和生活费用，意在维持其基本生活条件，使其保有从事劳动的生产动力源泉，能够不断创造财富，尽快清偿债务。

（三）法律体恤情怀之体现

法律不仅规制人们的行为，而且对其尚有体恤情怀。例如，保护弱势群体、衡平不同利益冲突等。法律的这种体恤情怀源于人性关怀的必要与人格尊重的必然。对于债务人来说，不能因负债而丧失人格尊重与人性关怀。尤其是受债务人扶养的人多为老幼病残等弱势群体，更需要法律的体恤与关怀。并且，一旦债务人的财产被全部执行，这些人则会陷入生活困窘，易于滋生社会矛盾。因此，应当为债务人及其所扶养的人保留必要的生活用品和生活费用。

三、清偿限制的法律依据

《民法典》婚姻家庭编没有关于夫妻债务清偿限制的规定，具体适用《民事诉讼法》的有关规定及其司法解释。

《民事诉讼法》第243条规定："被执行人未按执行通知履行法律文书确定的义务，人民法院有权扣留、提取被执行人应当履行义务部分的收入。但应当保留被执行人及其所扶养家属的生活必需费用……"《最高人民法院关于人民法院民事执行中查封、扣押、冻结财产的规定》(以下简称《民事执行规定》)第5条规定："人民法院对被执行人下列的财产不得查封、扣押、冻结：(一)被执行人及其所扶养家属生活所必需的衣服、家具、炊具、餐具及其他家庭生活必需的物品；(二)被执行人及其所扶养家属所必需的生活费用。当地有最低生活保障标准的，必需的生活费用依照该标准确定；(三)被执行人及其所扶养家属完成义务教育所必需的物品……"第6条规定："对被执行人及其所扶养家属生活所必需的居住房屋，人民法院可以查封，但不得拍卖、变卖或者抵债。"第7条规定："对于超过被执行人及其所扶养家属生活所必需的房屋和生活用品，人民法院根据申请执行人的申请，在保障被执行人及其所扶养家属最低生活标准所必需的居住房屋和普通生活必需品后，可予以执行。"

《民事诉讼法》第243条与《民事执行规定》第5条、第6条、第7条为合理限制夫妻债务清偿提供了法律依据。人民法院在对债务人进行强制执行时，应当按照这些法律规定与司法解释，根据债务人的实际情况，为其及其所扶养的人保留必需的生活用品和生活费用。

四、清偿限制的具体适用

(一)受债务人扶养的人之合理界定

扶养既有法律意义上的扶养，又有道德层面上的扶养。其中，法律意义上的扶养有广义与狭义之分。广义上的扶养泛指特定亲属之间根据法律规定而存在的经济上相互供养、生活上相互扶助的权利与义务关系，包括长辈亲属对晚辈亲属的抚养、同辈亲属之间的扶养和晚辈亲属对长辈亲属的赡养等三种具体形态。狭义上的扶养则专指平辈亲属之间尤其是夫妻之间依法发生的经济供养和生活扶助的权利义务关系。[①] 这里采广义内涵。

扶养具有以下几个方面的主要特征：

第一，扶养义务的法定性，即扶养人对被扶养人的扶养是其必须履行的法定义务，具有强制性。否则，被扶养人可以向人民法院起诉，请求法律救济。

第二，扶养对象的特定性，即扶养人与被扶养人之间具有特定的亲属关系。扶养是以一定亲属身份关系的存在为前提的财产给付，具有人身专属性。[②]《民法典》婚姻家庭编中的第 1045 条第 2 款规定："配偶、父母、子女、兄弟姐妹、祖父母、外祖父母、孙子女、外孙子女为近亲属。"它确定了扶养人与被扶养人的具体范围，包括抚养对象、赡养对象与扶养对象。

根据《民法典》婚姻家庭编中的第 1058 条、第 1067 条第 1 款、第 1084 条第 1 款与第 2 款以及第 1085 条的规定，父母的抚养对象为未成年子女或者不能独立生活的成年子女。第 1074 条第 1 款规定："有负担能力的祖父母、外祖父母，对于父母已经死亡或者父母无力抚养的未成年孙子女、外孙子女，有抚养的义务。"据此规定，祖父母与外祖父母的抚养对象为未成年的孙子女、外孙子女。

《民法典》婚姻家庭编中的第 1067 条第 2 款规定："成年子女不履行赡养义务的，缺乏劳动能力或者生活困难的父母，有要求成年子女给付赡养费的权利。"第 1069 条后段规定："子女对父母的赡养义务，不因父母的婚姻关系变化而终止。"第 1074 条第 2 款规定："有负担能力的孙子女、外孙子女，对于子女已经死亡或者子女无力赡养的祖父母、外祖父母，有赡养的义

① 杨大文主编：《婚姻家庭法》，中国人民大学出版社 2015 年版，第 204~205 页。

② 余延满：《亲属法原论》，法律出版社 2007 年版，第 512 页。

务。”根据这些规定，子女的赡养对象为父母；孙子女、外孙子女的赡养对象为祖父母与外祖父母。

《民法典》婚姻家庭编中的第1075条规定：“有负担能力的兄、姐，对于父母已经死亡或者父母无力抚养的未成年弟、妹，有扶养的义务。由兄、姐扶养长大的有负担能力的弟、妹，对于缺乏劳动能力又缺乏生活来源的兄、姐，有扶养的义务。”据此规定，兄弟姐妹互为扶养与被扶养对象。

因此，受债务人扶养的人包括未成年子女、不能独立生活的成年子女、未成年的孙子女与外孙子女、无劳动能力或者生活困难的父母、子女死亡或者无力赡养的祖父母与外祖父母、父母已经死亡或者父母无力抚养的未成年弟妹、缺乏劳动能力又缺乏生活来源的兄姐。

除此之外，有些人基于道义、同情或者慈善等原因而扶养并不存在法定扶养义务的其他亲属与非亲属。其中，其他亲属是指那些具有一定血缘关系而不属于近亲属的亲属。例如，叔（姑）侄、舅（姨）甥、堂兄弟姐妹、表兄弟姐妹等。非亲属则是指没有任何血缘关系的人。这种扶养属于道德层面上的扶养，完全出于扶养人自愿，意在帮助被扶养人渡过难关，将其称作帮扶更为科学、确切。[①] 对于这种良好道德风尚，应当予以积极鼓励。在帮扶人与被帮扶人之间业已形成固定帮扶关系的情况下，应当将受帮扶的人视为其他受扶养的人。

第三，扶养关系的密切性，即扶养人对被扶养人生活的关照与被扶养人对扶养人在生活上的依赖。科学判断扶养时，不以扶养人与被扶养人共同生活为要件，而是应当突破表象，取决于实质扶养行为，即经济上的供养与生活上的扶助。

（二）基本生活需要保障之应然范围

生活用品和生活费用具有日常性、必要性与合理性的特质，它是用以满

① 卢文捷：《〈反家庭暴力法〉之“家庭成员以外共同生活的人”合理界定》，载《天津法学》2017年第4期。

足人的衣食住行等日常生活需要所必不可少的物品与支出。这些支出项目与支出额度须同一般民众的日常消费水平相一致。否则，一经发现债务人弄虚作假，立即予以追缴。

生活用品为债务人以及受其扶养的人的日常生活所必需的衣服、住房、家具、炊具、餐具及其他家庭生活必需的物品。

生活费用因扶养人与被扶养人不同而有所区别。对于债务人，生活费用即为日常生活支出费用与医疗费用。对于被扶养人，生活费用则因对象而异。就未成年人来看，抚养费包括抚育费、教育费与医疗费；就成年人而言，赡养费与扶养费主要包括生活费与医疗费。

第五章 夫妻债务清偿的制度完善

夫妻债务清偿是夫妻财产关系的重要内容。域外的一些代表性民法典有较为完善的夫妻债务制度。我国《民法典》婚姻家庭编对于夫妻债务的规定内容不多。为了有效应对夫妻债务清偿纠纷，应当在宏观层面上建构科学、系统、完善的夫妻财产制度，增强夫妻债务制度的实用性和可操作性，以妥善解决夫妻债务清偿纠纷。

第一节　夫妻债务清偿制度的立法比较

一、域外婚姻立法关于夫妻债务清偿规定的体系结构

（一）立法情况

域外的一些民法典关于夫妻债务清偿的规定体现在夫妻关系立法中。这些民法典关于夫妻关系立法分为两种模式：一种是分立模式，即夫妻的人身关系与财产关系分别处于民法典的不同制度中；另一种是统一模式，即夫妻的人身关系与财产关系统一于民法典的同一制度。

1. 分立模式

分立模式的代表性立法例有法国与西班牙等国民法典。

《法国民法典》关于夫妻关系的规定分别位于第一卷“人”与第三卷“取得财产的各种形式”。第一卷的第五编“婚姻”与第六编“离婚”是关于夫妻人身关系的规定，主要包括婚姻成立、夫妻的权利与义务、离婚等内容。第三卷的第五编“夫妻财产契约与夫妻财产制”是关于夫妻财产关系的规定，在第二章“共同财产制”中，第一节“构成共同财产的资产与债务”是关于夫妻财产与夫妻债务清偿的规定。其中，第一目“共同财产的资产”主要包括夫妻共同财产的组成、取得、补偿与夫妻个人财产界定等内容；第二目“共同财产的负债”是关于夫妻共同债务与夫妻个人债务及其清偿的规定。

《西班牙民法典》关于夫妻关系的规定分别位于第一卷“人”与第四卷“债与合同”。第一卷的第四集“婚姻”是关于夫妻人身关系的规定，包括婚约、婚姻要件、婚姻形式、婚姻登记、夫妻的权利与义务、无效婚姻、分

居、婚姻的解除等内容。第四卷的第三集“婚姻经济制度”是关于夫妻财产关系的规定，在第四章“配偶共同财产制”中，第二节“独有财产与共同财产”主要包括夫妻共同财产的取得、补偿与夫妻个人财产的范围、补偿等内容；第三节“针对共同财产的责任与义务”是关于夫妻共同债务与夫妻个人债务及其清偿的规定。

由上述两部民法典关于夫妻财产关系的规定可见，分立模式关于夫妻财产关系的整体立法逻辑结构为：夫妻财产—夫妻债务及其清偿。从夫妻财产制度自身来看，这一立法逻辑结构符合制度安排，有其科学性与合理性。就夫妻关系的分立模式而言，乃源于法典的编纂体例。这是《法国民法典》继受罗马式编纂模式之“人法、物法、诉讼法”的立法安排的结果。它以“人—物”的结构安排法典内容，并进而深刻影响《西班牙民法典》，以致后者的立法编纂体例同其有诸多相同之处。因此，分立模式是一种合乎法典编纂要求的立法安排。

2. 统一模式

统一模式的代表性立法例有德国、瑞士、意大利、葡萄牙、巴西与秘鲁等国民法典。根据关于夫妻财产关系的规定与关于离婚的规定在这些民法典中的前后顺位不同，进而又有两种形式：一种将关于夫妻财产关系的规定置于离婚的规定之前，可以称之为前置模式；另一种将关于夫妻财产关系的规定置于离婚的规定之后，可以称之为后置模式。

（1）前置模式。这一模式的代表性立法例有德国、秘鲁、葡萄牙等国民法典。

《德国民法典》关于夫妻关系的规定位于第四编“亲属法”的第一章“民法上的婚姻”。该章共有八节。前五节与第七节是关于夫妻人身关系的规定，前五节包括婚约、婚姻的缔结与废止、死亡宣告后的再婚、婚姻的一般效果等内容，第七节为离婚。第六节“夫妻财产制”主要是针对不同夫妻财产制下的夫妻个人财产与夫妻共同财产的管理、处分，夫妻共同财产分割，夫妻共同债务及其清偿的规定。

《秘鲁民法典》关于夫妻关系的规定位于第三编“家庭法”的第二篇“夫妻共同体”。该篇共有四题。第一题“作为行为的婚姻”、第二题“配偶之间的人身关系”与第四题“婚姻关系的弱化和解除”是关于夫妻人身关系的规定。第三题“夫妻财产制”是关于夫妻财产关系的规定。其中，第二节“所得共同制”主要包括夫妻个人财产与夫妻共同财产的范围、管理，夫妻共同财产处分，夫妻共同债务与夫妻个人债务及其清偿等内容。

《葡萄牙民法典》关于夫妻关系的规定位于第四卷“亲属法”的第二编“结婚”。该编共有十二章。关于夫妻人身关系的规定包括婚姻成立（第一章至第八章）、婚姻对夫妻双方的人身效力（第九章）、离婚与司法裁判分居（第十二章）等内容。关于夫妻财产关系的规定集中体现在第九章中的婚姻对夫妻双方之财产效力。其中，第一节“一般规定”中有关于夫妻财产的管理、分割与夫妻财产关系终止等规定，第二节“夫妻之债务”是关于夫妻共同债务与夫妻个人债务及其清偿的规定，第四节“财产制度”主要是关于不同夫妻财产制下的夫妻个人财产与夫妻共同财产的范围、取得的规定。

前置模式将夫妻财产关系的规定置于离婚的规定之前，这种立法考量在于遵循夫妻关系的产生、存续（内容表现为人身关系与财产关系）与终止的演进逻辑。这种立法模式突出夫妻关系的核心内容，即夫妻双方在婚姻关系存续期间的人身关系与财产关系，符合婚姻的客观状况与一般演变规律。其中，就夫妻财产关系而言，在三部法典中，《葡萄牙民法典》关于夫妻财产关系的整体立法逻辑结构较为特殊，即一般规定——夫妻债务清偿——夫妻财产。其他两部法典关于夫妻财产关系的整体立法逻辑结构基本一致：夫妻财产——夫妻债务及其清偿。造成这种立法差异的主要原因在于各国立法技术与法典编纂体例的不同。

（2）后置模式。这一模式的代表性立法例有瑞士、意大利、巴西等国民法典。

《瑞士民法典》关于夫妻关系的规定位于第二编“家庭法”的第一分编“夫妻”。该分编共有四章。第三章“结婚”、第四章“离婚与分居”与第五章“婚姻的一般效力（夫妻之间权利与义务）”是关于夫妻人身关系的规定。第六章“夫妻财产制”是关于夫妻财产关系的规定，主要包括不同夫妻财产制下的夫妻共同财产与夫妻个人财产的组成、管理、收益、处分与清算，夫妻共同债务与夫妻个人债务及其清偿等内容。

《意大利民法典》关于夫妻关系的规定位于第一编“人与家庭”的第六章“婚姻”。前五节是关于夫妻人身关系的规定，包括婚约、婚礼、结婚、婚姻产生的权利与义务、解除婚姻与分居等内容。第六节“家庭财产制”是关于夫妻财产关系的规定，其中的第三分节“法定共有”主要有夫妻共同财产与夫妻个人财产的范围、管理、偿还，共有财产分割，夫妻共同债务与夫妻个人债务及其清偿等内容。

《巴西民法典》关于夫妻关系的规定位于分则第四编“家庭权”。第一题“人身关系”是关于夫妻人身关系的规定，主要包括结婚、婚姻效力、离婚等内容。第二题“财产权”是关于夫妻财产关系的规定，包括夫妻财产制、扶养费与家庭财产等内容。在数种夫妻财产制中，仅有第三章“部分共有制”较为详细地规定夫妻共同财产的范围与管理、夫妻个人财产界定、夫妻共同债务与夫妻个人债务及其清偿等内容。

后置模式将夫妻财产关系的规定置于离婚的规定之后，这种立法考量在于夫妻的人身关系与财产关系各自有其独立的制度体系。其中，夫妻人身关系是男女因结婚而形成的在婚姻家庭中的人格、身份、地位等方面的权利与义务关系，它的产生与终止有其自身变化的规律与过程，自然形成独立的人身的权利与义务体系。夫妻财产关系则以夫妻人身关系的建立为前提而构成维系婚姻关系存续的财产的权利与义务体系。尽管二者共同构成夫妻关系的内涵，但是各具独立性。并且，这种立法模式表明夫妻人身关系之于夫妻财产关系的决定性意义。其中，就夫妻财产关系而言，三部法典关于夫妻财产关系的整体立法逻辑结构基本相同，即夫妻财产——夫妻债务及其清偿。这表明夫妻财产关系立法符合其自身的内部生成逻辑。

（二）客观评价

综观上述民法典关于夫妻债务清偿的规定，除《葡萄牙民法典》较特殊外，其他民法典在立法上具有相同特点。

1. 编纂体例相同

尽管各民法典因其国情不同而在夫妻财产制度的具体内容及其详尽程度上存在一定差别，但是基于大陆法系民法典的立法传统和编纂体例，宏观定位与编纂思路相同。由于财产的客体是物质性利益，并不仅限于实体意义上的财产，即有体物——那些具有可以被人感知的物理性质的物，[①] 还包括财产权利，如债权、知识产权等。这就表明财产不是物而是一束权利。[②] 就其本质内涵来看，财产不仅指资产，还包括负债，即财产权与债权（债务）。因此，在夫妻财产制度的体系建构与内容安排上，这些民法典都将夫妻财产与夫妻债务统一于夫妻财产制度体系之内，较明确地规定夫妻共同财产与夫妻个人财产的范围、夫妻共同债务与夫妻个人债务的清偿等内容。具体包括夫妻婚前和婚后所得财产的归属、管理、使用、收益、处分、负担，夫妻债务清偿，以及婚姻关系解除时的财产清算等内容，共同构成一个完整的制度体系。这种立法模式实现夫妻财产制度内容的丰富性、夫妻财产与夫妻债务的对应性，保证夫妻财产制度体系的完整性与科学性。

2. 体系位置相同

民法典由若干相对独立的制度构成，每一相对独立的制度内部又包含一些具体制度。然而，不同民法典基于具体国情、编纂体例以及其他立法技术的影响，则在整个制度体系中对这些具体制度作出不同安排。尽管这些民法典关于婚姻家庭关系的规定所在“编”的名称及其内容安排不尽相同，但是都注意夫妻财产制度结构的整体性，有较为完善的夫妻财产制度。并且，关于夫妻债务清偿的规定在各民法典结构体系中的位置大致相同，都处于夫妻财产制之内，而非将其置于离婚后果之中。在此，我们并不否认离婚引起夫

---

① 赵廉慧：《财产权的概念——从契约的视角分析》，知识产权出版社 2005 年版，第 64 页。

② 徐国栋：《民法哲学》，中国法制出版社 2015 年版，第 94 页。

妻债务清偿的负担问题。但是，夫妻债务清偿与离婚是不同的法律关系，只是因为用以清偿夫妻共同债务的财产基础随婚姻关系的消灭而覆之不存，不得不为离婚后的债务人分配夫妻共同债务的清偿责任。因此，在一个完整的夫妻财产制度中，既规定夫妻共同财产与夫妻个人财产，又规定夫妻共同债务与夫妻个人债务，夫妻财产与夫妻债务相互照应，实现二者在立法结构上的逻辑接洽。这就要求婚姻立法应当考虑夫妻财产制度的完整性与夫妻债务清偿的同一性，不能将夫妻债务清偿从夫妻财产制度中割裂出去而将其作为离婚后果，以避免由此引发夫妻财产制度体系结构的逻辑失恰。

3. 逻辑结构相同

除《葡萄牙民法典》的夫妻财产制度在逻辑结构上较特殊外，上述其他民法典关于夫妻财产制度立法的逻辑结构大致相同，即关于夫妻财产关系的规定在前，而将关于夫妻债务清偿的规定置于其后。这种逻辑结构的科学性主要基于两个方面的原因：一是物权与债权的立法排列顺序之优先性。债之发生与归宿皆以财产为基础。若所有权不明，债便无以为托。因此，物权解决的是产权界定问题，只有界定了产权才能进行交易，物权的界定实际上构成债权产生的前提。[①] 这就造成民事法律制度体系的内容安排上，物权优于债权。在夫妻财产中，多表现为实体意义上的财产，它同夫妻债务之间即属物权与债权的关系。二是婚姻立法对于夫妻财产与夫妻债务的关注程度之差异性。对于婚姻家庭而言，财产是其存续的物质基础，而债的发生并不具有必然性，仅为可能性。这就使得婚姻立法在设计夫妻财产制度时，势必以夫妻财产作为最重要的核心内容，成为首先被关注的对象，然后才是夫妻债务清偿，以求实现制度的完整性与完善性。

总之，这些民法典关于夫妻债务清偿的立法存在异曲同工之妙。笔者更赞同《德国民法典》关于夫妻财产制度的体系建构与内容安排，可以重点参考与借鉴。

---

① 王利明：《民法典体系研究》，中国人民大学出版社 2012 年版，第 263 页。

二、我国婚姻立法关于夫妻债务清偿规定的体系结构

（一）立法现状

我国《民法典》婚姻家庭编共有五章，即第一章“一般规定”、第二章“结婚”、第三章“家庭关系”、第四章“离婚”、第五章“收养”。关于夫妻财产制度的规定共有 9 个条款，即第 1061 条、第 1062 条、第 1063 条、第 1064 条、第 1065 条、第 1066 条、第 1087 条、第 1089 条与第 1092 条。其中，第 1061 条是关于夫妻继承权的规定，第 1062 条与第 1063 条分别是关于夫妻共同财产与夫妻个人财产的规定，第 1064 条是关于夫妻债务界分的规定，第 1065 条是关于夫妻财产制约定的规定，第 1066 条是关于婚姻关系存续期间分割夫妻共同财产的规定，这六个条款位于第三章“家庭关系”；第 1087 条是关于离婚分割夫妻共同财产的规定，第 1089 条是关于离婚时夫妻共同债务负担的规定，第 1092 条是关于离婚后再次分割夫妻共同财产的规定，这三个条款位于第四章“离婚”。可见，《民法典》婚姻家庭编关于夫妻财产关系的整体立法逻辑的基本结构为：夫妻财产（归属与分割）—夫妻共同债务—夫妻共同债务清偿。

（二）客观评价

法律继承性决定婚姻立法一脉相承，新旧法之间须保持有机继承。无论修订旧法，还是制定新法，都应当合理继承既有法律的科学成分。《民法典》婚姻家庭编是在 2001 年《婚姻法》修正案与《收养法》的基础上编纂而成。其中，就婚姻立法的历史沿革来看，因我国民事立法是经由单行法到民法典的立法路径，《民法典》婚姻家庭编与 2001 年《婚姻法》修正案一脉相承。

根据《民法典》编纂需要，婚姻家庭编将 2001 年《婚姻法》修正案的前五章内容编纂成四章。2001 年《婚姻法》修正案共有六章，即第一章“总则”、第二章“结婚”、第三章“家庭关系”、第四章“离婚”、第五章“救助措施与法律责任”、第六章“附则”。关于夫妻财产制度的规定共有 7

个条款，即第 17 条、第 18 条、第 19 条、第 24 条第 1 款、第 39 条、第 41 条与第 47 条。其中，第 17 条、第 18 条、第 19 条是关于夫妻共同财产与夫妻个人财产的规定，第 24 条第 1 款是关于夫妻继承权的规定，这四个条款位于第三章“家庭关系”；第 39 条是关于离婚分割夫妻共同财产的规定，第 41 条是关于夫妻共同债务负担的规定，这两个条款位于第四章“离婚”；第 47 条是关于离婚后再次分割夫妻共同财产的规定，位于第五章“救助措施与法律责任”。整体观之，《民法典》婚姻家庭编与 2001 年《婚姻法》修正案的编纂体例与逻辑结构相同，相关法律条款在法律中的位置大体相同。但是，尚有诸多较为明显的突出之处。第一，第三章“家庭关系”分设为“夫妻关系”与“父母子女关系和其他近亲属关系”两节。这是由于家庭关系中的夫妻关系同父母子女关系以及其他近亲属关系的主体身份不同，当事人之间具有不同的权利义务关系，应当适用不同调整规则。第二，第 1064 条与第 1066 条将《夫妻债务纠纷解释》与《婚姻法解释（三）》第 4 条升华为法律规定。这表明《民法典》在编纂婚姻家庭编时，给予司法实践中包括夫妻债务纠纷在内的较为突出的一些问题以适当关注，并对司法实践经验予以充分肯定。第三，将 2001 年《婚姻法》修正案第 24 条关于夫妻以及父母子女的继承权的规定拆解为第 1061 条关于夫妻继承权的规定与第 1070 条关于父母与子女继承权的规定，分别置于第三章“家庭关系”的“夫妻关系”与“父母子女关系和其他近亲属关系”两节中。这是基于“夫妻关系”与“父母子女关系”分设立法的考量而将这两个条款在制度设计上进行的技术处理。第四，将 2001 年《婚姻法》修正案关于离婚损害赔偿与离婚后再次分割夫妻共同财产的规定移入《民法典》婚姻家庭编第四章“离婚”中，夫妻关系制度结构得到进一步完善化与科学化。

《民法典》婚姻家庭编在继承 2001 年《婚姻法》修正案时，在一定程度上有所突破。但是，就夫妻财产制度的整体立法情况来看，依然存在一些不足之处。

1. 夫妻财产制度未形成独立体系

由于夫妻人身关系与夫妻财产关系的客体不同，婚姻立法应当将二者分设开来。然而，《民法典》婚姻家庭编将“家庭关系”分设为“夫妻关系”与“父母子女关系和其他近亲属关系”之后，并未再行进一步将“夫妻关系”中的人身关系与财产关系予以区别立法，而是采混合立法模式将夫妻人身关系与夫妻财产关系的若干相关法律条款混在一起依照“先人身关系，后财产关系”的顺次罗列。同域外民法典专门采取“章”或者“节”的“夫妻财产制”或者“家庭财产制”之类的编纂体例相比，我国婚姻立法关于夫妻财产制度的这种混合立法模式缺乏一定的系统化、科学化，未能形成独立体系。尤其是将夫妻财产关系与夫妻债务清偿分别置于“家庭关系”与“离婚”两章中，使得夫妻债务清偿成为离婚结果。虽然离婚引发分割夫妻共同财产与分担夫妻共同债务，但是夫妻财产制度是婚姻立法相对独立的一个制度体系，包括夫妻财产关系与夫妻债务清偿，二者在制度上具有同一性，共同构成夫妻财产制度，须将它们置于同一个法律制度体系之内。因此，笔者认为上述域外民法典关于夫妻财产制度的立法模式有可取之处，我国《民法典》婚姻家庭编可考虑借鉴，使夫妻债务清偿的规定回归到夫妻财产制度的法律体系中去，形成夫妻财产制度的独立体系。

2. 夫妻财产制度结构的逻辑失恰

从夫妻财产制度立法的逻辑推演以及夫妻财产与夫妻债务之间的逻辑关系上来看，首先应当确定夫妻财产制，明确夫妻之间的财产权利，然后界分夫妻共同债务与夫妻个人债务及其清偿责任。并且，应当本着由一般到特殊的逻辑关系对法定夫妻财产关系与约定夫妻财产关系做出安排。域外的一些民法典的体例结构即采此种立法安排，大多较为详细地规定法定夫妻财产制，包括财产归属与债务清偿，然后较简略地规定约定夫妻财产制，多以财产归属为主。例如，法国、瑞士、西班牙、秘鲁等国民法典。基于我国婚姻当事人几乎多采法定共有财产制的夫妻财产关系现状，应当对其予以较为详尽的规定。对此，应当按照夫妻关系中“先有夫妻财产，后生夫妻债务”的一般演进规律，明确夫妻财产范围，界分夫妻债务及其清偿事宜。进而对夫妻约定财产制作出规定。最后才是夫妻继承权。继承发生于配偶死亡之后，继承人既要继承财产也要负担清偿遗产债务，它是婚姻当事人在夫妻关系终结时享有的最后财产权利，应当位于夫妻财产权利体系的末端。并且，从民法典整个体系结构来看，亦呈物权、合同、人格权、婚姻家庭、继承的编纂顺序，这表明继承权在整个民事权利体系中的地位。因此，这些内容之间的逻辑关系应当是这样的结构："法定财产制（夫妻共同财产、夫妻个人财产、夫妻债务及其清偿）——约定财产制——夫妻继承权"。依此逻辑结构，可将第1089条调整到第1064条之后，将第1061条调整到第1065条之后，即第1062条、第1063条、第1064条、第1089条、第1065条与第1061条。然而，我国《民法典》婚姻家庭编采"夫妻继承权——法定财产制（夫妻共同财产、夫妻个人财产以及夫妻债务）——约定财产制——夫妻共同债务清偿"的逻辑结构。显然，这种立法安排并不符合夫妻财产制度的应然逻辑结构。对此，应当完善我国夫妻财产制度立法，使之实现合理化与科学化。

3. 夫妻财产制度内容尚不够丰富

因受夫妻双方家庭地位平等、夫妻双方或者个人对外交易频繁、家庭财富不断增加等原因影响，现代夫妻财产制度内容具有复杂性与丰富性的特点。它主要包括夫妻财产制，夫妻共同财产与夫妻个人财产的取得、归属、管理、处分以及相互之间的赠与、补偿或者追偿、继承，夫妻共同财产分割，夫妻共同债务与夫妻个人债务的界分及其清偿。法国、德国、瑞士、意大利、西班牙、路易斯安那等国家和地区的民法典夫妻财产制度基本涵盖了这些内容。我国《民法典》婚姻家庭编夫妻财产制度仅有夫妻继承、夫妻财产归属（夫妻共同财产及其处理、夫妻个人财产）、夫妻约定财产制、夫妻债务界分与夫妻共同债务清偿、夫妻共同财产分割（婚姻关系存续期间分割、离婚分割）等基本内容。这同域外一些民法典较为丰富的夫妻财产制度立法相比，我国夫妻财产制度内容尚不够丰富。因此，婚姻立法应当照应现实生活，完善夫妻财产立法，进一步丰富夫妻财产制度，以因应司法实践需要。

第二节 夫妻债务清偿制度的立法框架

在建构夫妻债务清偿制度时，既要把握宏观层面上的体系制度的全局考量，又要注意微观层面上的具体制度的内容设计。

一、超越夫妻债务清偿制度的宏观考量

针对我国婚姻立法关于夫妻债务清偿的立法现状，完善《民法典》婚姻家庭编夫妻债务清偿制度需要立足全局把握几个基本问题，以指导建构具体制度。

（一）把握婚姻立法的稳定性与前瞻性

法律的相对稳定性之特质使得法律在一定时期内较为稳定，不会进行较大幅度修改。然而，社会始终处于变迁之中，婚姻立法不可能一劳永逸而为万世所用，应当对未来一定时期内的社会发展有所科学预测，所立之法须具有一定的前瞻性。这就需要婚姻立法合理把握法律的稳定性与前瞻性，处理好二者关系，不断提高立法质量。

（二）在宏观层面上建构夫妻财产制度

完善夫妻债务清偿制度不能拘泥于自身不足，徒增几个条款，而是应当建构一个较为完善的夫妻财产制度体系。尽管缺乏科学性与体系性的零散条款也能解决一些问题，但是“头痛医头，脚痛医脚”般对症下药式的立法完善方式只能应对眼前问题，无法从根本上解决制度的立法缺陷，只能治标不治本。因此，根本之道在于建构系统化、完善化与科学化的夫妻财产制度。

并且，应当采“谋大局，顾小局”的宏观定位与基本思路来建构夫妻债务清偿制度。其中，所谓“谋大局”，就是立足于宏观定位，从整体上设计一个科学、系统、完善的夫妻财产制度体系。所谓“顾小局”，就是着眼于微观构造，在建构夫妻财产制度的大格局之下，进而设计统一于夫妻财产制度并同其相协调的夫妻债务清偿制度。这就需要将关于夫妻财产关系的规定从《民法典》婚姻家庭编第三章“家庭关系”的第一节“夫妻关系”中分立出来，形成“夫妻人身关系”与“夫妻财产关系”的二元分设局面，使得夫妻财产制度形成相对独立的体系。

（三）借鉴域外民法典的夫妻财产制度

婚姻制度是一个国家的基本制度。因受政治、经济、文化等制度、婚俗诸方面的客观因素影响，各国婚姻立法存在一定差异性。然而，国情不同而法理相通。他山之石，可以攻玉。这就需要考察域外民法典关于夫妻财产制度的立法规定，合理借鉴其先进的立法经验、立法理念与立法技术，科学建构符合我国国情的夫妻财产制度。

（四）扩充夫妻财产制度以丰富其内容

法律条款数量的多寡在一定程度上反映其制度完善与内容丰富程度。《民法典》婚姻家庭编共有 79 个条款，其中的 26 个条款是关于收养的规定，其他的 53 个条款是关于夫妻的人身关系与财产关系的规定。在这 53 个条款中，关于夫妻财产制度的规定共有 9 个条款，约占 17.0%。这一比例相对于 53 个条款已经委实不低。然而，域外一些民法典关于夫妻财产制度的条款数量皆多于我国婚姻立法的相关规定，如《法国民法典》195 条，《德国民法典》143 条，[①]《瑞士民法典》71 条，[②]《意大利民法典》41 条，[③]《西班牙民法典》130 条，《葡萄牙民法典》80 条，[④]《巴西民法典》83 条，《秘鲁民法典》37 条。

法律条款数量越多，立法空间可能越大，承载内容可能越为丰富，夫妻财产制度则可能越发完善。因此，《民法典》婚姻家庭编应当借鉴上述民法典关于夫妻财产制度的立法规定，适当增加我国夫妻财产制度条款，以进一步丰富夫妻财产制度内容。

二、涵摄夫妻债务清偿制度的微观设计

完善《民法典》婚姻家庭编夫妻财产制度不能过于拘泥，而是针对其之立法不足有所突破与超越。并且，应当符合独立性、完整性、科学性等基本要求。其中，所谓独立性，即作为婚姻制度的重要组成部分，夫妻财产制度具有相对独立性，有其独立运行机制。所谓完整性，即夫妻财产制度是婚姻制度的一个子系统，有其自己的构成要素，至少应当包括夫妻财产制、夫妻共同财产与夫妻个人财产的范围、夫妻共同债务与夫妻个人债务的范围及其清偿冲突的解决规则、夫妻债务清偿责任、夫妻共有财产分割等内容，它们构成较为完整的夫妻财产制度体系。所谓科学性，即夫妻财产制度须注意逻辑结构的合理性与协同性，实现构成要素在其内部形成有机结合。这三个特征综合作用，共同发力，以保障夫妻财产制度产生积极的立法效应，在调整夫妻财产关系中发挥重要作用。因此，依照“谋大局，顾小局”的宏观定位

---

① 《德国民法典》关于夫妻财产制度的立法规定原共有 201 条，但已废止 58 条，故实际有效条款为 143 条。

② 《瑞士民法典》关于夫妻财产制度的立法规定原共有 72 条，但已废止 1 条，故实际有效条款为 71 条。

③ 《意大利民法典》关于夫妻财产制度的立法规定原共有 72 条，但已废止 31 条，故实际有效条款为 41 条。

④ 《葡萄牙民法典》关于夫妻财产制度的立法规定位于第四卷“亲属法”之第二编“结婚”的第九章“婚姻对夫妻双方之人身及财产之效力”中。由于其中掺杂关于人身关系的立法规定，对夫妻财产制度法律条款的定性与统计较为困难，恐有疏漏之处。

与基本思路，《民法典》婚姻家庭编的夫妻财产制度应当包含以下几个方面的重要内容。

（一）整体考量夫妻财产制度结构的立法安排

婚姻立法设计夫妻财产制度时，应当整体考量与通盘布局，既需考虑夫妻财产制形式，为婚姻当事人提供不同财产制的选择机会，并做好夫妻个人财产保护，又要为夫妻双方离婚时分割夫妻共同财产以及分担夫妻共同债务与承担夫妻个人债务提供明确的法律依据。这就需要合理调整《民法典》婚姻家庭编的立法结构，使夫妻债务清偿规定回归婚姻家庭编的适当位置，并注意夫妻财产与夫妻债务之间的逻辑关系。

就《民法典》婚姻家庭编关于夫妻财产制度的现有条款来看，它们的排列顺序可依循“法定财产制（夫妻共同财产、夫妻个人财产、夫妻债务及其清偿）——约定财产制——夫妻继承权——分割夫妻共同财产”的逻辑关系。依此逻辑关系，可将相关条款进行适当调整：第1061条调整到第1065条之后，第1087条、第1089条与第1092条调整至第三章“家庭关系”的第一节“夫妻关系”中来，第1089条调整到第1064条之后。调整之后的夫妻财产制度的内部逻辑结构为：（1）夫妻共同财产（第1062条）；（2）夫妻个人财产（第1063条）；（3）夫妻债务及其清偿（第1064条、第1089条）；（4）夫妻约定财产（第1065条）；（5）夫妻继承权（第1061条）；（6）婚姻关系存续期间分割夫妻共同财产（第1066条）；（7）离婚分割夫妻共同财产（第1087条）；（8）离婚后再次分割夫妻共同财产（第1092条）。这些条款的逻辑关系在立法安排上体现为两个模块，即夫妻财产权利与义务、夫妻财产分割。其中，第1062条、第1063条、第1064条、第1089条、第1065条与第1061条属于夫妻财产权利与义务模块，第1066条、第1087条与第1092条属于夫妻财产分割模块。这种立法考量在于：第一，无论婚姻当事人适用何种夫妻财产制，首先需要明确夫妻之间的财产关系，即财产权利与财产义务，也就是要明确财产归属与债务负担。其中，第1062条与第1063条是关于财产归属的规定，并蕴含法定财产制的规定；第 1064 条是关于夫妻债务界分的规定，第 1089 条是关于夫妻共同债务清偿的规定，二者之间是夫妻债务界定及其负担的逻辑关系。第 1065 条是关于约定财产的规定。这五个条款实则包含两个内容，即法定财产制与约定财产制。由于我国的男女结婚后几乎直接适用法定财产制而鲜有人选择适用约定财产制，二者属于一般与特殊的关系，即共同财产制属于一般现象而分别财产制为特殊情形。第 1061 条是关于夫妻继承权的规定。继承权属于夫妻关系中的末端权利，它应当居于夫妻财产权利体系的末端位置。这种逻辑关系符合夫妻财产关系的立法构造，较为科学。第二，分割夫妻财产是夫妻财产关系在夫妻内部变动的结果，一般发生于离婚之时。但是，在婚姻关系存续期间有分割夫妻财产的必要的，也可以进行分割。故将关于分割夫妻共同财产的规定归置于一起更为妥当。这些规定包含夫妻财产分割的一般情形与特殊情形，即第 1087 条针对一般情形，第 1066 条与第 1092 条针对特殊情形。第 1066 条是关于婚姻关系存续期间分割夫妻财产的规定，应当将其置于第 1087 条之前。第 1092 条是关于夫妻一方在离婚后发现另一方在婚姻关系存续期间隐藏、转移、变卖、毁损、挥霍夫妻共同财产或者伪造夫妻共同债务企图侵占其财产而要求再次分割夫妻共同财产的规定，理应置于第 1087 条之后。总体观之，通过这种立法安排，这些条款得以有机结合在一起，共同构成一个较为完整的夫妻财产制度。

（二）赋予婚姻当事人对夫妻财产制的选择权

夫妻财产制是夫妻财产制度的核心要素。它不仅是建构夫妻财产关系的根本依据，而且可以实现夫妻平等和婚姻共同生活的圆满，并保护交易安全。[①] 域外的一些民法典都有关于夫妻财产制的明确规定。例如，《法国民法典》第 1387 条规定：仅在没有特别约定时，夫妻财产关系，才适用法律之规定；夫妻之间的约定，只要求不违反善良风俗和以下各项规定，如其认

① 余延满：《亲属法原论》，法律出版社 2007 年版，第 253 页。

为适当，得随其意愿订立之。《巴西民法典》第 1639 条规定：允许待婚人在结婚前对其财产按他们乐意的形式约定。夫妻财产制从结婚之日起生效。第 1640 条规定：对夫妻财产无协议的，或此等协议无效或不生效的，对夫妻财产适用部分共有制。《秘鲁民法典》第 295 条规定：在婚姻缔结之前，未婚夫妻可自由选择从婚姻缔结时开始生效的所得共同制或分别财产制。如果未婚夫妻选择分别财产制，应当做成公证书，否则无效。欲使该制度产生效力，应登记于身份登记簿。若无公证书，则推定利害关系人选择所得共同制。我国自 1950 年《婚姻法》以来，一直没有关于夫妻财产制的明确规定，只能根据夫妻财产的有关规定进行推定。例如，根据《民法典》婚姻家庭编中的第 1062 条关于夫妻共同财产的规定与第 1065 条关于夫妻约定财产的规定，可以得出我国夫妻财产制包括法定财产制与约定财产制。尽管这种立法安排并不影响夫妻财产制的定性与夫妻财产关系的界定，但是法律的本质和目的在于调整社会关系，若法律不明，则难达其志。因此，为了尊重和方便婚姻当事人合理安排婚姻生活，《民法典》婚姻家庭编应当明确规定夫妻财产制，并应当为婚姻当事人提供多种夫妻财产制形式，允许其根据自身婚姻状况与实际需要选择合适的夫妻财产制，以保障实现婚姻自由。其中，作为夫妻财产制之一种，法定财产制并不具有必然的优先适用性，亦应属于婚姻当事人选择适用的夫妻财产制之一种，仅在婚姻当事人未选择夫妻财产制或者对夫妻财产制的约定无效或者不明确时，方可直接适用于其。尽管直接适用法定财产制与选择适用法定财产制的效果相同，但是二者所体现出来的意义与价值并不相同。前者具有强制性，婚姻当事人只能被动接受，无法表达个人意愿；后者为自愿性，是婚姻当事人充分比较几种夫妻财产制的优劣之后作出的理性决定，属于意思自治的结果。

（三）明确婚姻关系存续期间的夫妻财产关系

夫妻财产关系主要是指婚姻当事人的婚前财产及其在婚姻关系存续期间所取得的财产的归属问题，即哪些财产属于夫妻双方共有、哪些财产属于夫妻个人所有。它是夫妻关系的重要内容之一。我国《民法典》婚姻家庭编与域外的一些民法典均就夫妻财产关系作出明确规定，并有夫妻共同财产与夫妻个人财产的相应范围。同时，允许婚姻当事人对婚姻关系存续期间的夫妻财产归属作出约定。这一立法安排表明夫妻财产关系是夫妻财产制度的核心内容，可以避免混淆夫妻共同财产与夫妻个人财产，以有利于保护婚姻当事人的个人财产权益。除非出于个人自愿，夫妻一方不得擅自将另一方的个人财产用于婚姻家庭生活。债权人在同夫妻双方或者一方交易时，可以根据交易对象所适用的夫妻财产制，合理判断交易风险，以保障交易完全。鉴于国情之不同，我国《民法典》婚姻家庭编应当根据我国国情，合理借鉴域外民法典的立法经验，注意吸收域外相关立法的科学养分，使我国夫妻财产关系立法更加科学化与完善化。

（四）划定夫妻共同债务与夫妻个人债务范围

夫妻债务包括夫妻共同债务与夫妻个人债务。在域外的一些民法典中，《葡萄牙民法典》明确二者的具体范围，法国、瑞士、意大利、西班牙与秘鲁等国民法典仅规定夫妻共同债务范围。我国《民法典》婚姻家庭编没有相关规定。由于夫妻共同债务与夫妻个人债务的性质不同，用以清偿二者的责任财产不同，理当各自有其范围。因此，《民法典》婚姻家庭编应当明确夫妻共同债务与夫妻个人债务的范围，或者至少应当明确夫妻共同债务范围，以便明确二者的责任主体，避免婚姻当事人承担并不属于自己的清偿责任，防止其合法权益受损。尤其是要注意判断夫妻个人债务的合理转化。并且，应当注意关于夫妻共同债务与夫妻个人债务的规定在法律结构中的排列顺位。由于婚姻立法的调整对象是夫妻关系，将夫妻个人债务纳入其中意在界定夫妻共同债务，以界分二者的清偿责任。这就决定了关于夫妻共同债务的规定应当位于关于夫妻个人债务的规定之前。对此，法国、瑞士、意大利、葡萄牙、西班牙与巴西等国民法典均采此种立法安排。我国婚姻立法可予借鉴。具体见表 3。

表 3　域外民法典关于夫妻债务立法规定之相关条款顺序

立法规定 民法典	夫妻共同债务	夫妻个人债务
《法国民法典》	第 1409 条	第 1410 条
《瑞士民法典》	第 233 条	第 234 条
《意大利民法典》	第 186 条	第 187 条
《葡萄牙民法典》	第 1691 条	第 1692 条
《西班牙民法典》	第 1362、1365、1366 条	第 1373 条
《巴西民法典》	第 1664 条	第 1666 条

（五）确立夫妻债务清偿责任的科学负担模式

婚姻立法明确夫妻债务清偿责任，意在保障夫妻双方合理负担夫妻债务。域外的一些民法典通过二元制清偿模式明确夫妻共同债务与夫妻个人债务的清偿责任。并且，有的婚姻立法还针对无夫妻共同财产或者夫妻共同财产不足以清偿夫妻共同债务的情形作出规定。例如，《意大利民法典》第 190 条规定：在无法以夫妻共同财产清偿全部债务的情况下，可以作为补充手段请求用夫妻每一方的个人财产清偿债务，但是，以满足债权额的半数为限。《葡萄牙民法典》第 1695 条规定：（1）夫妻双方负责之债务，由夫妻共有财产承担，共有财产不足时，由夫妻任意一方之个人财产负担。（2）属分别财产制者，夫妻之责任非为连带责任。《秘鲁民法典》第 317 条规定：共同财产，以及无此等财产或此等财产不足时，夫妻双方的自有财产，应按比例对共同体负担的债务承担责任。这些规定不仅可以防止债务人之间发生纠纷，而且有利于保障相关债权人利益不受损害。我国《民法典》婚姻家庭编对夫妻共同债务清偿责任作出规定，并进一步明确夫妻共同财产不足以清偿夫妻共同债务的处置措施，即由双方协议清偿；协议不成时，由人民法院判决。其中，“不足清偿”主要是指资不抵债，也应当包括没有共同财产的情形。然而，没有关于夫妻个人债务清偿的一般规定。对此，《民法典》婚姻家庭编可以借鉴域外民法典关于夫妻共同债务与夫妻个人债务的二元制清偿模式，不刻意强调离婚时的债务清偿，而是将夫妻共同债务清偿规定统一于一个法律条款当中，以“夫妻双方以其共同财产负担夫妻共同债务 / 下列夫妻共同债务”之类的条款予以表述，然后另以“夫妻一方债务由其个人负责清偿”之类的单独条款对夫妻个人债务清偿作出规定。并且，立法规定的逻辑结构应当遵循事物由一般到特殊的演绎规律，即夫妻共同债务清偿——无夫妻共同财产或者夫妻共同财不产足以清偿夫妻共同债务的清偿责任——夫妻个人债务清偿。

（六）提供解决夫妻债务清偿冲突的处置规则

在二元制清偿模式下，如果夫妻双方负有数宗夫妻共同债务与夫妻个人债务，一旦夫妻共同财产不足以清偿夫妻共同债务或者夫妻个人财产不足以清偿夫妻个人债务的，不同债权人之间则会发生利益冲突。从立法的逻辑结构上来看，婚姻立法应当为解决夫妻债务清偿冲突提供具体的适用规则。

（七）借鉴夫妻共同财产关系终止的分割依据

尽管我国《民法典》婚姻家庭编与域外民法典均无禁止在婚姻关系存续期间分割夫妻共同财产的规定，但是婚姻家庭的物质基础源于夫妻双方的财产收入（益），在通常情况下，婚姻关系存续期间不宜分割夫妻共同财产。只有在离婚、变更夫妻财产制或者遇有特殊情形时，才能分割夫妻共同财产。

《民法典》婚姻家庭编规定婚姻无效或者被撤销时分割同居期间所得的财产、婚姻关系存续期间分割夫妻共同财产与离婚时分割夫妻共同财产等三种情形。

《民法典》婚姻家庭编中的第 1054 条第 1 款规定：“无效的或者被撤销的婚姻自始没有法律约束力，当事人不具有夫妻的权利和义务。同居期间所得的财产，由当事人协议处理；协议不成的，由人民法院根据照顾无过错方的原则判决。”这一规定沿袭了2001年《婚姻法》修正案第12条的规定。无效婚姻与被撤销婚姻是2001年《婚姻法》修正案的新增内容，明显是比照离婚时分割夫妻共同财产的规定处理当事人同居期间所得的财产。

《民法典》婚姻家庭编中的第1066条规定：“婚姻关系存续期间，有下列情形之一的，夫妻一方可以向人民法院请求分割共同财产：（一）一方有隐藏、转移、变卖、毁损、挥霍夫妻共同财产或者伪造夫妻共同债务等严重损害夫妻共同财产利益的行为；（二）一方负有法定扶养义务的人患重大疾病需要医治，另一方不同意支付相关医疗费用。”这是对《婚姻法解释（三）》第4条的升华。长期以来，我国婚姻立法一直都没有关于婚姻关系存续期间分割夫妻共同财产的规定。这就使得夫妻一方面对配偶因赌博、吸毒、大肆挥霍等不良行为严重损害夫妻共同财产利益时，面临法律救济困境。《婚姻法解释（三）》第4条对于婚内可以分割夫妻共同财产的情形作出解释，在一定程度上弥补了婚姻立法不足，将进退维谷的共同财产利益受损的夫妻一方解放出来，有利于保护婚姻当事人的合法权益。《民法典》婚姻家庭编中的第1066条将这一司法解释升华为立法规定，表明这一司法解释所涉现象的普遍性与严重性，有必要对其予以立法规制。

《民法典》婚姻家庭编中的第1087条第1款规定：“离婚时，夫妻的共同财产由双方协议处理；协议不成的，由人民法院根据财产的具体情况，按照照顾子女、女方和无过错方权益的原则判决。”这一规定在2001年《婚姻法》修正案第39条第1款的基础上，除保留了我国婚姻立法自1950年《婚姻法》以来所坚持的照顾子女、女方权益的一贯立法态度外，还增加了照顾无过错方权益的内容。离婚与第1066条所规定的情形都是引发分割夫妻共同财产的具体情形，《民法典》婚姻家庭编却将二者予以分别立法安排。第1066条所规定的分割夫妻共同财产是为了更好地保护夫妻共同财产利益，在不解除婚姻关系的情况下而针对特殊情形作出的妥善处理，仅可裁判分割。第1087条第1款所规定的分割夫妻共同财产则是离婚引发的必然结果。造成这种立法现状的主要原因在于我国民众的传统思想观念，大多认为男女结婚之后的各方财产便属于夫妻共有，婚后普遍适用法定夫妻财产制（共同财产制）。这就使得婚姻立法长期以来陷入只有离婚才能分割夫妻共同财产的立法思维之中，而将分割夫妻共同财产归咎于离婚后果，以致《民法典》婚姻家庭编延续了这一立法思维。然而，离婚只是引发分割夫妻共同财产的具体情形之一，《民法典》婚姻家庭编应当以分割夫妻共同财产为立法切入点，将导致分割夫妻共同财产的不同情形统一立法，制定统一的分割规则。

《民法典》婚姻家庭编中的第1092条规定："夫妻一方隐藏、转移、变卖、毁损、挥霍夫妻共同财产，或者伪造夫妻共同债务企图侵占另一方财产的，在离婚分割夫妻共同财产时，对该方可以少分或者不分。离婚后，另一方发现有上述行为的，可以向人民法院提起诉讼，请求再次分割夫妻共同财产。"这一规定是继承改造2001年《婚姻法》修正案第47条第1款的结果。它通过在离婚时以少分或者不分夫妻共同财产而对损害配偶财产利益的夫妻一方以惩罚，或者允许利益受损的夫妻一方在离婚后请求再次分割夫妻共同财产以补救其财产利益。第1092条同第1087条的立法内涵完全相同，它是对第1087条的立法延续，二者属于一般与特殊的关系。第1087条针对一般情况下的夫妻共同财产分割，第1092条针对夫妻一方损害另一方财产利益的特殊处理。

除《民法典》婚姻家庭编中的第1066条、第1087条与第1092条规定的分割夫妻共同财产的情形外，分居、夫妻财产制变更以及夫妻一方死亡也会引发分割夫妻共同财产。对此，《民法典》婚姻家庭编未予规定。

根据《民法典》婚姻家庭编中的第1079条第3款第（4）项规定，因感情不和分居满2年是人民法院准予离婚的法定情形之一。分居期间，夫妻的权利义务关系发生一定变化。在人身关系方面，除停止同居义务外，夫妻双方仍然享有和负担忠实、扶养、继承以及抚养子女等权利与义务。在财产关系方面，鉴于夫妻分居期间已经中止共同生活的客观事实，双方自谋营生、独立生活的特性意味着任何一方实施的旨在使其财产权利发生得失变更的私法效果的法律行为均是其个人的意思表示，与他方无涉，同时夫妻他方并未从中分享收益，[1]所得财产归其个人所有，所负债务应当为其个人债务。如果夫妻双方在分居期间仍然适用夫妻共同财产制，则对双方并不公平，应当变更为分别财产制。因此，《民法典》婚姻家庭编应当对于夫妻双方分居期间的权利义务变化作出明确规定。

根据《民法典》婚姻家庭编中的第1065条规定，夫妻可以约定婚姻关系存续期间所得的财产与婚前财产的所有形式。然而，这一规定并未强调约定的具体时间。笔者认为，婚前与婚后皆可以约定。实际上，婚前约定是男女双方在结婚之前对夫妻财产关系选择适用法定财产制或者约定财产制，婚后约定则是夫妻双方在婚姻关系存续期间变更夫妻财产制。如果夫妻双方在婚姻关系存续期间将法定财产制变更为约定财产制，必然要分割夫妻共同财产。婚姻立法应当对变更夫妻财产制及其变更事由、分割夫妻共同财产以及夫妻财产制变更后的债务负担等事宜作出明确规定。

夫妻一方死亡，婚姻关系自行终止，并发生继承。《民法典》继承编中的第1153条第1款规定："夫妻共同所有的财产，除有约定的外，遗产分割时，应当先将共同所有的财产的一半分出为配偶所有，其余的为被继承人的遗产。"这种分割源于夫妻一方死亡而导致婚姻关系终止所引发的分割夫妻共同财产。由于夫妻共同财产分割属于夫妻财产制度范畴，《民法典》婚姻家庭编应当规定夫妻一方死亡之后在继承中分割夫妻共同财产事宜。并且，就夫妻共同财产分割的立法而言，婚姻家庭编为上位法，继承编为下位法，后者应当遵照前者的有关规定执行。因此，《民法典》婚姻家庭编应当对这一问题进行立法整合，使其回归于夫妻财产法律制度之中，以实现婚姻立法体系逻辑结构的严谨性、系统性和科学性。

然而，综观域外一些民法典关于分割夫妻共同财产的规定，引起分割夫妻共同财产的情形呈多样化。例如，死亡（包括宣告死亡）、婚姻无效或者被撤销、宣告失踪、离婚、分居、变更夫妻财产制等。这些情形都是引起分

---

① 姜大伟：《我国夫妻分居期间所生债务归属认定规则论》，载《华侨大学学报（哲学社会科学版）》2015年第1期。

割夫妻共同财产的普遍现象。法国、瑞士、意大利、西班牙、葡萄牙与秘鲁等国民法典多有规定，并且大体相同。具体见表 4。

表 4　域外民法典之通常情形下的夫妻共同财产关系终止事由

民法典	法律条款	终止事由
《法国民法典》	第 1441 条	夫妻一方死亡；宣告失踪；离婚；分居；分别财产；夫妻财产制改变。
《瑞士民法典》	第 236 条	夫妻一方死亡、夫妻双方协议采用其他财产制或夫妻一方宣告破产。 离婚、分居、婚姻无效或判决财产分割。
《意大利民法典》	第 191 条	配偶一方被宣告失踪或者被宣告死亡； 婚姻被撤销、解除、丧失民法效力、分居、由判决宣告财产分离、协议改变夫妻财产制、配偶一方破产。
《西班牙民法典》	第 1392 条 第 1393 条第（2）项	婚姻解除；宣告婚姻无效；司法判决分居；配偶约定采取本法典未规定其他经济制度。 司法判决失踪；事实分居。
《葡萄牙民法典》	第 1688 条	婚姻解销、结婚被撤销、司法判决分居及分产。
《秘鲁民法典》	第 318 条	婚姻无效；分居；离婚；不在之宣告；夫妻一方死亡；变更夫妻财产制。

通过表 4 可见，这些夫妻共同财产关系终止事由可以分为两类：导致婚姻关系终止的事由与并不影响婚姻关系的事由。前者有夫妻一方死亡、宣告死亡、离婚、婚姻无效、婚姻被撤销、丧失民法效力；后者有宣告失踪、分居、分别财产、改变夫妻财产制、夫妻一方宣告破产。这表明夫妻共同财产关系终止并不必然终止婚姻关系，仅在一定程度上影响婚姻关系。

此外，尚有法国、西班牙、葡萄牙等国民法典针对特殊情形下的夫妻共同财产分割问题作出规定。《法国民法典》第 1443 条规定：如果夫妻一方理事混乱、管理不善或行为不正，继续维持共同财产制将使另一方配偶利益受到危害时，该另一方配偶得向法院诉请分别财产。根据《西班牙民法典》第 1393 条规定，发生如下情形，应配偶一方的请求，可经司法判决决定解散配偶共同财产：（1）配偶另一方经司法判决为无民事行为能力人、禁治产……或被判离开家庭……（3）严重并多次不履行其维持和经营家庭的义务。（4）因配偶一方所欠债务造成配偶共同财产解散。《葡萄牙民法典》第1767条规定：夫妻任一方可因他方对财产管理不善而申请单纯司法裁判分产。这些规定中的特殊情形是对通常情形下的夫妻共同财产分割的有益补充，它带来同分居、变更夫妻财产制的相同效果，应当审慎对待。

综观上述这些域外民法典关于分割夫妻共同财产的规定，它们具有共同特质，即各种情形都直接导致夫妻关系变动以及夫妻共同财产关系终止。这就确立了以夫妻共同财产关系终止作为夫妻共同财产分割的标准。这种立法安排实现夫妻共同财产分割制度的系统性与完善性，具有较强的科学性。

第一，适应婚姻关系的复杂性。在上述域外民法典关于夫妻共同财产关系终止的事由中，包括人身关系变化与财产关系变化的各种原因。这些原因纵横交错，加剧夫妻共同财产分割的复杂性。这就需要婚姻立法建构一个科学的分割标准，以便积极应对夫妻财产关系变化。夫妻共同财产关系终止恰好满足这一要求，它将引发分割夫妻共同财产的各种事由统一于一体而抽象成一个分割标准，可以针对不同具体情形而适时地分割夫妻共同财产。这将会产生“任尔千变万化，我自岿然不动”的较理想立法效果。

第二，尊重婚姻当事人的意愿。基于当事人意思自治，男女双方建立婚姻关系以及如何安排婚内生活，完全由其自行决定。由于分居、变更夫妻财产制与夫妻一方宣告破产等情形仅是导致夫妻财产关系变化而不终止婚姻关系，这一分割标准恰好尊重并满足夫妻双方的意愿与需求，可以在不对婚姻关系造成严重冲击的情况下，帮助夫妻双方合理地处理婚姻内部的财产危机，以避免触礁的婚姻关系破裂。

第三，满足婚姻变化的现实需要。随着男女平等的实现、妇女社会地位的提高、人们婚姻观念的改变以及对婚姻权益的强烈关注，婚姻在社会发展中不断地进行自我变化，改变着人们的婚姻生活方式。夫妻财产制的选择与变更便是典型表现之一。由于夫妻人格的相互独立性，现代女性不再依附于丈夫，不仅享有婚姻家庭财产的平等处分权，而且拥有个人财产。这种婚姻的平等性使得婚姻当事人更加关注自己在婚姻中的权益，通过选择符合自己对于婚姻要求的夫妻财产制，可以避免离婚带来的财产利益损失。尤其是婚姻关系冲突时，如果夫妻一方或者双方不愿意继续共同生活而又不想急切离婚，分居可以发挥冷却婚姻的功能，有利于缓和夫妻矛盾，调整修复婚姻关系，避免轻率离婚。它与离婚并行不悖，有相互调剂互补之功效。因此，夫妻共同财产关系终止的分割标准符合社会变迁中的人们的婚姻观念变化，可以满足婚姻现实需要。

由于夫妻共同财产关系终止之分割标准涵盖分割夫妻共同财产的各种可能性，凡是遇有引起婚姻关系解除、夫妻财产制变化以及造成另一方财产利益或者夫妻共同财产利益损害的行为，皆可分割夫妻共同财产。针对这一分割标准的科学性，我国《民法典》婚姻家庭编应当积极思考夫妻共同财产分割的立法不足，合理借鉴域外民法典关于夫妻共同财产分割标准的规定，将引发夫妻共同财产的分割事由区分为通常情形与特殊情形。在通常情形下，夫妻共同财产分割事由有婚姻无效、婚姻被撤销、分居、离婚、宣告失踪、宣告死亡、夫妻一方破产、变更夫妻财产制。对于特殊情形下的夫妻共同财产分割事由，除了第1066条规定的情形，还应当借鉴法国、西班牙与葡萄牙等国民法典的相关规定，增加"夫妻一方理事混乱、管理不善或者行为不正，继续维持共同财产制将使另一方配偶利益受到危害"的规定。

（八）革新夫妻共同财产分割的传统立法观念

一直以来，我国婚姻立法对于离婚时分割夫妻共同财产始终秉持照顾弱势群体的立场，将子女与女方定位为被照顾对象。并且，《民法典》婚姻家庭编中的第1087条第1款在此基础上增加了照顾无过错方。然而，应当认真审视这一立法规定。

第一，我国现已基本实现实质上的男女平等，《民法典》婚姻家庭编中的第1087条第1款依然继承2001年《婚姻法》修正案第39条第1款偏向保护女方的立法思想，可在之后随社会发展进行适当调整。

第二，离婚并不消除父母与子女之间的关系，父母双方依然负有共同抚养子女之义务，只是由与父母共同生活改为随父母一方生活。夫妻离婚以及分割夫妻共同财产并不影响双方抚养子女。何况，子女并非夫妻共同财产的创造者与共有人，不能分割夫妻共同财产。因此，夫妻离婚分割共同财产时偏于照顾子女的立法规定有待考量。

第三，人民法院判决分割夫妻共同财产是否照顾无过错方权益，应当需要区别对待。如果人民法院已经支持无过错方的离婚损害赔偿请求，尤其是过错方尚需向无过错方提供经济帮助的，分割夫妻共同财产时再行照顾无过错方，不仅加重过错方的经济负担，而且对其显属不公。故不宜照顾无过错方。如果无过错方未请求离婚损害赔偿或者请求离婚损害赔偿而未获得人民法院支持的，分割夫妻共同财产时可以适当照顾无过错方。

因此，《民法典》婚姻家庭编可适当调整分割夫妻共同财产时照顾子女、女方和无过错方权益的立法理念。原则上以均等分割为本，同时需要综合考虑社会性别平等、个人劳动能力、经济收入状况、家庭贡献大小、身体健康状况、结婚时间长短、是否抚养子女、有无过错等因素，作出合理分割。

第三节　夫妻债务清偿制度的立法建议

基于上述对于夫妻债务清偿的理论探索，在借鉴较具代表性的域外民法典关于夫妻财产制度规定的基础上，草拟一些重要的建议性法律条款，初步形成夫妻财产制度建议稿，以资国家立法机关完善《民法典》婚姻家庭编时予以借鉴，建构符合我国国情的夫妻财产制度。

一、夫妻债务清偿视域下的夫妻财产制度之主要内容

笔者认为，《民法典》婚姻家庭编的夫妻财产制度至少应当包含这些重

要内容：夫妻财产制及其婚姻当事人对于夫妻财产制的选择，夫妻共同财产与夫妻个人财产的范围，夫妻共同债务与夫妻个人债务的范围，夫妻共同债务与夫妻个人债务的清偿及其冲突适用规则，夫妻共同债务清偿的追偿，夫妻共同财产与夫妻个人财产的补偿，夫妻个人债务转化，夫妻共同财产分割，夫妻债务的继受清偿。

任何一部法律中一同存在的诸法律规范之间并非随便杂乱地堆积在一起，它们相互关联，形成一个结构整体。[①]并且，表示法律规范内容的法条之间也不是彼此孤立存在的，都是相互关联、相互指涉的，它们在立法者或者法律规范规定者之规制意图引导下，构成一个意义关联的结构整体。[②]它保证法律制度的系统性与完整性，为法律制度发挥积极效能提供最基本的保障。这就要求建构夫妻财产制度时，既需保证宏观层面上的立法逻辑结构的严谨与婚姻法律制度的完善，又要实现微观层面上的夫妻财产制度内在结构的完整与夫妻债务清偿立法规定的规范。因此，夫妻财产制度的建议性法律条款应当遵照这一基本逻辑结构排序：夫妻财产制——夫妻法定财产——夫妻债务及其清偿——夫妻约定财产——夫妻债务清偿冲突解决规则——夫妻共有财产分割（详见以下夫妻财产制度建议稿）。

中华人民共和国民法典
第五编　婚姻家庭
第三章　家庭关系
第一节　夫妻关系
第 × 分节　夫妻财产关系

第一条　夫妻财产制的选择

夫妻财产制包括共同财产制，分别财产制与部分各自所有、部分共同所有财产制。

男女双方在结婚之前或者在结婚登记时，可以通过协议对夫妻财产选择

① 舒国滢：《法哲学沉思录》，北京大学出版社 2010 年版，第 165 页。
② 舒国滢：《法哲学沉思录》，北京大学出版社 2010 年版，第 176 页。

适用共同财产制、分别财产制或者部分各自所有、部分共同所有财产制。当事人应当将其所选择的夫妻财产制作成公证书，并登记于结婚申请登记表中，否则无效。

夫妻财产制从结婚登记之日起生效。

有下列情形之一的，适用共同财产制：

（1）明确放弃选择夫妻财产制；

（2）无夫妻财产关系的约定；

（3）对夫妻财产关系约定不明确；

（4）夫妻财产关系的约定无效；

（5）夫妻财产关系的约定不生效。

第二条　夫妻财产制的终止

（一）共同财产制的终止

共同财产制因下列事由而终止：

1. 婚姻无效；

2. 婚姻被撤销；

3. 分居；

4. 离婚；

5. 夫妻一方死亡；

6. 夫妻一方被宣告死亡期间；

7. 夫妻一方被宣告失踪期间；

8. 变更夫妻财产制。

（二）分别财产制的终止

分别财产制因下列事由而终止：

1. 婚姻无效；

2. 婚姻被撤销；

3. 离婚；

4. 夫妻一方死亡；

5. 夫妻一方被宣告死亡期间；

6. 夫妻一方被宣告失踪期间；

7. 变更夫妻财产制。

（三）部分各自所有、部分共同所有财产制的终止

部分各自所有、部分共同所有财产制因下列事由而终止：

1. 婚姻无效；

2. 婚姻被撤销；

3. 分居；

4. 离婚；

5. 夫妻一方死亡；

6. 夫妻一方被宣告死亡期间；

7. 夫妻一方被宣告失踪期间；

8. 终止部分各自所有；

9. 终止部分共同所有；

10. 变更夫妻财产制。

第三条　夫妻共同财产范围

（以《民法典》婚姻家庭编中的第一千零六十二条为基础）

夫妻在婚姻关系存续期间所得的下列财产为夫妻共同财产，归夫妻共同所有：

（一）工资、奖金、劳务报酬；

（二）生产、经营、投资的收益；

（三）知识产权的收益；

（四）继承或者受赠的财产，但本分节第四条第（三）项规定的除外；

（五）其他应当归夫妻共同所有的财产。

夫妻对共同财产有平等管理、处理的权利。

第四条　夫妻个人财产范围

（以《民法典》婚姻家庭编中的第一千零六十三条为基础）

下列财产为夫妻一方的个人财产：

（一）夫妻一方的婚前财产；

（二）夫妻一方受到人身损害获得的赔偿或者补偿；

（三）遗嘱或者赠与合同中确定只归夫妻一方的财产；

（四）夫妻一方专用的生活用品；

（五）其他应当归夫妻一方的财产。

第五条　夫妻共同债务的发生

（以《民法典》婚姻家庭编中的第一千零六十四条为基础）

夫妻双方共同签名或者夫妻一方事后追认等共同意思表示所负的债务，以及夫妻一方在婚姻关系存续期间以个人名义为家庭日常生活需要所负的债务，属于夫妻共同债务。

夫妻一方在婚姻关系存续期间以个人名义超出家庭日常生活需要所负的债务，不属于夫妻共同债务；但是，债权人能够证明该债务用于夫妻共同生活、共同生产经营或者基于夫妻双方共同意思表示的除外。

夫妻一方在婚前以个人名义所负的债务，不属于夫妻共同债务；但是，债权人能够证明所负债务用于婚后的家庭共同生活、共同生产经营的除外。

第六条　夫妻共同债务范围

下列行为所产生的债务属于本分节第五条规定的夫妻共同债务。

（一）夫妻双方或者一方为共同生活需要的负债行为：

1.购置家庭生活用品、支付家庭日常生活开支；

2.修建、购买、修缮房屋；

3.抚养教育子女、赡养扶助父母、扶养兄弟姐妹；

4.夫妻一方或者双方治疗疾病；

5.从事双方同意的文化教育、文娱体育活动；

6.夫妻一方婚前借款购置房屋、车辆等重要财物而由双方于婚后共同享用，应当由双方共同偿还的剩余部分借款；

7.日常家事代理；

8. 根据本分节第三条第一款第（四）项规定继承负有债务的遗产或者受赠所得负有债务的财产；

9. 夫妻一方将其根据本分节第四条第（三）项规定继承附有债务的遗产或者接受附有债务的赠与财产用于共同生活；

10. 发生与夫妻共同生活有关的侵权、不当得利、无因管理等行为；

11. 家庭日常生活中发生的其他产生债务的行为。

（二）夫妻双方或者一方为生产经营的负债行为：

1. 共同从事个体工商业、农村承包经营；

2. 共同从事投资活动；

3. 经双方同意由其中一方用夫妻共同财产以个人名义从事生产经营且将收入用于共同生活需要；

4. 由夫妻一方独自筹资经营，将收益用于共同生活需要；

5. 生产经营中发生的其他产生债务的行为。

第七条　分居期间的夫妻共同债务

夫妻双方分居期间，共同负担下列支出：

（一）配偶的扶养、医疗等费用；

（二）未成年子女的抚养、教育与医疗等费用；

（三）为了家庭利益的其他支出。

第八条　夫妻共同债务的清偿

夫妻双方以其共同财产清偿基于本分节第五条、第六条、第七条的规定所产生的夫妻共同债务。如果夫妻双方约定财产归各自所有的，则由双方按照财产协议或者协议清偿夫妻共同债务。

夫妻双方应当对夫妻共同债务承担连带责任。

有下列情形之一的，夫妻各方应当以其个人财产负担清偿共同债务：

（一）夫妻双方无共同财产清偿共同债务；

（二）夫妻共同财产不足以清偿共同债务的剩余部分债务；

（三）夫妻双方约定财产归各自所有而未约定夫妻共同债务清偿事宜。

对于前款规定的情形，由夫妻双方协议清偿；协议不成的，由人民法院判决夫妻双方以各方个人财产予以补充清偿。

夫妻离婚的，双方按照上述各款规定清偿夫妻共同债务。

第九条　夫妻约定财产

（以《民法典》婚姻家庭编中的第一千零六十五条第一款、第二款为基础）

夫妻可以约定婚姻关系存续期间所得的财产以及婚前财产归各自所有、共同所有或者部分各自所有、部分共同所有。约定应当采用书面形式。没有约定，或者约定不明确，或者约定无效，适用本分节第三条、第四条的规定。

夫妻对婚姻关系存续期间所得的财产以及婚前财产的约定，对双方具有法律约束力。

夫妻双方应当对财产约定进行公证。并且，在同他人进行交易时，应当出示公证书。但是，有证据证明交易相对人知道夫妻双方对财产约定的除外。

第十条　夫妻共同财产对夫妻一方财产的补偿

有下列情形之一的，夫妻一方有权从夫妻共同财产中获得相应补偿：

（一）夫妻一方以其个人财产清偿夫妻共同债务，无论是否征得另一方同意均不受影响；

（二）夫妻一方将其已经清偿完毕的个人债务所得利益用于夫妻共同生活；

（三）夫妻一方以其个人财产从事有益于家庭及家庭成员的行为。

夫妻一方免除夫妻共同财产的补偿的，应当作出明确的免除意思表示；未作出免除补偿的意思表示的，经过一年之后，不得向另一方主张补偿。

第十一条　夫妻之间的债务追偿

有下列情形之一的，夫妻一方有权向另一方追偿：

（一）夫妻一方以其个人财产为其配偶清偿个人债务；

（二）夫妻一方将其已经清偿完毕的个人债务所得利益用于夫妻共同生活而未从夫妻共同财产获得相应补偿；

（三）夫妻一方基于本分节第八条第三款规定清偿共同债务超过其应当负担的部分债务份额；

（四）离婚后，债务人一方清偿夫妻共同债务超过其本人所应当负担的部分债务份额。

夫妻一方免除另一方债务的，应当明确作出免除债务的意思表示。

夫妻一方因向另一方追偿所发生的费用由被追偿人负担。

第十二条 夫妻个人债务范围

夫妻个人债务包括下列诸项内容：

（一）夫妻一方于婚前或者婚后所负债务，他方无清偿义务；但是，用于夫妻共同生活的除外；

（二）夫妻双方约定婚姻关系存续期间所得的财产归各自所有，相对人知道该约定的，夫或者妻一方对外所负的债务以其个人财产清偿（以《民法典》婚姻家庭编中的第一千零六十五条第三款为基础）；但是，夫妻一方分享另一方的债务所得利益的，应当负担清偿其所享用的实际债务份额；

（三）夫妻双方约定共同财产制下对外所负的债务由一方负担，相对人同意该约定的，以夫或者妻一方的个人财产清偿。但是，以逃避债务为目的的除外；

（四）夫妻一方未经对方同意，擅自资助其所没有扶养义务的亲友的支出；

（五）夫妻一方未经对方同意，独自筹资从事经营活动，其收益确未用于家庭共同生活；

（六）夫妻一方擅自为第三人提供担保；

（七）夫妻一方擅自对外发生大额借款而未用于家庭共同生活；

（八）夫妻一方管理或者委托他人管理其个人财产的费用；

（九）夫妻一方实施违法犯罪与侵权行为的赔偿、不当利益的利益返还、无因管理费用；

（十）遗嘱或者赠与合同中确定只归夫妻一方财产的，附随该遗嘱或者赠与合同的债务由继承遗产或者接受赠与的夫妻一方单独承担，另一方不负清偿责任；

（十一）夫妻分居期间，同履行抚养、扶养与赡养等义务无关的支出；

（十二）其他应由个人承担的债务。

夫妻一方以其个人财产负责清偿上述个人债务，另一方不负清偿责任。

第十三条　夫妻个人债务清偿的限制

债权人不得要求负债的夫妻一方配偶以夫妻共同财产或者以其个人财产清偿负债的夫妻一方的个人债务。如果债权人请求的，负债的夫妻一方配偶可以拒绝。但是，负债的夫妻一方配偶愿意以夫妻共同财产或者以其个人财产帮助负债一方清偿个人债务的除外。

第十四条　夫妻一方对共同财产的补偿

有下列情形之一的，夫妻一方应当对夫妻共同财产进行相应补偿：

（一）夫妻一方以夫妻共同财产清偿其个人债务；

（二）夫妻一方将已经清偿完毕的夫妻共同债务所得利益用于个人生活需要；

（三）夫妻一方以夫妻共同财产从事对自己有益的行为。

夫妻另一方免除夫妻一方对共同财产补偿的，应当作出明确的免除意思表示；未作出免除补偿的意思表示的，经过一年之后，不得向夫妻一方主张补偿。

第十五条　夫妻债务清偿的冲突解决

有下列情形之一的，应当适用物权编、合同编等有关规定予以处置：

（一）数宗夫妻共同债务发生清偿冲突；

（二）数宗夫妻个人债务发生清偿冲突；

（三）夫妻共同债务与夫妻个人债务发生清偿冲突。

第十六条　夫妻继承权

夫妻有相互继承遗产的权利。

第十七条　夫妻债务的继受清偿

夫妻一方或者双方死亡后，其所遗留的债务由其继承人在获得的遗产实际价值内清偿。具体适用继承编的有关规定。

第十八条　婚姻关系存续期间的夫妻共同财产分割

（以《民法典》婚姻家庭编中的第一千零六十六条为基础）

婚姻关系存续期间，有下列情形之一的，夫妻一方可以向人民法院请求分割共同财产：

（一）一方有隐藏、转移、变卖、毁损、挥霍夫妻共同财产或者伪造夫妻共同债务等严重损害夫妻共同财产利益行为；

（二）一方负有法定扶养义务的人患重大疾病需要医治，另一方不同意支付相关医疗费用；

（三）一方理事混乱、管理不善或者行为不正，继续维持共同财产制损害另一方配偶利益。

第十九条　夫妻共有财产关系终止时分割夫妻共同财产

具有下列情形之一的，夫妻共有财产关系终止，分割夫妻共同财产：

（一）夫妻双方变更夫妻财产制、分居、离婚的，夫妻共同财产由双方协议处理；协议不成时，由人民法院根据男女平等原则，并综合考虑男女双方结婚时间长短，以及各方的劳动能力、经济收入、家庭贡献、身体健康状况、子女是否随其生活等因素予以具体情况判决；

（二）婚姻无效或者被撤销的，当事人协议处理同居期间所得的财产；协议不成的，由人民法院根据男女平等原则，并综合考虑男女双方同居时间长短，以及各方的劳动能力、经济收入、家庭贡献、身体健康状况、子女是否随其生活、是否存在过错等因素予以判决。对重婚导致的无效婚姻的财产处理，不得侵害合法婚姻当事人的财产权益；

（三）夫妻一方被宣告失踪的，利害关系人可以请求人民法院对夫妻共有财产进行分割，利害关系人的具体范围根据相关法律规定予以确定；

（四）夫妻一方死亡或者被宣告死亡后，在分割死亡的夫妻一方的遗产时，应当先将夫妻共同财产中的属于生存一方配偶的财产份额分割出来，具体按照继承编的有关规定执行。

第二十条　夫妻共同财产的再次分割

（以《民法典》婚姻家庭编中的第一千零九十二条为基础）

夫妻一方隐藏、转移、变卖、毁损、挥霍夫妻共同财产，或者伪造夫妻共同债务企图侵占另一方财产的，在离婚分割夫妻共同财产时，对该方可以少分或者不分。

离婚后，一方发现另一方有前款规定的损害其财产权益的行为，可以向人民法院提起诉讼，请求再次分割夫妻共同财产或者予以相应赔偿。

二、夫妻债务清偿实践中的夫妻财产制度之效果预估

从立法技术上来看，夫妻财产制度建议稿在制度设计上尚有不足之处。然而，相对于《民法典》婚姻家庭编关于夫妻财产制度的规定，建议稿在原有基础上增加较多新的内容，扩充了夫妻财产制度，使其得到进一步完善，可资参考。

（一）重构较为完善的夫妻财产制度

夫妻财产制度是规制夫妻财产关系与处理夫妻财产纠纷的重要规范。虽然我国自1950年《婚姻法》以来，婚姻立法一直都有关于夫妻财产制度的立法规定，但是最多只有9个法律条款。[①] 同域外的一些民法典较为完善的夫妻财产制度相比，我国夫妻财产制度体系尚不够完善。本建议稿基于我国国情，充分考察一些较具代表性的域外民法典，重新建构我国的夫妻财产制

① 1950年《婚姻法》关于夫妻财产制度的立法规定有3个法律条款，1980年《婚姻法》关于夫妻财产制度的立法规定有3个法律条款，2001年《婚姻法》修正案关于夫妻财产制度的立法规定有7个法律条款，《民法典》婚姻家庭编关于夫妻财产制度的立法规定有9个法律条款。

度。较之于《民法典》婚姻家庭编关于夫妻财产制度的规定，建议稿对夫妻财产制度予以扩充，体现为增加条款数量与扩张具体内容。从条款数量看，《民法典》婚姻家庭编只有 9 个条款，而建议稿则有 20 个建议性法律条款，立法空间较为充裕，为丰富立法内容提供了充分条件。从立法内容看，《民法典》婚姻家庭编关于夫妻财产制度的规定仅有夫妻共同财产与夫妻个人财产的范围（暗含法定夫妻财产制的规定）、夫妻债务界分规则、夫妻共同财产分割与夫妻债务清偿等内容，而建议稿则基本上包含夫妻财产制度的全部内容，丰富了夫妻财产制度。尤其是针对《民法典》婚姻家庭编关于夫妻关系的混合立法模式，将关于夫妻财产制度的规定以分节形式从“夫妻关系”一节中分立出来而成为独立的制度体系，这在一定程度上有利于实现体系构造的完整性与逻辑结构的合理性，并保证夫妻财产制度的科学性与完善性。

（二）实现夫妻财产制度的逻辑接洽

按照夫妻财产制度的构造逻辑，婚姻立法不仅要明确夫妻共同财产与夫妻个人财产的范围，而且尚需明确夫妻共同债务与夫妻个人债务的范围。这是夫妻债务二元制清偿模式的必然要求，意在明确夫妻共同债务与夫妻个人债务的责任财产。这就意味着，如果夫妻共同财产不足以清偿夫妻共同债务或者夫妻个人财产不足以清偿夫妻个人债务的，婚姻当事人不可以擅自动用夫妻个人财产清偿夫妻共同债务或者以夫妻共同财产清偿夫妻个人债务，债权人亦不可以向债务人如是主张清偿。法律应当明确规定由夫妻双方先以夫妻共同财产清偿夫妻共同债务，然后仅以其个人财产连带清偿剩余部分的夫妻共同债务。而对于夫妻个人财产不足以清偿夫妻个人债务的，法律可以不做规定，由婚姻当事人自行决定处理。《民法典》婚姻家庭编没有明确规定夫妻共同债务与夫妻个人债务的范围，婚姻当事人的合法权益有受到损害的风险。建议稿不仅明确夫妻共同财产与夫妻个人财产的范围，而且对夫妻共同债务与夫妻个人债务的范围及其清偿作出明确规定。这就保证夫妻财产制度内部结构的逻辑缜密性与内容完整性。

（三）采取科学的共同财产分割标准

分割夫妻共同财产是因夫妻关系变动而重新分配夫妻共同财产利益，分割标准的科学性关涉财产利益分配的合理性与公平性。域外的一些民法典采夫妻共同财产关系终止的分割标准，它不仅限于婚姻关系终止，而且包括婚姻关系存续期间的其他导致夫妻共同财产关系终止的情形。这种立法安排是对现实婚姻充分考量的结果。它尽可能将引发夫妻共同财产关系终止的事由尽揽其中，可以更好地满足婚姻当事人对于婚姻生活的自我管理与积极应对婚姻关系变化的多重需求，充分保障其在婚姻中的个体利益。我国《民法典》婚姻家庭编仅规定在婚姻无效或者被撤销、婚姻关系存续期间、离婚等情形下分割共同财产。实际上，造成夫妻财产关系变动的原因并不止于这三种情形。因此，建议稿借鉴域外民法典关于分割夫妻共同财产的规定，亦采夫妻共同财产关系终止的分割标准，弥补我国《民法典》婚姻家庭编的立法不足。它在既有分割事由的基础上，增加一些新的分割事由，不仅给予现实婚姻生活以充分尊重与必要关照，而且对于未来社会变迁中的人们婚姻观念的变化作出科学预测与合理判断。这就可以帮助婚姻当事人正确认识婚姻本质，并能理性对待婚姻，为其合理安排婚后生活提供更为广阔的选择空间，有利于降低婚姻风险，以保障社会变迁中的婚姻家庭持续稳定。

（四）增加必要的夫妻财产补偿制度

男女因婚姻而形成利益共同体。然而，基于夫妻人格独立性，彼此又各自有其个体利益。由于夫妻身份关系的特殊性，婚姻共同利益与夫妻个体利益之间存在一定关联。《民法典》婚姻家庭编对夫妻共同财产与夫妻个人财产作出明确规定，意在严格区分夫妻共同利益与夫妻个人利益，以保障二者互不干扰。特别是对于保护个人财产权益具有重要意义。因此，当夫妻一方以其个人财产为家庭及家庭成员从事有益的行为时，除其明确表示不予补偿外，有权从夫妻共同财产中获得相应补偿。同理，夫妻一方以夫妻共同财产从事有利于自己的行为时，除另一方明确表示不予补偿外，应当对夫妻共同财产进行相应补偿。域外的一些民法典对此多有规定，我国婚姻立法在这方面始终是立法空白。建议稿借鉴域外立法经验增加夫妻财产补偿制度，凸显夫妻共同财产与夫妻个人财产的立法意义，并使婚姻当事人个体利益在婚姻关系中得到最大程度的保护。

（五）构造夫妻债务清偿的运行机制

作为夫妻财产制度的子系统，由于夫妻共同债务与夫妻个人债务的性质不同，以致二者在产生原因、具体范围与清偿主体等方面的构造机理并不相同，各自有其相对独立的运行机制，不可混淆二者的界限。建议稿主要从以下几个方面在立法上予以区别。

1. 明确界分夫妻债务具体范围

《民法典》婚姻家庭编中的第 1064 条针对 2001 年《婚姻法》修正案关于界分夫妻债务的立法不足而将《夫妻债务纠纷解释》升华为法律规定，有利于确定夫妻共同债务与夫妻个人债务。然而，这一规定仅是夫妻债务的界分规则，只在原则上为二者划出一道界限而已，并没有相应的具体范围。这种立法效应使得人民法院在审理夫妻债务纠纷时，需要根据第 1064 条之规定合理判断夫妻债务的性质，以界分夫妻共同债务与夫妻个人债务。但是，有的夫妻债务较难界分，需要花费较多时间，以致增加司法成本。对此，建议稿根据司法实践经验以及公民日常生活与生产的实际状况，划定夫妻共同债务与夫妻个人债务的具体范围，直观而简单，便于区分二者。这将有利于人民法院顺利开展夫妻债务纠纷审判工作，既可以节省司法成本，提高审判效率，又能够保障婚姻当事人的合法权益。

2. 实现夫妻个人债务合理转化

无论夫妻一方或者双方将其婚前或者婚后个人债务所得利益用于夫妻共同生活，还是夫妻一方在分别财产制下分享另一方的个人债务所得利益，此时的夫妻个人债务性质已然发生了根本变化。如若继续由负债的夫妻一方个人负担清偿债务，则明显不妥。基于权利与义务相一致原则，享受权利者必须负担相应义务。因此，将夫妻个人债务转化为夫妻共同债务是对负债的夫妻一方合法权益的必要保障。建议稿针对《民法典》婚姻家庭编中的第 1064 条第 2 款关于夫妻个人债务转化规定的立法不足，将《婚姻法解释（二）》第 23 条改造升华为第 3 款，使夫妻个人债务转化制度得到进一步完善。尤其是建议稿第 5 条（夫妻共同债务的发生）第 2 款与第 3 款同第 12 条（夫妻个人债务范围）第 1 款第（1）项与第（2）项的但书内容相呼应，促进了夫妻财产制度整体性的科学化与完善化。

3. 恢复夫妻个人债务清偿规定

由于《民法典》婚姻家庭编没有夫妻个人债务清偿的规定，男女双方在传统婚姻观念的影响下，结婚之后便因夫妻关系的一体性而不分彼此，常常错误地认为应当共同负担双方或者一方的个人债务，以致将夫妻共同债务与夫妻个人债务混为一谈。因此，负债的夫妻一方便理所当然地使用夫妻共同财产或者配偶的个人财产清偿其个人债务，甚至负债的夫妻一方的债权人也会直接向其配偶主张清偿。对此，负债的夫妻一方配偶出于维系婚姻家庭稳定的考虑，即使明知负债的夫妻一方与债权人的出格行为损害其合法权益，也多会忍让。建议稿通过考察比较域外的一些民法典对于夫妻个人债务清偿的立法规定与我国《婚姻法》关于夫妻个人债务清偿的立法变迁，继承和发扬我国婚姻立法的优良传统，恢复夫妻个人债务清偿的规定。这种立法的科学性与必要性就在于可以阻却负债的夫妻一方用夫妻共同财产或者配偶的个人财产清偿其个人债务的不当行为，有利于减少夫妻矛盾，保护负债的夫妻一方配偶的合法权益。

4. 统一夫妻共同债务清偿规则

共同清偿夫妻共同债务是夫妻双方的义务，且不问双方离婚与否。《民法典》婚姻家庭编中的第 1089 条仅规定离婚时的夫妻共同债务清偿，而对于婚姻关系存续期间以及婚姻无效或者被撤销时的夫妻共同债务清偿事宜未予规定。尽管婚姻关系解除造成婚内清偿夫妻共同债务与离婚后清偿夫妻共同债务的客观事实，但是夫妻共同债务没有任何变化。即使夫妻双方因不愿承担债务或者不愿过多承担债务而发生纠纷，并不影响夫妻共同债务的本质以及双方对于夫妻共同债务的共同清偿责任。婚姻立法不仅要对离婚时的夫妻共同债务清偿作出规定，而且基于债之本质属性应当将婚姻关系存续期间、婚姻无效或者被撤销以及离婚后的夫妻共同债务清偿问题统摄于一体而适用同一清偿规则。域外的一些民法典关于夫妻共同债务清偿的规定即采此种立法模式。因此，建议稿借鉴域外民法典相关立法经验，使夫妻共同债务清偿回归债之本质，更加有利于解决与夫妻共同债务清偿有关的具体事宜。

5. 夫妻债务采二元制清偿模式

夫妻共同债务与夫妻个人债务的清偿主体在身份上的特殊性与重叠性，令二者纠缠不清。基于责任自负这一浅显道理，二元制清偿模式明确夫妻共同债务与夫妻个人债务的清偿责任。它的科学性和重要意义在于将夫妻身份与债务人身份区分开来，避免因身份重叠而混淆夫妻共同债务与夫妻个人债务。并且，通过兼顾内外双重当事人利益，既明确婚姻当事人之间的清偿责任，又保障相关债权人的债权利益。然而，《民法典》婚姻家庭编没有采二元制清偿模式。建议稿借鉴域外民法典关于夫妻债务负担的二元制清偿模式，则是对 1950 年《婚姻法》所确立的二元制清偿模式认真反思之后的一种完善。

建议稿通过在微观层面上建构上述几个具体制度，初步形成夫妻债务清偿的运行机制，这就可以较好地处理夫妻共同债务与夫妻个人债务的清偿问题。

结　语

离婚之后，男女双方因分担夫妻共同债务难免发生纠纷。笔者不揣浅陋，针对《民法典》婚姻家庭编对于夫妻债务清偿的立法现状，尝试较为深入系统的研究，并草拟夫妻财产制度建议稿，以图促进婚姻家庭立法之完善，力求实现离婚后的男女双方合理分担夫妻共同债务，保障彼此财产权益。

参考文献

一、著作类

（一）中文著作

1. 蒋月：《夫妻的权利与义务》，法律出版社 2001 年版。

2. 郭丽红：《冲突与平衡：婚姻法实践性问题研究》，人民法院出版社 2005 年版。

3. 马原主编：《新婚姻法条文释义》，法律出版社 2001 年版。

4. 巫昌祯主编：《婚姻与继承法学》，中国政法大学出版社 2001 年版。

5. 杨大文、马忆南：《婚姻家庭法》，北京大学出版社 2004 年版。

6. 陈苇主编：《婚姻家庭继承法学》，群众出版社 2005 年版。

7. 许莉主编：《婚姻家庭继承法学》，北京大学出版社 2012 年版。

8. 余延满：《亲属法原论》，法律出版社 2007 年版。

9. 王利明主编：《民法》，中国人民大学出版社 2010 年版。

10. 杨大文主编：《婚姻家庭法》，中国人民大学出版社 2015 年版。

11. 蔡福华：《夫妻财产纠纷解析》，人民法院出版社 2003 年版。

12. 张广兴：《债法总论》，法律出版社 1999 年版。

13. 王利明、房绍坤、王轶：《合同法》，中国人民大学出版社 2013 年版。

14. 费孝通：《乡土中国：生育制度》，北京大学出版社 1998 年版。

15. 胡苷用：《婚姻合伙视野下的夫妻共同制度研究》，法律出版社 2010

年版。

16. 卢文捷:《夫妻忠实义务制度研究》,中国政法大学出版社 2016 年版。

17. 张文显:《法哲学范畴研究》,中国政法大学出版社 2001 年版。

18. 韩伟:《私法自治研究——基于社会变迁的视角》,山东人民出版社 2012 年版。

19. 王洪:《婚姻家庭法》,法律出版社 2003 年版。

20. 北京市朝阳区人民法院民一庭编著:《婚姻家庭审判实务与典型案例评析》,中国检察出版社 2007 年版。

21. 最高人民法院民事审判第一庭编著:《最高人民法院婚姻法司法解释(二)的理解与适用》,人民法院出版社 2015 年版。

22. 叶英萍主编:《中国传统亲属法律文化和谐性研究》,法律出版社 2015 年版。

23. 杨立新:《亲属法专论》,高等教育出版社 2005 年版。

24. 陈苇主编:《家事法研究》(2006 年卷),群众出版社 2007 年版。

25. 陈苇主编:《改革开放三十年(1978~2008)中国婚姻家庭继承法研究之回顾与展望》,中国政法大学出版社 2010 年版。

26. 张新宝:《〈中华人民共和国民法总则〉释义》,中国人民大学出版社 2017 年版。

27. 巫昌祯主编:《婚姻法执行状况调查》,中央文献出版社 2004 年版。

28. 沈宗灵主编:《法理学》,北京大学出版社 2009 年版。

29. 赵万一:《民法的伦理分析》,法律出版社 2012 年版。

30. 江平主编:《民法学》,中国政法大学出版社 2011 年版。

31. 王胜明、孙礼海主编:《〈中华人民共和国婚姻法〉修改立法资料选》,法律出版社 2001 年版。

32. 沈宗灵:《现代西方法理学》,北京大学出版社 1992 年版。

33. 王利明:《民法总则》,中国人民大学出版社 2017 年版。

34. 刘文：《继承法比较研究》，中国人民公安大学出版社 2004 年版。

35. 郭明瑞、房绍坤：《继承法》，法律出版社 2014 年版。

36. 王利明、崔建远：《合同法新论 · 总则》，中国政法大学出版社 2000 年版。

37. 杨立新：《物权法》，中国人民大学出版社 2013 年版。

38. 彭万林主编：《民法学》，中国政法大学出版社 2002 年版。

39. 郭明瑞、房绍坤：《担保法》，中国政法大学出版社 2008 年版。

40. 倪江表：《民法物权论》，我国台湾地区中正书局 1982 年版。

41. 邹海林、常敏：《债权担保的理论与实务》，社会科学文献出版社 2005 年版。

42. 李国光主编：《担保法新释新解与适用》，新华出版社 2001 年版。

43. 张文显：《法哲学通论》，辽宁人民出版社 2009 年版。

44. 蒋月：《20 世纪婚姻家庭法：从传统到现代化》，中国社会科学出版社 2015 年版。

45. 王利明：《合同法研究》（第二卷），中国人民大学出版社 2003 年版。

46. 梁治平：《寻求自然秩序中的和谐》，商务印书馆 2013 年版。

47. 王丽萍：《亲子法研究》，法律出版社 2004 年版。

48. 李俊：《离婚救济制度研究》，法律出版社 2008 年版。

49. 叶英萍：《婚姻法学新探》，法律出版社 2004 年版。

50. 龙卫球：《民法总论》，中国法制出版社 2011 年版。

51. 朱庆育：《民法总论》，北京大学出版社 2013 年版。

52. 赵廉慧：《财产权的概念——从契约的视角分析》，知识产权出版社 2005 年版。

53. 徐国栋：《民法哲学》，中国法制出版社 2015 年版。

54. 王利明：《民法典体系研究》，中国人民大学出版社 2012 年版。

55. 舒国滢：《法哲学沉思录》，北京大学出版社 2010 年版。

（二）译文著作

1.［英］彼得·斯坦、约翰·香德：《西方社会的法律价值》，王献平译，中国法制出版社 2004 年版。

2.［英］A.J.M. 米尔恩：《人的权利与人的多样性——人权哲学》，夏勇、张志铭译，中国大百科全书出版社 1995 年版。

3.［德］迪特尔·施瓦布：《德国家庭法》，王葆时译，法律出版社 2010 年版。

4.［德］黑格尔：《法哲学原理》，范扬、张企泰译，商务印书馆 1961 年版。

5.［法］孟德斯鸠：《论法的精神》(上)，张雁深译，商务印书馆 1961 年版。

6.［德］卡尔·拉伦茨：《德国民法通论》(上册)，王晓晔等译，法律出版社 2003 年版。

7.［德］维尔纳·弗卢梅：《法律行为论》，迟颖译，法律出版社 2013 年版。

二、论文类

（一）期刊论文

1. 刘淑芬：《社会转型中夫妻共同债务初探》，载《贵州大学学报（社会科学版）》2000 年第 3 期。

2. 胡苷用：《夫妻共同债务的界定及其推定规则》，载《重庆社会科学》2010 年第 2 期。

3. 曹哲华、刘际忠：《完善夫妻共同债务清偿制度之构想》，载《律师世界》2000 年第 8 期。

4. 何丽新：《论事实婚姻与非婚同居的二元化规制》，载《比较法研究》2009 年第 2 期。

5. 秦志远:《“反射性”立法中的非婚同居域外法规制》,载《河北法学》2006 年第 5 期。

6. 卢文捷:《离婚时夫妻共同财产分割之探讨——基于夫妻一方名义在有限责任公司出资的股权分割》,载《江汉学术》2017 年第 6 期。

7. 祝颖:《证据法视野下夫妻共同债务推定规则检讨》,载《西南政法大学学报》2018 年第 1 期。

8. 但淑华:《对〈婚姻法解释(二)〉第二十四条推定夫妻共同债务规则之反思》,载《妇女研究论丛》2016 年第 6 期。

9. 夏吟兰:《我国夫妻共同债务推定规则之检讨》,载《西南政法大学学报》2011 年第 1 期。

10. 裴桦:《夫妻财产制与财产法规则的冲突与协调》,载《法学研究》2017 年第 4 期。

11. 应秀良:《夫妻债务对外清偿规则若干问题分析》,载《法治研究》2017 年第 2 期。

12. 姚旭斌:《夫妻共同债务认定规则的缺陷及其修正》,载《江淮论坛》2015 年第 11 期。

13. 薛宁兰:《中国民法典夫妻债务制度研究——基于财产权平等保护的讨论》,载《妇女研究论丛》2018 年第 3 期。

14. 张驰、翟冠慧:《我国夫妻共同债务的界定与清偿论》,载《政治与法律》2012 年第 6 期。

15. 黄海涛:《夫妻共同债务的司法认定——对〈婚姻法解释二〉的理解》,载《人民司法》2015 年第 19 期。

16. 汪金兰、龙御天:《我国夫妻共同债务推定规则的法理基础与适用》,载《安徽大学学报(哲学社会科学版)》2018 年第 2 期。

17. 王雷:《〈婚姻法〉中的夫妻共同债务推定规范》,载《法律适用》2017 年第 3 期。

18. 冯晶:《证据充分性的逻辑分析》,载《海南大学学报(人文社会科学版）》2006年第3期。

19. 李洪祥:《论夫妻共同债务构成的依据》，载《求是学刊》2017年第3期。

20. 缪宇:《走出夫妻共同债务的误区》，载《中外法学》2018年第1期。

21. 刘正祥:《基于债权人利益保护的夫妻债务承担研究》，载《西南交通大学学报（社会科学版）》2009年第3期。

22. 魏小军:《论我国夫妻共同债务推定规则》，载《昆明理工大学学报（社会科学版）》2009年第11期。

23. 杨晓蓉、吴艳:《夫妻共同债务的认定标准和责任范围——以夫妻一方经营性负债为研究重点》，载《法律适用》2015年第9期。

24. 丁慧、崔丹:《反思与重构：我国夫妻共同债务认定规则的选择》，载《中华女子学院学报》2017年第6期。

25. 姜大伟:《我国夫妻共同债务认定规则的反思与重构》，载《西南政法大学学报》2013年第4期。

26. 冉克平:《夫妻团体债务的认定及清偿》，载《中国法学》2017年第5期。

27. 龙俊:《夫妻共同财产的潜在共有》，载《法学研究》2017年第4期。

28. 薛宁兰:《离婚法的诉讼实践及其评析》，载《法学论坛》2014年第4期。

29. 贺剑:《论婚姻法回归民法的基本思路：以法定夫妻财产制为重点》，载《中外法学》2014年第6期。

30. 蒋月:《域外民法典中的夫妻债务制度比较研究——兼议对我国相关立法的启示》，载《现代法学》2017年第5期。

31. 陈法:《我国夫妻共同债务认定规则之检讨与重构》，载《法商研究》2017年第1期。

32. 夏江皓：《夫妻共同债务认定规则之探究——以女性主义法学为视角反思〈婚姻法解释（二）〉第24条》，载《甘肃政法学院学报》2017年第6期。

33. 孟德花：《夫妻分居后的债务问题探析》，载《当代法学》2003年第2期。

34. 姜大伟：《我国夫妻分居期间所生债务归属认定规则论》，载《华侨大学学报（哲学社会科学版）》2015年第1期。

35. 巫昌祯、夏吟兰：《改革开放三十年中国婚姻立法之嬗变》，载《中华女子学院学报》2009年第1期。

36. 林荫茂：《香港、澳门、台湾地区分居制度比较——兼谈我国应设分居制度》，载《现代法学》1997年第6期。

37. 罗思荣、马齐林：《分居制度研究》，载《政法论坛（中国政法大学学报）》2000年第2期。

38. 孟德花：《我国建立别居制度的必要性》，载《华东政法学院学报》2001年第2期。

39. 谢晓：《分居制度初探》，载《当代法学》2002年第8期。

40. 郭丽红：《关于分居问题与分居制度的探讨》，载《汕头大学学报（人文社会科学版）》2002年第5期。

41. 张华贵：《设立夫妻分居制度的立法构想》，载《甘肃社会科学》2004年第5期。

42. 王秋荣、王涛：《关于建立我国分居制度的立法构想》，载《延安大学学报（社会科学版）》2007年第5期。

43. 王富超：《夫妻分居制度在我国设立的探讨——以〈婚姻法司法解释（三）〉为基点》，载《三峡大学学报（人文社会科学版）》2013年第4期。

44. 罗冠男：《从意大利离婚法的修改看我国分居制度的构建》，载《法学杂志》2016年第1期。

45. 马忆南：《婚姻家庭法领域的个人自由与国家干预》，载《文化纵横》

2011 年第 1 期。

46. 张竞芳、葛畅:《论夫妻侵权与救济》, 载《公民与法(法学版)》2010 年第 5 期。

47. 孙英:《权利义务新探》, 载《中国人民大学学报》1996 年第 1 期。

48. 刘传刚、李佳:《法律移植对立法成本的影响》, 载《辽宁师范大学学报(社会科学版)》2009 年第 5 期。

49. 王文东:《论权利和义务关系的对等性和非对等性》, 载《首都师范大学学报(社会科学版)》2007 年第 5 期。

50. 王文信:《婚姻法不宜设定以夫妻共同财产清偿共同债务》, 载《河南社会科学》2004 年第 6 期。

51. 孙鹏:《民法上信赖保护制度及其法的构成——在静的安全与交易安全之间》, 载《西南民族大学学报(人文社科版)》2005 年第 7 期。

52. 何萍:《夫妻共同债务问题论析》, 载《福建政法管理干部学院学报》2006 年第 3 期。

53. 张小军:《浅析离婚案件夫妻共同债务承担》, 载《理论界》2009 年第 2 期。

54. 王枫:《平等观与特殊债权的优先清偿》, 载《武汉理工大学学报(社会科学版)》2013 年第 3 期。

55. 张义华、王海波:《论优先权性质的界定及其价值》, 载《河南财经政法大学学报》2014 年第 2 期。

56. 傅远佳:《论夫妻财产制与民事交易安全》,《安徽大学学报(哲学社会科学版)》2003 年第 6 期。

57. 汪世虎:《论破产程序对担保物权优先性的限制》, 载《河北法学》2006 年第 8 期。

58. 许德风:《破产法基本原则再认识》, 载《法学》2009 年第 8 期。

59. 胡吕银:《担保权属性与各种担保方式的重新界定》, 载《法学》2013 年第 8 期。

60. 刘芽男：《论担保物权的竞存》，载《公民与法（法学版）》2013 年第 9 期。

61. 张义华：《论物上担保体系及其竞合》，载《河南政法管理干部学院学报》2002 年第 6 期。

62. 刘保玉：《论担保物权的竞存》，载《中国法学》1999 年第 2 期。

63. 曾聪俐：《原则与规则之间：民法基本原则的司法适用——从两则案例谈起》，载《湖北警官学院学报》2014 年第 7 期。

64. 蒋月：《夫妻财产制与民事交易安全若干问题研究》，载《法学》1999 年第 5 期。

65. 卢文捷：《论遗产债务的合理界定》，载《天津法学》2015 年第 3 期。

66. 卢文捷：《〈反家庭暴力法〉之"家庭成员以外共同生活的人"合理界定》，载《天津法学》2017 年第 4 期。

（二）学位论文

1. 唐涛：《夫妻债务问题研究》，厦门大学 2006 年硕士学位论文。

2. 曲晓庆：《夫妻债务制度研究》，中国政法大学 2011 年硕士学位论文。

3. 姬立海：《夫妻债务法律问题研究》，黑龙江大学 2012 年硕士学位论文。

4. 张瑞娟：《论夫妻财产制与交易安全保护》，大连海事大学 2009 年硕士学位论文。

5. 陈忠：《法律原则的适用问题研究》，云南大学 2014 年硕士学位论文。

6. 李竞丝：《夫妻债务的认定与清偿研究》，华东政法大学 2016 年硕士学位论文。

三、新闻类

王春霞:《妥善审理涉及夫妻债务案件 维护健康诚信经济社会秩序——最高法有关负责人就“婚姻法司法解释（二）”有关问题答记者问》，载《中国妇女报》2017 年 3 月 1 日，第 A3 版。

四、外国民法典

1.《法国民法典》，罗结珍译，法律出版社 2005 年版。

2.《瑞士民法典》，于海涌、赵希璇译，法律出版社 2016 年版。

3.《意大利民法典》，费安玲、丁玫、张宓译，中国政法大学出版社 2004 年版。

4.《西班牙民法典》，潘灯、马琴译，中国政法大学出版社 2013 年版。

5.《葡萄牙民法典》，唐晓晴等译，北京大学出版社 2009 年版。

6.《巴西新民法典》，齐云译，中国法制出版社 2009 年版。

7.《秘鲁共和国新民法典》，徐涤宇译，北京大学出版社 2017 年版。

8.《智利共和国民法典》，徐涤宇译，北京大学出版社 2014 年版。

9.《路易斯安那民法典》，娄爱华译，厦门大学出版社 2010 年版。

10.《魁北克民法典》，孙建江、郭站红、朱亚芬译，中国人民大学出版社 2005 年版。

11.《最新日本民法》，渠涛编译，法律出版社 2006 年版。

12.《埃塞俄比亚民法典》，薛军译，中国法制出版社 2002 年版。

13.《德国民法典》，陈卫佐译注，法律出版社 2015 年版。

后 记

本书是在中国法学会2016年度部级法学研究课题《离婚债务清偿制度研究》的最终研究成果基础上修改而成。课题研究基于2001年《婚姻法》修正案第41条关于离婚时的夫妻共同债务清偿的规定，最初完成于2018年10月，并于2019年2月以良好等级顺利结项。结项之后，我便着手修改研究成果，准备出版事宜。

在修改过程中，我一直关注《民法典》的编纂进程。鉴于婚姻家庭编草案关于夫妻债务的规定变化较大，自感按部就班地出版现有研究成果，几无学术价值可言，而是应当紧跟时代步伐，体现最新婚姻家庭立法成就。经过再三斟酌，决定暂时搁置修改工作，待《民法典》审议通过后再行根据婚姻家庭编的有关规定继续修改完善。

2020年5月28日，《民法典》经第十三届全国人民代表大会第三次会议审议通过之后，我便反复地仔细研读婚姻家庭编。平心而论，其中关于夫妻债务的立法规定，尽管不乏创新之处，但也有明显不足。这对于刚刚审议通过而尚未实施的《民法典》而言，过分关注其立法不足，似乎不合时宜，更有不敬之嫌。然而，惴惴不安之下，私窃以为我们必须尊重客观事实，实事求是地面对婚姻家庭编的立法不足。正如有知名学者在接受媒体采访时，十分中肯的表示，《民法典》中还是有不少未尽之言。编纂工作的完成，绝不代表着民事法治的进展就大功告成。受之鼓舞，我便根据婚姻家庭编关于夫妻债务的规定，重新审视原有研究成果，及时转换研究基点，适当调整研究结构，扩充相关必要内容，将最新婚姻家庭立法成就融入其中。在此，惟愿绵薄之力能对建构科学完善的夫妻财产制度有所裨益，并由衷希望在最高人民法院出台相关司法解释和国家立法机关日后修改婚姻家庭编时，研究成果能够在理论上为之提供一定的有益借鉴。若能遂愿，吾将不胜欣慰！

热烈祝贺《民法典》表决通过，开启盛世之年的民法典时代！

热忱希望婚姻家庭编日臻完善，庇护婚姻家庭关系稳定和谐！

卢文捷

2020年9月于天津